DIE UFOs

DIE UFOs

eco

INHALT

KAPITEL 1
Unbekannte Besucher
8

Bildessay **Furcht und Hoffnung im Film**
28

KAPITEL 2
Das Zeitalter der fliegenden Untertassen
36

Bildessay **Kidnapper aus dem All**
57

KAPITEL 3
Nahe Begegnungen
64

Bildessay **Das Projekt Blue Book**
87

KAPITEL 4
Eine erbitterte Kontroverse
98

KAPITEL 5
Das ungelöste Rätsel
120

Bildessay **Ein Universum von Möglichkeiten**
145

Danksagung
152

Quellennachweis der Abbildungen
152

Bibliographie
153

Register
155

KAPITEL 1

Unbekannte Besucher

Es war kurz nach dem Weihnachtsfest 1980, als zwei Frauen und ein kleiner Junge mit dem Auto eine einsame Straße in Texas entlangfuhren. Sie waren in einer Kleinstadt, etwa 25 Kilometer von Houston entfernt, zum Abendessen gewesen; nun auf der nächtlichen Heimfahrt fiel dem Kind etwas Seltsames am Himmel auf. Ein strahlendes Licht schwebte über die Wipfel der Kiefern auf sie zu.

Beim Näherkommen wurde ein glitzerndes, rautenförmiges Objekt erkennbar. Aus seiner Unterseite schossen Flammen hervor. In ihren 51 Jahren hatte Betty Cash, die Fahrerin, so etwas noch nicht gesehen. Desgleichen die 57 Jahre alte Vickie Landrum, die jetzt ihren siebenjährigen Enkel Colby an sich zog, während das Objekt seinen Flug verlangsamte und über der Straße schwebte.

Betty Cash hielt an, und die drei beobachteten starr vor Schrecken die seltsame Erscheinung. Das Objekt schwebte immer noch in einer Entfernung von rund 65 Metern und gab ein Piepgeräusch von sich. Schließlich gewann die Neugier die Oberhand, und sie stiegen aus, um besser sehen zu können. Der verängstigte Junge überredete seine Großmutter allerdings schon bald, wieder zum Wagen zurückzukehren. Das Objekt strahlte eine solche Hitze ab, daß Betty Cash, als sie zum Auto zurückkam, den glühendheißen Griff der Autotür nur anfassen konnte, nachdem sie ihre Hand mit dem Stoff ihres Mantels umwickelt hatte.

Schließlich begann das Flugobjekt wieder zu steigen und sich zu entfernen. In diesem Augenblick geschah etwas noch Merkwürdigeres. Ein Schwarm von Hubschraubern – über 20, und viele davon große Maschinen mit Doppelrotoren, wie sie zum Transport militärischer Fracht verwendet werden – tauchte auf und versuchte unter ohrenbetäubendem Lärm, das seltsame Objekt einzukreisen. Als dieses sich, von den Helikoptern verfolgt, mit hoher Geschwindigkeit entfernte, versuchten die drei, ihm mit dem Auto zu folgen. Aus dem neuen Blickwinkel verwandelte sich das Phantom-Luftschiff in einen zigarrenförmigen, länglichen Lichtzylinder. Dann verschwand es in der Ferne.

Betty Cash setzte ihre beiden Fahrgäste vor deren Haustür ab und fuhr dann selbst nach Hause. Inzwischen war ihr übel geworden. Innerhalb der nächsten Stunden bekamen alle drei Augenzeugen Blasen wie von einem Sonnenbrand, Übelkeitsanfälle und Durchfall. Bei Betty Cash waren die Symptome am stärksten, vermutlich deshalb, weil sie sich am längsten der Hitzestrahlung des Objekts ausgesetzt hatte. Sie suchte einen Arzt auf und mußte für zwei Wochen ins Krankenhaus, wo sie wegen Verbrennungen behandelt wurde. Es vergingen jedoch mehrere Tage, bevor die Ärzte über den Vorfall unterrichtet wurden.

Die zuständigen Stellen untersuchten den Fall mehrere Jahre lang, ohne einen Anhaltspunkt für die Identifikation des leuchtenden Flugobjekts zu finden oder auch nur feststellen zu können, woher die durchaus irdischen Hubschrauber gekommen waren. Obwohl auch andere Zeugen aus der Umgebung berichteten, sie hätten in jener Nacht ein blendendes Licht und schwere Helikopter gesehen – die Maschinen wurden anhand von Photos als CH-47 Chinooks identifiziert –, bestritten alle in der Nähe gelegenen Militärbasen, in der fraglichen Dezembernacht solche Maschinen in diesem Gebiet im Einsatz gehabt zu haben. Und die US-Regierung ließ verlauten, es könne sich bei der sonderbaren Erscheinung keinesfalls um ein militärisches Fluggerät gehandelt haben.

In seiner Rätselhaftigkeit ist der sogenannte Cash-Landrum-Vorfall – nur einer von vielen ähnlichen Ereignissen, die jedes Jahr bekannt werden – typisch für Berichte von geheimnisvollen Objekten, die über den Himmel ziehen und manchmal sogar kurz landen. Schon die Bezeichnung, die sich für solche Erscheinungen eingebürgert hat – „Unbekannte Flugobjekte" oder in einer genaueren Übersetzung „Unidentifizierte Flugobjekte" (abgekürzt UFOs) –, zeigt, wie wenig über diese Phänomene bekannt ist; geprägt wurde der Begriff von einem Offizier der U.S. Air Force im Jahre 1951. David Jacobs, ein amerikanischer Experte auf diesem Gebiet, definiert ein UFO als „einen Bericht von einem außergewöhnlichen, fliegenden oder gelandeten Objekt oder einem ähnlichen Erlebnis, das auch nach gründlicher wissenschaftlicher Untersuchung anomal bleibt". Der Begriff ist also keineswegs mit der volkstümlichen „fliegenden Untertasse" gleichzusetzen, obwohl er theoretisch auch

von außerirdischen Wesen gesteuerte Raumschiffe umfassen kann. Legt man diese Definition zugrunde, die auf höchst unterschiedliche Phänomene angewandt werden kann, wird wohl kaum jemand die Existenz von UFOs bestreiten.

Die Meinungen gehen jedoch auseinander, wenn im Einzelfall eine Untersuchung darüber angestellt wird, worum es sich bei einer bestimmten UFO-Erscheinung gehandelt hat. In den seltenen Fällen, in denen physische Beweismittel vorliegen – wenn beispielsweise das Objekt geborgen wurde und sich als Teil eines zerfallenden Satelliten entpuppt –, kann das Rätsel als gelöst gelten. Bei den meisten Meldungen über unbekannte Flugobjekte gibt es jedoch nur Augenzeugenberichte.

In diesen Fällen kommen zwei die Untersuchung erschwerende Faktoren ins Spiel. Der erste ist die Glaubwürdigkeit des Zeugen. Selbst wenn die Personen, die ein UFO gesehen haben wollen, als glaubwürdig gelten, ist es meist schwierig oder unmöglich zu rekonstruieren, was sie genau gesehen haben. Der objektive, physische Vorgang des Sehens kann vom subjektiven Vorgang der Deutung des Gesehenen grundverschieden sein. Der Betrachter bildet sich schon Urteile, während er das Geschehen sieht; diese Urteile können sich dann allmählich in der Erinnerung noch weiter verändern. Die zweite Schwierigkeit ist das Vorurteil des Untersuchenden. Eingefleischte Skeptiker und erklärte Anhänger werden zwangsläufig in zweifelhaften Fällen zu unterschiedlichen Schlußfolgerungen kommen, und tatsächlich sind viele Fälle von UFO-Erscheinungen zweifelhaft. Dennoch glaubt beispielsweise eine erstaunlich hohe Anzahl Amerikaner an UFOs. Eine Umfrage des Gallup-Instituts von 1987 ergab, daß 49 Prozent der Amerikaner, die wußten, was UFOs

Helles Licht und ein Feuerstrahl gehen von dem UFO aus, das im Dezember 1980 über einer einsamen

Landstraße in Texas auftauchte. Die Augenzeugin Vickie Landrum beschrieb das Objekt als „Feuerdiamant“.

sind, von deren Existenz überzeugt waren, 30 Prozent sie für Phantasiegebilde hielten und 21 Prozent keine Meinung dazu hatten. Aus einer früheren Umfrage ging auch hervor, daß jeder elfte erwachsene Amerikaner – das sind über 13 Millionen Menschen – schon selbst ein UFO gesehen haben will.

Skeptiker tun UFO-Anhänger gern als abergläubische Sonderlinge ab, die sich nicht in die moderne Gesellschaft einfügen können. Umfragen haben jedoch ergeben, daß UFO-Gläubige sich keineswegs stärker für okkulte Dinge interessieren oder mit dem Leben unzufriedener sind als ihre skeptischen Mitmenschen. Das einzige Merkmal, das UFO-Augenzeugen gemeinsam haben, ist einer Untersuchung zufolge die Tatsache, daß sie außerirdisches Leben eher für möglich halten als die Skeptiker.

Viele Menschen stellen sich UFOs heute genauso vor wie die in Science-fiction-Filmen und -Büchern dargestellten bzw. beschriebenen Raumfahrzeuge, in denen außerirdische Wesen aus technisch hochentwickelten Welten das All durchmessen. Das ist natürlich eine relativ neue Vorstellung, die vielleicht auf unsere wachsenden Kenntnisse vom Aufbau des Universums sowie auf die weite Verbreitung von Büchern und Filmen zurückgeht. Doch lange bevor die Raumfahrt oder überhaupt bemannte Flüge möglich waren, gab es schon seltsame Himmelserscheinungen. Und in jedem Jahrhundert hatten diese Erscheinungen einen besonderen Charakter, der uns viel über die Welt derer, die sie wahrnahmen, verrät. In der Antike glaubten die Menschen beispielsweise, Engel oder andere himmlische Boten gesehen zu haben, im 19. Jahrhundert deuteten sie die wahrgenommenen Objekte dagegen oft als Luftschiffe. Und heute glauben die Menschen an Abgesandte aus anderen Welten.

Allem Anschein nach liegt diesen Beobachtungen jedoch eine gemeinsame Vorstellung zugrunde. Die an die Schwerkraft gebundenen Menschen haben offenbar beim Blick in die unendliche Weite des Himmels schon immer das Gefühl gehabt, daß das Dasein sich nicht in dem erschöpft, was auf der Erde zu sehen ist, daß das Leben möglicherweise viele verschiedene Formen annehmen kann und daß es vermessen sei anzunehmen, wir würden die einzigen Lebewesen im grenzenlosen Kosmos sein.

Berichte über geheimnisvolle Erscheinungen in der Luft reichen bis zu den Anfängen der Geschichtsschreibung zurück. Von unserem heutigen aufgeklärten Standpunkt aus betrachtet, sind die Berichte über solche Vorfälle jedoch keineswegs überzeugend. Wenn es der modernen Naturwissenschaft nicht gelungen ist, jüngeren Berichten über unbekannte Flugobjekte auf den Grund zu kommen, dann sind Mutmaßungen, die auf Berichten aus der fernen Vergangenheit beruhen, erst recht nicht schlüssig. Dennoch sind antike und mittelalterliche Überlieferungen von UFO-ähnlichen Erscheinungen faszinierend und ähneln oft erstaunlich den heutigen Beschreibungen.

Die ältesten Berichte, so sagen die UFO-Forscher – oder Ufologen, wie sie oft genannt werden –, sind uns als Sagen oder Legenden überliefert. Beispielsweise ist in einer alten chinesischen Geschichte von einem fernen „Land der fliegenden Wagen" die Rede, in dem einarmige, dreiäugige Menschen in geflügelten Wagen mit vergoldeten Rädern fahren. Der Sanskrit-Text *Drona Parva* enthält Beschreibungen von Luftkämpfen zwischen Göttern, die Flugmaschinen – sogenannte *vimanas* – steuern. In einer dieser Schlachten wird ein „flammendes Geschoß von der Leuchtkraft rauchlosen Feuers" abgeschossen. Solche Berichte sind jedoch nicht auf die fernöstliche Sagenwelt beschränkt. Manche Kenner der UFO-Geschichte, soweit man von einer solchen sprechen kann, behaupten, die eindrucksvollsten UFO-Berichte fänden sich in der Bibel.

Der alttestamentarische Prophet Elija (Elias) fuhr beispielsweise in einem „Streitwagen aus Feuer" gen Himmel. Jakobs in der Genesis verzeichnete Vision von Engeln, die auf einer Leiter in den Himmel steigen, ist als UFO-Ereignis gedeutet worden. Auch das 2. Buch Mose enthält Schilderungen, die für den Ufologen faszinierend sind. In dem Bericht darüber, wie Moses die Kinder Israels aus Ägypten und durch die Sinai-Wüste ins Gelobte Land führt, heißt es: „Während der Wanderung ging der Herr tagsüber in einer Wolkensäule vor ihnen her, um ihnen den Weg zu zeigen, und nachts in einer Feuersäule, um ihnen zu leuchten." Dem Bibelforscher und presbyterianischen Geistlichen Barry H. Downing zufolge könnte es sich bei der Wolken- und Feuersäule um ein UFO gehandelt haben, dessen Abgasstrahl auch das Rote Meer geteilt haben könnte. Raumfahrzeuge vermutet Downing auch in Engeln, die Botschaften von Gott brachten, und in der Wolke, auf der Christus gen Himmel fuhr.

Die anschaulichste und ausführlichste Schilderung möglicher UFO-Erscheinungen in der Bibel stammt vom Propheten Ezechiël (Hesekiël). Im Alter von 30 Jahren, um 593 v. Chr., hatte er eine außergewöhnliche Vision:

„Ich sah, wie der Sturm eine mächtige Wolke von Norden herantrieb; sie war von einem hellen Schein umgeben, und Blitze

Zeugnisse der Vergangenheit

Dieses frühe kolumbianische Artefakt ähnelt einem Flugzeug mit Deltaflügeln.

In unserer Vergangenheit „wimmelte es von unbekannten Göttern, die in bemannten Raumschiffen der guten, steinalten Erde Besuche abstatteten". Dies behauptet Erich von Däniken in seinem 1968 erschienenen Buch *Erinnerungen an die Zukunft*, das von der Existenz außerirdischer Wesen handelt. In diesem Bestseller vertritt von Däniken die Überzeugung, daß sich Besucher aus dem All mit Vorfahren des Menschen gepaart und so eine Rasse mit überlegener Intelligenz gezeugt hätten.

Zur Unterstützung seiner Theorie von den prähistorischen Astronauten erkundeten von Däniken und andere, die seine Ansichten teilen, die Denkmäler, Kunstwerke und kunsthandwerklichen Erzeugnisse verschiedener Kulturen. Auf der Grundlage von Forschungen, die zweifellos unsystematisch waren und bisweilen falsch interpretiert wurden, behauptete Däniken später, manche dieser Gebilde von Menschenhand stellten Raumschiffe und Kosmonauten dar, die in grauer Vorzeit auf der Erde gelandet seien. Der Autor befand auch, daß so kolossale Werke wie die steinernen Statuen auf der Osterinsel und die ägyptischen Pyramiden nicht ohne die Unterstützung technisch fortgeschrittener Besucher aus dem Kosmos hätten entstehen können. Wissenschaftler weisen derlei Theorien entschieden zurück, doch auch sie wissen keine Lösung für das Rätsel jener Kunstgegenstände, deren Bedeutung ungeklärt ist. Von Däniken und seine Anhänger halten diese Objekte nicht nur für Beweise seiner Theorien, sondern für ein Vermächtnis der außerirdischen Vorfahren der Menschheit.

Möglicherweise stellt diese Figur einen Außerirdischen dar, dessen Helm eine kosmische Botschaft trägt. Sie findet sich in Felsmalereien der australischen Ureinwohner.

Die aus einer präjapanischen Kultur stammende Lehmskulptur könnte einen Raumfahrer darstellen.

zuckten aus ihr. Die Wolke brach auf, und aus ihrem Inneren leuchtete ein helles Licht, wie der Glanz von gleißendem Gold. In dem Licht sah ich vier Gestalten, die wie Menschen aussahen, doch hatte jede von ihnen vier Flügel." Ezechiëls Schilderung, die am Beginn des alttestamentarischen Buches steht, das seinen Namen trägt, geht noch in einiger Länge weiter. Die Gestalten wandelten gemeinsam umher, und zwischen ihnen „war etwas, das wie ein Kohlenfeuer aussah; aus dem Feuer kamen Funken und Blitze hervor". Die Wesen selbst, so scheint es, waren Teile eines größeren Gebildes, zu dem vier funkelnde Räder gehörten, in die jeweils ein zweites Rad eingefügt war. Und über den Gestalten sah Ezechiël eine menschenähnliche Flammengestalt, im Innern „wie helles Gold" und „von einem Lichtkranz umgeben".

Für Ezechiël war diese Erscheinung „der Herr in seiner strahlenden Herrlichkeit". UFO-Enthusiasten deuten diese Vision dagegen als Ankunft eines außerirdischen Raumschiffs. Als der umstrittene Schweizer Schriftsteller Erich von Däniken – dem man schlampige Recherchen bis hin zu regelrechtem Betrug vorgeworfen hat – diesen Gedanken in seinem 1968 erschienenen Buch *Erinnerungen an die Zukunft* vortrug, wurde mindestens einer seiner Leser aktiv.

Josef F. Blumrich, Ingenieur bei der NASA, fand von Dänikens Vorstellungen von der Konstruktion eines Raumschiffes lächerlich. Der gebürtige Australier hatte sich seit 1934 mit der Konstruktion von Flugzeugen und Raketen befaßt und am Bau der riesigen *Saturn-V*-Rakete der NASA mitgewirkt, die Astronauten zum Mond beförderte. Wenn es irgend jemanden gab, der etwas von Raumschiffkonstruktion verstand, so war er es.

Blumrich war überzeugt, daß Ezechiëls Rad einer strengen Prüfung durch einen Raketeningenieur nicht standhalten würde. Zu seiner Überraschung stellte er jedoch fest, daß sich die Beschreibung für einen praktikablen Entwurf einer Landefähre verwenden ließ, die von einem Mutter-Raumschiff (in der Vision des Propheten die leuchtende Gottheit) aus gestartet werden konnte. Er führte die Konstruktion detailliert aus und veröffentlichte einen Bericht darüber in einem 1973 erschienenen Buch *The Spaceships of Ezekiel.* Blumrich zufolge hätte es sich bei den vier „Gestalten" um vier Landegeräte handeln können, jedes mit einem Rad für das Manövrieren in unebenem Gelände. Die „Flügel" seien möglicherweise Rotorblätter gewesen, die zur letzten Positionierung vor dem Landen gedient hätten, während ein Raketentriebwerk im konischen Rumpf des Raumfahrzeugs für den Hauptantrieb gesorgt hätte.

Dieser Stich zeigt die an UFOs erinnernde Vision des Propheten Ezechiël (Hesekiël): vier geflügelte Wesen mit ihrem vierrädrigen Fahrzeug.

Die Theorie, daß Ezechiël tatsächlich ein Raumschiff sah, fand natürlich keineswegs weltweite Anerkennung. Der an der Harvard University tätige Astronom Donald H. Menzel vertrat die Auffassung, der Prophet sei einer optischen Täuschung erlegen. Er meinte, Ezechiël habe uns „ungemein präzise, wenn auch in symbolischer und bildhafter Sprache abgefaßte Beschreibungen" eines seltenen und komplexen metereologischen Phänomens geliefert, eines sogenannten Parhelions. Ein volles Parhelion, das durch die Brechung des Sonnenlichts an Eiskristallen hervorgerufen wird, kann aus zwei konzentrischen Ringen um die Sonne bestehen, die von speichenähnlichen vertikalen und horizontalen Lichtstreifen durchkreuzt werden. Zwei oder sogar vier dieser Nebensonnen könnten außerdem beiderseits wie auch über und unter der Sonne selbst erscheinen. Und schließlich kann auf dem äußeren Ring noch ein umgekehrter Lichtbogen sitzen. Menzel zufolge könne man in dieser Erscheinung einen riesigen, glänzenden Wagen sehen, der sich mit der Sonne bewegt.

Menzel fand auch für andere vermeintliche UFO-Beschreibungen der Bibel natürliche Erklärungen. Jakob habe vielleicht keine Leiter gesehen, sondern ein Nordlicht – eine Lichterscheinung, die durch glühende Gase in der oberen Atmosphäre hervorgerufen wird. Und bei dem Meer, das sich vor Moses teilte, könne es sich um eine spiegelähnliche Schicht heißer Luft über dem Wüstenboden gehandelt haben. Eine solche Luftspiegelung, so meinte Menzel, sei in Wüstengegenden eine nicht selten zu beobachtende Erscheinung.

Wer Legenden und biblische Geschichten als stichhaltige UFO-Quellen ablehnt, kann sich an historische Aufzeichnungen halten. Chronisten Alexanders des Großen berichten beispielsweise, sein Heer sei im Jahre 329 v. Chr. von einem Paar von Flugobjekten beunruhigt worden. Und nach Ansicht phantasievoller Ufologen beschrieb der französische Geistliche Agobard, Erzbischof von Lyon, möglicherweise Besuche außerirdischer Raumschiffe, als er im 9. Jahrhundert bemerkte, Mitglieder seiner Gemeinde behaupteten, ihre Gegend werde von „Seeleuten aus der Luft" heimgesucht, die auf Schiffen in den Wolken ankämen und Obstgärten und Weizenfelder plünderten. Agobard tat seine abergläubischen Zeitgenossen als „von tiefer Dummheit verblendetes Volk" ab, berichtete aber von einem Vorfall, der erkennen läßt, wie tief der Glaube an solche Ereignisse saß. Einmal, schrieb er, sah er vier Leute, die man in Ketten an den Pranger gestellt hatte; die Bevölkerung hielt sie für Passagiere, die aus einem der Luftschiffe gefallen waren. Der Zorn der Bürger von

Lyon war so groß, daß sie die vier zur Strafe für ihre angeblichen Missetaten steinigten. Offenbar widerriefen die Ankläger später jedoch ihre Beschuldigungen. Nach einer ähnlichen Geschichte verhakte sich im 13. Jahrhundert in einer englischen Stadt der Anker eines Luftschiffs an einem Steinhaufen; ein Besatzungsmitglied, das sich herabseilte, um den Anker loszumachen, wurde von einer Schar neugieriger Bewohner erdrosselt.

Zu den weiteren Wahrnehmungen merkwürdiger Himmelserscheinungen in der fernen Vergangenheit gehört auch ein spektakuläres Ereignis über der Stadt Nürnberg im April 1561; dort erschienen damals Kugeln und runde Scheiben am Himmel und führten ein regelrechtes Luftballett auf. Einwohner von Basel in der Schweiz beobachteten fünf Jahre später ein ähnliches Schauspiel. Nach zeitgenössischen Berichten war der Himmel plötzlich mit großen schwarzen Kugeln übersät, die mit hoher Geschwindigkeit in Richtung Sonne oder umeinander herum flogen. So schnell und geheimnisvoll, wie sie aufgetaucht waren, verfärbten sie sich dann feuerrot und verschwanden. Der große britische Astronom Edmond Halley, nach dem der berühmte Komet benannt ist, beobachtete im März 1716 ebenfalls eine Reihe unerklärlicher Flugobjekte. Eines davon erleuchtete über zwei Stunden lang den Himmel und war so hell, daß Halley bei seinem Licht einen gedruckten Text lesen konnte. Nach der Schilderung des Astronomen verblaßte das Glühen schließlich, um dann noch einmal jählings aufzuflammen, „als sei Holz in ein Kaminfeuer nachgelegt worden".

Diese alten Berichte können bestenfalls die Phantasie anregen; ob sie tatsächlich UFO-Erscheinungen zum Gegenstand haben, ist eine Frage der Interpretation. Es ist schon schwierig genug, auch

Josef F. Blumrich (rechts) wollte 1968 beweisen, daß Ezechiëls Rad kein außerirdisches Raumschiff war. Doch dann konstruierte er nach der Beschreibung des Propheten einen funktionstüchtigen Flugapparat (unten).

nur die Authentizität von Dokumenten, die solche Erzählungen enthalten, zu überprüfen. Das hat dazu geführt, daß Enthusiasten eigenhändig solche „alten" Texte fabrizierten. Diese Fälschungen verbreiten sich, wenn ein anderer Autor sie als echt ansieht und in einem Buch verwendet, das wieder andere als Quelle benutzen.

In einer 1969 veröffentlichten Untersuchung der US-Regierung über UFOs analysiert der Autor Samuel Rosenberg drei solche Fälschungen. Bei der ersten handelt es sich um eine angeblich alte indische Chronik aus dem sogenannten *Buch des Dzyan* mit einem bemerkenswerten Bericht über Ereignisse, die wie der gescheiterte Versuch außerirdischer Wesen, die Erde zu besiedeln, anmuten. Dieser Geschichte zufolge tauchten die Außerirdischen in einem metallenen Raumschiff auf, das mehrmals die Erde umkreiste, bevor es zur Gründung einer Siedlung landete. Zwistigkeiten unter den Außerirdischen führten schließlich zu einem Bürgerkrieg. Dabei habe die eine Seite eine große, leuchtende Lanze, die auf einem Lichtstrahl dahinglitt, abgeschossen und einen riesigen Feuerball über der Stadt der Feinde explodieren lassen. Der Dzyan-Bericht, der in einer Reihe von UFO-Anhängern geschriebener Bücher ausführlich zitiert wird, ließe sich als UFO-Landung deuten. Als jedoch Rosenberg Quellenforschung betrieb, stellte er fest, daß die Geschichte der Phantasie von Madame Helena Petrovna Blavatsky, einer Okkultistin aus dem 19. Jahrhundert, entsprungen war; die Erzählung findet sich in dem umfangreichen Buch *Die Geheimlehre,* das die Blavatsky 1886 veröffentlicht hat.

In Rosenbergs zweitem Fall geht es um einen Bericht, bei dem es sich um die Übersetzung eines Textes handeln soll, der sich auf einer schadhaften Papyrusrolle aus der ägyptischen Sammlung des Vatikans fand. Die Geschichte, die angeblich aus der Sammlung eines Professors Tulli stammte und von einem Prinzen de Rachelwitz übersetzt wurde, berichtet von einer Flotte unbekannter Flugobjekte, die vor rund 3500 Jahren während der Herrschaft des Pharaos Thutmosis III. auf der Erde landete. Rosenbergs Versuche, diesen Papyros 1968 ausfindig zu machen, blieben jedoch erfolglos. Im Vatikan wußte niemand etwas davon; Tulli sei tot, und sein Nachlaß sei verstreut worden. Der Ägyptologe der Vatikanischen Sammlungen meinte, Tulli sei wohl einem gefälschten Papyrus aufgesessen. Rosenberg versichert, bei genauer Lektüre des UFO-Berichts werde klar, daß dieser fast mit Sicherheit in unserer Zeit verfaßt worden sei und auf die biblische Geschichte von Ezechiël zurückgehe.

Zu ähnlichen Ergebnissen gelangte Rosenberg, als er einer UFO-Erscheinung über der Byland Abbey in Yorkshire, England, nachging. Die Geschichte, die in mehreren Büchern über UFOs nacherzählt wird, schildert die Erscheinung eines UFOs im Jahre 1290: Es sei über das Kloster hinweggeflogen, als sich die Mönche gerade zum Abendessen versammelten. Ein mittelalterlicher Chronist berichtete angeblich: „Als Abt Henry gerade das Tischgebet sprechen wollte, kam John, einer der Mönche, ins Refektorium und sagte, draußen sei eine wundersame Erscheinung zu beobachten. Alle gingen hinaus, und siehe da, *ein großes, rundes, silbernes Ding wie ein Diskus flog langsam über sie hinweg* und jagte ihnen Angst und Schrecken ein." Auch dieser anschauliche Bericht hält einer Nachprüfung nicht stand. Rosenberg entdeckte bei seinen Nachforschungen, daß die Geschichte viel jüngeren Datums ist: Zwei Oberschüler fabrizierten sie Anfang der 50er Jahre als Jux und tischten sie in einem Leserbrief an die Londoner *Times* der Öffentlichkeit auf.

Rosenberg schließt nicht aus, daß schon vor langer Zeit UFOs die Erde besucht haben könnten, rät aber zur Vorsicht. „Meine Schlußfolgerung: Alle aus längst vergangener Zeit stammenden Berichte über UFO-ähnliche Erscheinungen sind zweifelhaft – bis das Gegenteil bewiesen wird."

Auch aus dem Industriezeitalter gibt es natürlich Berichte über seltsame Himmelserscheinungen. Anfang des 19. Jahrhunderts wurden solche Erscheinungen bereits recht gut in Zeitungen und wissenschaftlichen Zeitschriften dokumentiert. Das englische *Journal of Natural History and Philosophy and Chemistry* berichtete beispielsweise über das Erlebnis eines Beobachters in Hatton Garden, London, im Jahre 1809. Der betreffende Herr war höchst verwundert über den Anblick „vieler Meteore", die bei einem Gewitter um eine schwarze Wolke herum aufblitzten. „Sie waren wie blendende Lichtpünktchen, die durch die Wolken tanzten. Einer wuchs zusehends, bis er die Größe und Leuchtkraft der Venus an einem klaren Abend erreicht hatte. Ich vermochte jedoch keinen Körper in dem Licht zu erkennen. Es bewegte sich mit großer Schnelligkeit." Astronomen entdeckten beim Blick durch ihre Fernrohre häufig rätselhafte Gebilde, die vor der Sonne und dem Mond vorüberzogen.

Auch über Meeren wurden oft ähnliche Erscheinungen wahrgenommen. Im Mai 1879 sah ein Passagier auf einem Schiff im Persischen Golf fassungslos zu, wie zwei riesige, leuchtende Räder langsam rotierend aufs Meer herabsanken; ein ähnliches

Im Hintergrund dieses Renaissancegemäldes der Madonna mit dem Kind erkennt man ein Objekt, das Lichtstrahlen aussendet. Manche sehen in dem geheimnisvollen Flugkörper ein UFO.

Suche nach Hinweisen in religiöser Kunst

Nach Meinung mancher UFO-Forscher liegen den in der Bibel beschriebenen Ereignissen Bedeutungen zugrunde, die über den Rahmen jeder bekannten Religion hinausgehen. Diese Forscher sehen in den biblischen Chroniken ein einzigartiges historisches Dokument aus einem Jahrtausend, das reich an paranormalen Vorkommnissen war, einschließlich der verschiedensten UFO-Erscheinungen.

Von diesem Standpunkt aus betrachtet, enthält die Bibel Dutzende von Beispielen für unbekannte Flugobjekte. Beinahe jede ungewöhnliche Vision am Himmel läßt sich als Besuch aus dem All deuten. Manche Ufologen glauben beispielsweise, der Stern von Bethlehem – der die drei Weisen aus dem Morgenland zum Christuskind führte – sei eine fliegende Untertasse gewesen. Und ein New Yorker Geistlicher kam zu dem Schluß, Gott könne ein Außerirdischer gewesen sein, der in Krisenzeiten die Menschen auf Erden führte und leitete.

Künstlerische Interpretationen solcher Ereignisse hat es in allen Jahrhunderten gegeben. Wie zum Beweis der Theorie biblischer Ufologen zeigen manche von ihnen seltsame, unerklärliche Objekte am Himmel. Drei Beispiele für solche Kunstwerke sind hier abgebildet.

Dieser Ausschnitt aus einem Fresko des 14. Jahrhunderts, das die Kreuzigung darstellt, zeigt einen Mann – möglicherweise einen Propheten, der Gottes Ruf in den Himmel folgt – in einem Flugapparat.

In dieser Szene auf einem mittelalterlichen Gobelin, der das Leben der Jungfrau Maria darstellt, ist UFO-Forschern ein geheimnisvolles Element aufgefallen: das über der Stadt schwebende, mit einer Kuppel versehene Objekt.

Phänomen wurde etwa ein Jahr später in demselben Gebiet beobachtet. Im Juni 1881 waren zwei Söhne des Prince of Wales – einer von ihnen der künftige König Georg V. – auf einem Dampfer vor der australischen Küste unterwegs, als sie und auch andere Passagiere so etwas wie ein vollbeleuchtetes, in der Luft schwebendes Schiff sahen.

Die wohl außergewöhnlichsten Beobachtungen wurden Ende des 19. Jahrhunderts in den Vereinigten Staaten gemacht. Zwischen November 1896 und April 1897 erlebte das Land eine Serie merkwürdiger Erscheinungen, die sich von Kalifornien nach Osten ausbreitete. Der wellenartige Charakter des Phänomens – es begann mit einzelnen Beobachtungen, erreichte einen Höhepunkt und verebbte dann wieder – wurde zu einem typischen Merkmal moderner UFO-Beobachtungen.

Es begann alles am stürmischen Nachmittag des 17. November 1896 in der kalifornischen Hauptstadt Sacramento, rund 80 Kilometer nordöstlich von San Francisco. Ein Busfahrer namens Charles Lusk stand vor seinem Haus und blickte zum düsteren Himmel auf, als er ein helles Licht sah, das in einer Höhe von etwa 300 Metern dahinflog. Dicht dahinter schien ein verschwommenes Gebilde zu folgen. Andere Personen, die sich beim Regierungsgebäude befanden, sahen ebenfalls die „wandernde Erscheinung", wie ein Zeitungsreporter sich ausdrückte, und stiegen zur Rotunde hinauf, um besser sehen zu können. Ein anderer Einwohner der Stadt behauptete, nicht nur das Objekt selbst gesehen zu haben – es wurde als zigarrenförmig mit einer Gondel und zwei seitlichen Rädern wie bei einem alten Flußdampfer beschrieben –, sondern auch zwei Männer an Bord, die mit aller Kraft in einem fahrradähnlichen Gestell gestrampelt hätten; der eine habe angeblich zu dem anderen gesagt: „Gegen halb zwölf sind wir in San Francisco." Tatsächlich wurde am Abend desselben Tages eine ähnliche Erscheinung über San Francisco beobachtet, die majestätisch dahinzog und einen Suchscheinwerfer auf die Stadt richtete.

Im Laufe der nächsten zwei Wochen schlachteten die Zeitungen an der Westküste die Geschichte von der rätselhaften Flugmaschine nach Kräften aus. Jedermann stellte Mutmaßungen darüber an, wo sie zum nächstenmal auftauchen werde. Am 24. November wurde sie angeblich über San Jose und gleichzeitig über 1200 Kilometer nördlich bei Tacoma im Staat Washington gesichtet. Am folgenden Tag tauchte sie über Oakland und Los Angeles, 650 Kilometer weiter südlich, auf. Die Presse begegnete all diesen Berichten jedoch mit Skepsis.

Die meisten Leute schienen trotzdem von der Realität des rätselhaften Flugapparats überzeugt und hielten ihn für ein Luftschiff, das ein unbekannter Erfinder zur Erprobung habe starten lassen. Und eine solche Annahme schien zu der Zeit nicht einmal so weit hergeholt. Die Vereinigten Staaten erlebten damals die erste Blütezeit eines großen technischen Zeitalters: Das elektrische Licht, das Telephon, der Phonograph und andere neue Erfindungen waren dabei, das Leben zu verändern.

Bis zum ersten Flug der Gebrüder Wright bei Kitty Hawk sollten zwar noch sieben Jahre vergehen, aber es galt weithin nur noch als eine Frage der Zeit, bis jemand Flugmaschinen bauen würde, die auch Passagiere befördern könnten. Ein luftschiffähnlicher Ballon (mit einem starren Stahlrahmen und einem Antriebsmotor) hatte sich schon 1852 über Paris in die Luft erhoben. Der amerikanische Erfinder Solomon Andrews stieg 1865 in der Nähe von New York City in einem ähnlichen Gerät in die Luft, und vier Jahre später steuerte in San Francisco ein eingewanderter Engländer namens Fred Marriot einen zigarrenförmigen Ballon mit zwei Flügeln und dampfgetriebenen

Dieses zeitgenössische Gemälde zeigt die erstaunlichen Halos, die im April 1535 über Stockholm beobachtet wurden und wahrscheinlich auf die Lichtbrechung an Eiskristallen zurückzuführen waren.

Die um 1680 geprägte Medaille zeigt ein seltsames, diskusförmiges Flugobjekt. Manche Ufologen glauben, die Medaille sei zum Gedenken an eine UFO-Beobachtung bei Tage geprägt worden.

Propellern. In den 90er Jahren unternahmen Amerikaner und Europäer bereits aufsehenerregende Versuche mit bemannten Gleitern, und das amerikanische Patentamt wurde mit Entwürfen für Flugapparate überschüttet, und zwar sowohl des Luftschifftyps (der durch ein Gas, das leichter als Luft ist, Auftrieb erhält) als auch des Typs „schwerer als Luft".

Das unbegrenzte Vertrauen in eine technisierte Zukunft kam auch in der neuen literarischen Gattung der Science-fiction zum Ausdruck, deren Meister, der Franzose Jules Verne, in Amerika eine riesige Lesergemeinde hatte. Sein Buch *Robur, der Eroberer,* das in den Vereinigten Staaten 1887 erschien, handelte von einem den Erdball umrundenden Luftschiff mit dem Namen *Albatross.* Ein populärer und sehr produktiver amerikanischer Schriftsteller namens Luis Philip Senareus schrieb in den 80er Jahren des letzten Jahrhunderts drei Erzählungen, in denen Luftschiffe eine Rolle spielten. Der erste amerikanische Schriftsteller, der ausschließlich Science-fiction schrieb, war ein alkoholabhängiger Kalifornier namens Robert Duncan Milne; seine Geschichten, in denen oft Luftschiffe vorkamen, wurden in den Jahren vor der Serie gesichteter UFO-Phänomene von 1896/97 häufig in Zeitungen von San Francisco abgedruckt. Andere Vorstellungen, die sich der Phantasie der Öffentlichkeit bemächtigten, waren unter anderem Maschinen, die die Schwerkraft aufhoben, und die Möglichkeit, daß der Mars von einer zivilisierten, technisch fortgeschrittenen Rasse von Lebewesen bewohnt sein könne – eine Spekulation, die kein anderer als Percival Lowell, der führende Astronom Amerikas, in die Welt setzte. Mit einem Wort, um 1896 waren für die Amerikaner Luftschiffe oder gar *Raum*schiffe kein Ding der Unmöglichkeit.

In diesem Klima des Erfindergeistes und der Kreativität schien die Luftschiff-Theorie, die sich in jenem Winter 1896 entwickelte, nicht allzu weit hergeholt. Als sich die Beobachtungen häuften, verkündete ein Anwalt, der von da an nur noch Luftschiff-Collins genannt wurde, er vertrete einen wohlhabenden Erfinder, der aber ungenannt bleiben wolle; dieser habe das gesichtete Luftschiff in den Bergen nördlich von Sacramento gebaut. Schon bald trat ein rivalisierender Anwalt auf den Plan, der von sich behauptete, *er* sei der Beauftragte des unbekannten Erfinders, der in Wirklichkeit zwei Luftschiffe gebaut habe, eines in Kalifornien und das andere in New Jersey. Der spanisch-amerikanische Krieg zeichnete sich bereits ab, und der zweite Anwalt behauptete, sein Klient habe ihm mitgeteilt, daß er die wundersame Flugmaschine zur Bombardierung von Havanna einsetzen wolle.

Nachdem sie einen Monat lang in den Schlagzeilen gewesen war, verlor die Luftschiff-Story an der Westküste allmählich an Interesse. Aber die Beobachtungswelle hatte sich noch längst nicht totgelaufen. Im Februar tauchte das Luftschiff erneut auf, diesmal im mittleren Westen. Die ersten Berichte kamen aus Nebraska, aus der Umgebung der Kleinstädte Hastings und Invale; das Luftschiff war angeblich „von konischer Form und etwa neun bis zwölf Meter lang", hatte einen hellen Scheinwerfer und sechs kleinere Positionslichter, Flügel und ein großes, fächerförmiges Ruder. Skeptiker hatten die ersten Berichte als Hirngespinste von unglaubwürdigen Trunkenbolden abgetan. Die in Omaha erscheinende Zeitung *Bee* nahm die Geschichte jedoch völlig ernst und betonte, die späteren Beobachtungen stammten von durchaus gottesfürchtigen Menschen.

Im Laufe der nächsten beiden Monate tauchte das Phantomschiff auch über anderen Klein- und Großstädten in Nebraska und dann auch in Iowa, Kansas, Arkansas, Texas und Tennessee auf. In manchen der sich häufenden Berichte war sogar von persönlichen Begegnungen mit den Insassen eines Luftschiffs die Rede. Ein Bürger von Chattanooga erzählte, er habe auf einem Berg vor der Stadt ein Luftschiff gefunden; ein gewisser Professor Charles Davidson und seine Mannschaft hätten das Fahrzeug repariert und berichtet, daß sie einen Monat zuvor von Sacramento aus in östlicher Richtung gestartet seien. Ein Einwohner von Harrisburg, Arkansas, wollte ebenfalls der Mannschaft begegnet sein, die aus einer Frau, zwei jungen Männern und einem patriarchalischen Kapitän und Erfinder bestanden habe. Der alte Mann, so sagte er, habe das Geheimnis der Aufhebung der Schwerkraft entdeckt und wolle seine Maschine der Öffentlichkeit vorstellen, vorher jedoch damit zum Mars fliegen.

In Missouri schwor ein Mann, er sei einem „kleinen, zweibeinigen Wesen" begegnet, das ihn hypnotisiert und drei Wochen lang an Bord des Luftschiffs gefangengehalten habe. Der in St. Louis erscheinende *Post-Dispatch* reizte die Sensationslust seiner Leser mit der Erzählung eines Mr. W. H. Hopkins, der angeblich einem metallenen Luftschiff und dessen olympischer Mannschaft begegnet war: einem bärtigen Mann „von edler Statur und majestätischem Gebaren" und einer schönen nackten Frau mit goldenem Haar, das bis zur Hüfte herabwallte.

Der Strom der Berichte riß nicht ab. Im April machte ein

Zuweilen wird ein am Nachthimmel beobachteter Komet für ein UFO gehalten. Der Komet West (unten) wurde 1976 über dem US-Bundesstaat New Hampshire photographiert.

Ein Nordlicht erschien am Nachthimmel über Hawaii (links), als 1962 nach der Explosion der Starfish-Atombombe in großer Höhe radioaktive Teilchen in die Atmosphäre gelangten.

Diese Lentikulariswolken (linsenförmige Wolken) über Santos in Brasilien (unten) ähnelten einem Schwarm fliegender Untertassen. Solche seltenen Wolkenbildungen führen manchmal zu Berichten über UFO-Beobachtungen.

Irreführende Naturerscheinungen

Aufgeregte Beobachter unbekannter Flugobjekte müssen oft feststellen, daß Mutter Natur sie zum Narren gehalten hat. Die Erscheinungen von Himmelskörpern, wie Kometen, Meteoren und Planeten, werden oft falsch gedeutet, da die ständig sich verändernde Atmosphäre der Erde viele merkwürdige Verzerrungen dieser Objekte hervorrufen kann. Beispielsweise können Sterne oder Planeten vergrößert erscheinen, die Farbe wechseln oder scheinbar wieder am Horizont aufgehen. Diese und andere Naturerscheinungen, wie etwa seltene Wolkenbildungen und rätselhafte Lichteffekte, werden immer wieder fälschlich für UFOs gehalten. Mehrere Beispiele für solche seltsame Phänomene sind hier abgebildet.

Objekte in großer Höhe werfen einen Schatten – ein „Brockengespenst" – auf Wolken.

Kugelblitze – leuchtende, elektrisch geladene Kugeln, die pulsierend durch die Luft fliegen – können bei schweren Gewittern auftreten.

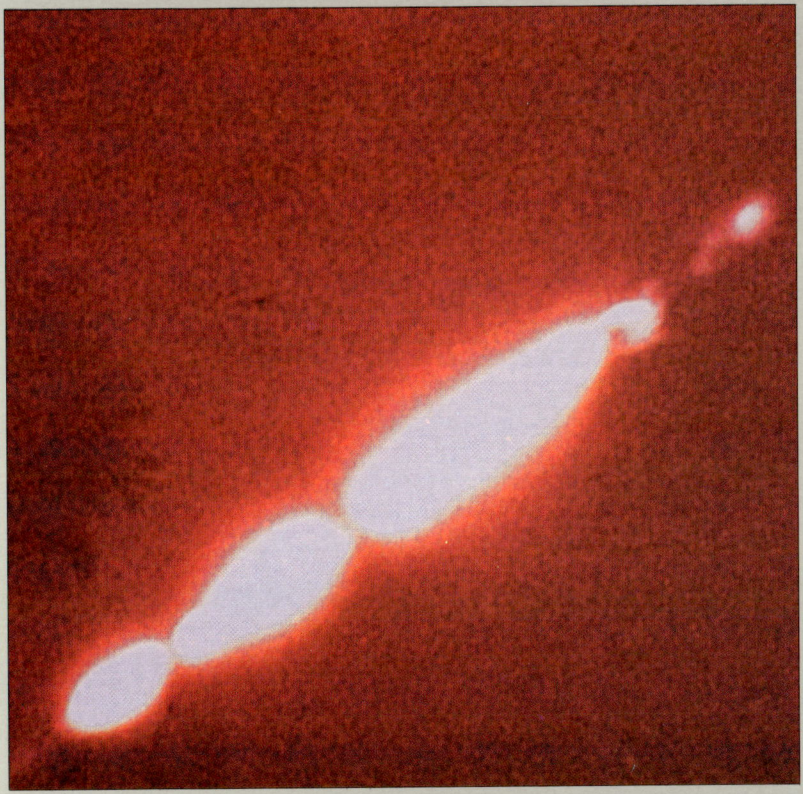

Dichte Säulen das Licht reflektierender Eiskristalle erscheinen als Lichtstreifen über oder unter der tiefstehenden Sonne.

Das Licht brechende Eiskristalle können eine Nebensonne (oben rechts) hervorrufen, die auf derselben Höhe wie die Sonne erscheint.

Geheimnisvolle Luftschiffe, die Ende 1896 und Anfang 1897 über den Vereinigten Staaten beobachtet wurden, führten zur ersten größeren Serie von UFO-Beobachtungen in Amerika. Die Zeitungen brachten Sensationsberichte mit Zeichnungen von zigarrenförmigen Objekten über Sacramento, Oakland und San Francisco sowie einem Vorort von Chicago (von links nach rechts).

Zeitungsverkäufer in dem Chicagoer Vorort Rogers Park das wohl erste UFO-Photo der Geschichte, das eine Zeitung als Vorlage für eine Federzeichnung verwendete. Leider ging die Aufnahme selbst – die von Konkurrenzblättern geprüft und zu einer Fälschung erklärt worden war – schon bald für immer verloren.

In der Folgezeit fanden nun alle möglichen Leute Briefe, die angeblich von der Mannschaft des rätselhaften Luftschiffs stammten. Einer wurde bei Astoria in Illinois an ein Schilfrohr angebunden entdeckt, und er war an den Erfinder Thomas A. Edison adressiert. Der „Zauberer von Menlo Park" tat das in Geheimschrift abgefaßte und mit „C. L. Harris, Elektriker, Luftschiff Nr. 3" unterzeichnete Schreiben als „reine Fälschung" ab, ohne sich die Mühe zu machen, es zu entziffern. Außerdem erklärte er, es sei zwar möglich, daß es eines Tages Luftschiffe geben werde, doch würden diese kaum mehr sein als bloßes Spielzeug. Ein weiterer Brief wurde an einer Eisenstange gefunden, die auf einem Bauernhof in Wisconsin in die Erde gesteckt worden war; als Ortsangabe stand „An Bord des Luftschiffs Pegasus" im Briefkopf. In der Epistel hieß es: „Patente für ein Parallelplan-Luftschiff werden gleichzeitig in Washington und den europäischen Hauptstädten beantragt. Es wird mit Dampf angetrieben und elektrisch beleuchtet und besitzt eine Tragkraft von 1000 Pfund."

Bis Ende April wurden die Beobachtungen immer spärlicher. Als eine der seltsamsten Episoden der amerikanischen Geschichte ihr Ende fand, waren die Menschen genauso ratlos wie zuvor, was sie von der ganzen Sache halten sollten. Einige genossen die Luftschiff-Geschichten jedoch offenbar als Phantasieprodukte, ohne sich um ihren Wahrheitsgehalt zu kümmern.

Trotz der zunehmenden Technisierung konnten die Amerikaner der Jahrhundertwende in mancher Hinsicht noch als ein recht einfaches Volk gelten. Die Vereinigten Staaten waren zu einem großen Teil noch immer Agrarland, in dem die Erinnerung an die Pionierzeit wachgehalten wurde und dessen Bewohner einen recht urwüchsigen, derben Humor hatten. Die Lügengeschichte – die man mit absolut unbewegtem Gesicht erzählte – gehörte zum festen Bestand des amerikanischen Humors, und das Erzählen haarsträubender Stories war nicht nur im Kramladen an der Ecke, sondern auch in den Spalten kleiner und großer Zeitungen gang und gäbe. Schon 1844 hatte beispielsweise der Dichter und Journalist Edgar Allan Poe für die in Baltimore erscheinende *Sun* einen sogenannten Tatsachenbericht über einen Transatlantikflug im Ballon geschrieben – ein Bravourstück, das tatsächlich erst im Jahre 1978 gelang.

Wenn es also der eine oder andere im Sog der Luftschiff-Hysterie mit der Wahrheit nicht so genau nahm, konnte er sich

insgeheim auf eine altehrwürdige Tradition berufen. Als unerreichter Meister dieser Kunst erwies sich ein gewisser Alexander Hamilton, ein Farmer, der einem Reporter von einem kolossalen, 100 Meter langen Luftschiff erzählte, das am 23. April 1897 auf seinem Grund in der Nähe der Kleinstadt Yates Center in Kansas gelandet sei. Als er und zwei andere neugierig zu der Stelle gelaufen seien, hätten sie in der Glaskanzel des Luftschiffs „sechs der seltsamsten Wesen gesehen, die man sich vorstellen kann. Sie unterhielten sich plappernd, aber wir verstanden kein Wort von dem, was sie sagten." Dann habe sich das Schiff wieder in die Luft erhoben, unter Mitnahme einer von Hamiltons Kühen. Eine Zeitlang schwebte es noch über der Farm, dann entschwand es. Tags darauf fand ein Farmer in einiger Entfernung die Haut, die Beine und den Kopf der entwendeten Kuh. Hamilton schloß seine unglaubliche Geschichte mit den folgenden Worten. „Nachdem ich die Haut anhand meines Brandzeichens identifiziert hatte, fuhr ich heim. Aber vor dem Einschlafen sah ich immer dieses vermaledeite Ding mit seinen großen Lichtern und den gräßlichen Menschen vor mir. Ich weiß nicht, ob sie Teufel oder Engel oder sonst etwas waren, aber wir haben sie alle gesehen."

Das war, auch gemessen an den anderen Luftschiff-Berichten, eine sensationelle Story. Überdies war Hamilton ein durch und durch solider Bürger und ehemaliger Senator, und seinem Bericht legte er eine von zwölf Honoratioren unterzeichnete eidesstattliche Erklärung bei, in der ihm Glaubwürdigkeit bescheinigt wurde. Über 60 Jahre danach gruben Ufologen die Geschichte wieder aus und führten sie als Augenzeugenbericht an, der nicht so leicht von der Hand zu weisen sei. Der UFO-Forscher Jerome Clark wies jedoch später in detektivischer Kleinarbeit nach, daß die phantastischen Ereignisse in Wirklichkeit nie stattgefunden hatten. Er bewies schlüssig, daß die ganze Episode ein Jux war, den Hamilton und die Unterzeichner der eidesstattlichen Erklärung – sie gehörten allesamt dem örtlichen Klub der Lügner an – sich geleistet hatten.

Was etwa ein Jahrzehnt später in Rußland geschah, ließ sich aber nicht mehr als erfundene Geschichte oder Geflunker abtun. Am Morgen des 30. Juni 1908 stürzte über der Region Tunguska in Sibirien ein riesiges Objekt vom Himmel und explodierte über der Erdoberfläche. Ein Augenzeuge berichtete, die gewaltige Explosion habe den Himmel gespalten. Ein anderer hatte ein längliches, flammendes Objekt gesehen, das einen Staubschweif hinter sich herzog. Die Erde bebte, Fensterscheiben zerbrachen, und ein Sturmwind fegte über die öde Landschaft, der Bäume wie Streichhölzer knickte. 3000 Quadratkilometer Wald verbrannten. Naturwissenschaftler schätzten später, daß die Gewalt der Explosion der einer 20-Megatonnen-Atombombe entsprach.

Die Tunguska-Explosion ist bis heute ein Rätsel geblieben, obwohl verschiedene Erklärungsversuche unternommen wurden. Zu den phantasievolleren gehören die Theorien, die von einer Kollision mit Antimaterie oder einem schwarzen Loch ausgehen: Falls Antimaterie – die aus Partikeln mit abnorm umgekehrten elektrischen Ladungen besteht – aus einem anderen Universum in unseres gelangte, würde sie bei Kontakt mit normaler Materie eine gewaltige Explosion verursachen. Ebenso würde schon das winzigste schwarze Loch (ein kollabierter, aus ultradichter Materie bestehender, unsichtbarer Stern) bei einer Kollision mit der Erde eine Katastrophe auslösen. Die Existenz sehr kleiner schwarzer Löcher ist jedoch nicht bewiesen. Alle den Astronomen bekannten schwarzen Löcher sind so groß, daß sie höchstwahrscheinlich die ganze Erde zerstören würden.

Wie nicht anders zu erwarten, äußerten manche Forscher die Vermutung, die Explosion könne von einem in der Erdatmosphäre verglühten UFO verursacht worden sein. Mehrere sowjetische Wissenschaftler behaupteten, sie hätten in der Umgebung der Absturzstelle ungewöhnlich hohe Radioaktivität im Boden festgestellt, und diese könne nur vom Atomantrieb des Raumschiffs stammen. Ihre Berechnungen der Flugbahn des Objekts führten sie auch zu der Annahme, daß das außerirdische Raumschiff beim Eintritt in die Erdatmosphäre abgebremst worden sei. Manche Ufologen sind deshalb überzeugt, daß die Mannschaft des Raumschiffs dessen Kurs bewußt geändert habe, um es nicht über bewohntem Gebiet abstürzen zu lassen.

Andere Wissenschaftler haben dagegen weder erhöhte Radioaktivität noch Anhaltspunkte für die Änderung der Flugbahn gefunden. Die Wahrscheinlichkeit spricht deshalb für eine Kollision zwischen der Erde und einem Kometen oder vielleicht einem Asteroiden. Berechnungen haben ergeben, daß das Objekt, worum es sich dabei auch immer gehandelt haben mag, wahrscheinlich einen Durchmesser von 100 Metern und ein Gewicht

Geknickte und angekohlte Bäume bezeugen in Sibirien die Explosion eines feurigen Objekts aus dem All – wahrscheinlich eines Kometen – im Jahre 1908.

von einer Million Tonnen hatte und mit einer Geschwindigkeit von rund 100 000 Stundenkilometern in die Erdatmosphäre eintrat und durch Reibung verglühte.

Ein Jahr nach dem Ereignis von Tunguska erlebte die Welt ihre erste größere Welle von UFO-Beobachtungen. Diesmal handelte es sich um ein internationales Phänomen, denn zwischen 1909 und 1913 kamen Berichte aus Europa, Nordamerika, Südafrika, Japan, Neuseeland und anderen Gebieten der Erde. Den Anfang machte Südwestengland, wo mehrere Personen behaupteten, sie hätten bei Nacht ein großes, längliches Objekt mit einem hellen Licht hoch über sich am Himmel schweben sehen.

Zumindest in einem Fall war auch von einer Begegnung mit den Insassen eines geheimnisvollen Luftfahrzeugs die Rede. Ein älterer Mann aus Wales erzählte, er sei eines Tages auf einer Wanderung in den Bergen auf eine riesige, zigarrenförmige Maschine gestoßen, neben der zwei Besatzungsmitglieder gestanden hätten. Die Männer hätten Pelzmäntel und -mützen getragen und sich „in einem unverständlichen Kauderwelsch laut unterhalten"; als sie ihn kommen sahen, seien sie mit ihrer lärmenden Maschine davongeflogen. Die Spekulationen kreisten um mögliche geheime Testflüge der neuen Zeppeline, also der großen Luftschiffe, die, wie man wußte, in Deutschland entwickelt wurden. Mit ähnlichen Beobachtungen, die Anfang 1913 in England gemacht wurden, brachte man ebenfalls die Deutschen in Verbindung, die sich dann 18 Monate später bereits im Krieg mit Großbritannien befanden. Es wurden jedoch nie irgendwelche Beweise für die Zeppelin-Hypothese gefunden.

Auf der anderen Seite des Atlantiks mußten sich die Amerikaner unterdessen mit ihren eigenen UFO-Erfahrungen auseinandersetzen. Im Dezember 1909 sah ein Polizist in Worcester, Massachusetts, der vor Tagesanbruch Streife ging, ein feuriges Licht über den Himmel ziehen. Im Laufe der nächsten Tage beobachteten auch Einwohner anderer Städte dieses Licht – oder jedenfalls eine ganz ähnliche Erscheinung –, und am 23. Dezember tauchte es über Boston auf. Einige scharfsichtige Neuengländer beteuerten außerdem, ein dunkles Gebilde, das einem Luftschiff ähnelte, habe das seltsame Licht begleitet. Das UFO erschien am Weihnachtsabend erneut über Boston und am nächsten Tag dann über 160 Kilometer weiter südwestlich über New Haven in Connecticut.

Der Verdacht richtete sich gegen einen in Worcester ansässigen Hersteller von Heizkörpern namens Wallace E. Tillinghast. Anfang Dezember hatte Tillinghast vor der Presse erklärt, er habe ein Flugzeug neuen Typs gebaut und damit schon mindestens 20 Probeflüge absolviert, durchweg bei Nacht. Die Angst, jemand könne ihm seine Idee stehlen, habe ihn bislang davon abgehalten, seine wunderbare Maschine der Öffentlichkeit vorzustellen. Tillinghast bewahrte jedoch Stillschweigen darüber, ob er bei den sonderbaren Ereignissen in Neuengland die Hand im Spiel gehabt hatte. Spätere Nachforschungen ergaben, daß möglicherweise tatsächlich ein Flugapparat von ihm gebaut worden war, daß dieser jedoch mit Sicherheit nie abgehoben hatte. So ist die ganze Episode nach wie vor eines der vielen Rätsel in der Geschichte der UFO-Beobachtungen.

Wenn die Berichte aus dem Jahre 1909 wie eine Neuauflage der kalifornischen Luftschiff-Hysterie anmuten, so erscheint die nächste Serie von Beobachtungen wie eine Vorwegnahme des Jet-Zeitalters. Im Februar 1913 beobachteten Bürger Kanadas und der Vereinigten Staaten am Nachthimmel einen ganzen Schwarm Lichter, die sich von Saskatchewan über Minnesota nach Michigan, New York und Neuengland und sogar auf den Atlantik hinaus bewegten. Ein Geräusch wie fernes Donnergrollen begleitete die Lichter, die in präziser Formation zu fliegen schienen. Wissenschaftler, die sich mit den Beobachtungen befaßten, stellten die Hypothese auf, die Leute hätten einen in die Erdatmosphäre eintauchenden Meteorschwarm gesehen. UFO-Enthusiasten meinten später jedoch, bei den rätselhaften Lichtern könne es sich um interstellare Raumschiffe gehandelt haben. Meteore, so gaben sie zu bedenken, fliegen normalerweise nicht in Formation. Der Fall wurde nie aufgeklärt.

In diese Epoche fiel noch eine weitere Sichtung, und zwar durch die wahrscheinlich größte Menschenmenge, die jemals ein UFO beobachtet hat – wenn es ein solches war. Im Jahre 1917, am regnerischen Nachmittag des 13. Oktober, sahen im portugiesischen Wallfahrtsort Fátima 50 000 Menschen fassungslos zu, wie sich die Wolken teilten und den Blick auf eine riesige Silberscheibe freigaben, die sich wie eine Windmühle drehte und dabei über den Himmel tanzte. Das Objekt strahlte Wärme aus, und einige der Augenzeugen berichteten später, ihre durchnäßte Kleidung sei davon binnen Minuten getrocknet. Nachdem die kreisrunde Scheibe sich im Sturzflug der Erde genähert hatte, stieg sie wieder in den Himmel hinauf und verschwand zur Sonne hin.

Mit diesem aufregenden Schauspiel erfüllte sich die Prophezeiung von drei Hirtenkindern, die behauptet hatten, mit der

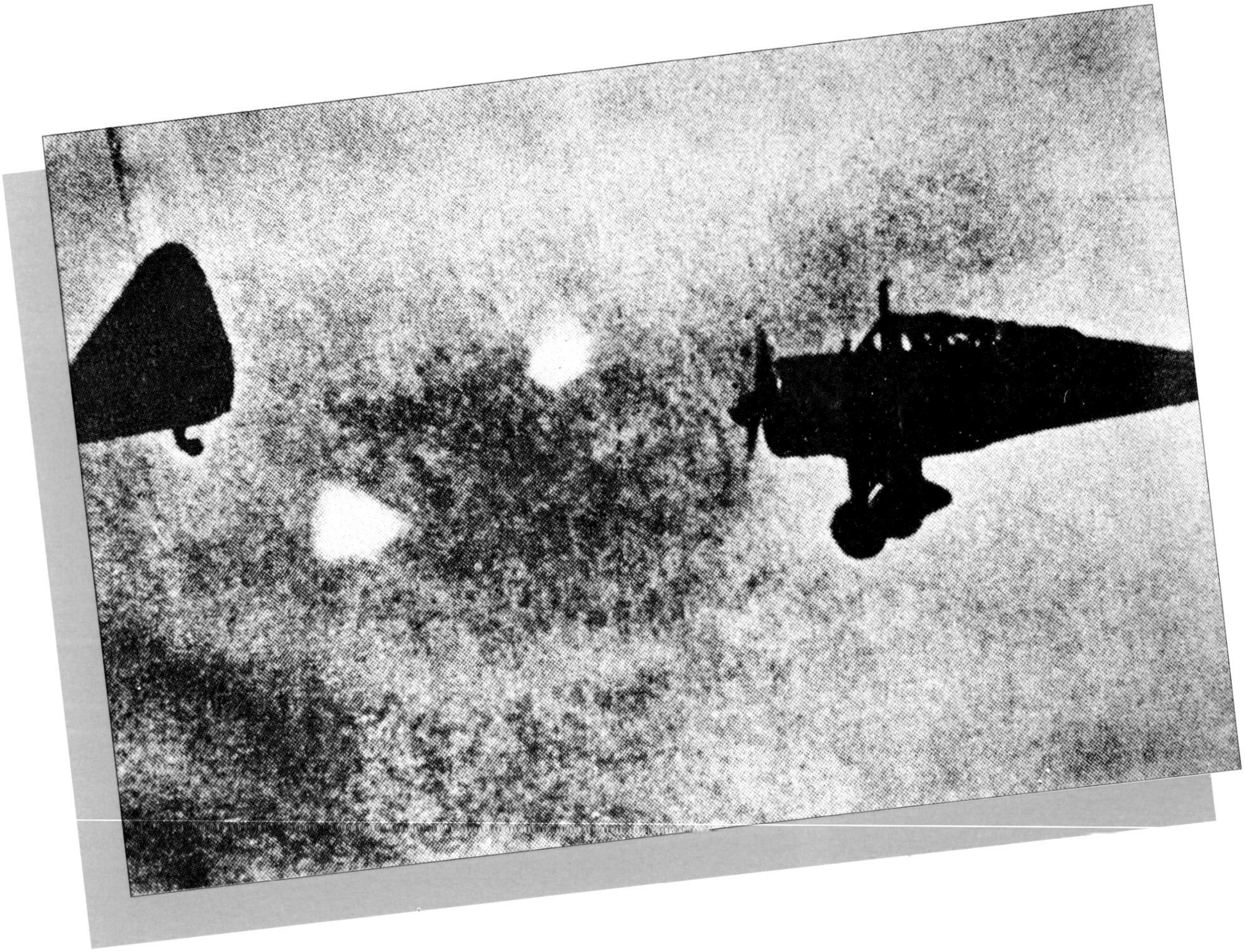

Unerklärliche Feuerkugeln, sogenannte „foo fighters", verblüfften Ende des Zweiten Weltkriegs die Piloten.

Jungfrau Maria gesprochen zu haben. Die Gottesmutter habe ihnen gesagt, sie werde sich am 13. Oktober auf eine solche Weise offenbaren, „daß jeder wird glauben müssen". Die katholische Kirche erklärte dies zu einem Wunder, aber Ufologen weisen auf die auffallenden Ähnlichkeiten zwischen diesem Ereignis und vielen Berichten über angebliche UFO-Erscheinungen hin.

Solche Berichte gab es in dem Vierteljahrhundert nach dem „Wunder" von Fátima nur in größeren Abständen. Zu Beginn der 40er Jahre waren Europa, Asien und Nordamerika in den Zweiten Weltkrieg verwickelt, einen Konflikt, der mehr als der vorangegangene Krieg den technischen Fortschritt vorantrieb. Im Zweiten Weltkrieg wurden das Radar, Düsenflugzeuge, Überschallraketen und die Atombombe entwickelt. Alle diese technischen Neuheiten waren Geheimprojekte. So überrascht es nicht, daß immer dann, wenn eine seltsame Erscheinung am Himmel zu beobachten war, die Menschen zuallererst an irgendeine neue Waffe im Arsenal des Feindes dachten.

Und genauso reagierten auch führende amerikanische Militärs auf die verblüffenden Berichte, die im Herbst 1944 von Piloten der U.S. Air Force eingingen. Die Beobachtungen hatten über dem Rhein begonnen: Unheimliche Feuerbälle, so erzählten die Piloten, tauchten aus dem Nichts auf und verfolgten ihre Maschinen. Die feurigen Kugeln, manche rot, andere orange oder weiß, tauchten in halsbrecherischen Manövern weg oder schossen quer über den Himmel, wobei sie manchmal blinkten wie Lichter am Christbaum. Bisweilen verfolgten bis zu zehn solcher Kugeln eine Maschine. Die Flieger nannten sie *foo fighters,* eine Bezeichnung, die aus einer Nonsens-Zeile in dem Comicstrip „Smokey Stover" stammte: „Wo Foo ist, da ist auch Feuer." (Die Autoren des Comicstrips hatten das Wort offenbar vom französischen *feu* für „Feuer" abgeleitet.) Deutschland, das zu der Zeit den Krieg praktisch schon verloren hatte, mußte zu den letzten, verzweifelten Verteidigungsmitteln greifen, und so entsprachen die bizarren *foo fighters* – oder *kraut balls,* wie sie auch genannt wurden – den Vorstellungen, die sich die Alliierten immer noch von den technischen Möglichkeiten der Deutschen machten. Die Theorie, diese Feuerkugeln könnten Geheimwaffen sein, wurde jedoch bald fallengelassen, denn keine davon hatte je einem alliierten Flugzeug Schaden zugefügt. Wie die Amerikaner nach dem Krieg erfuhren, hatten außerdem auch deutsche Piloten die Erscheinungen gesehen – und ihrerseits gedacht, es handle sich um Geheimwaffen der Alliierten.

Bomberbesatzungen über dem Pazifik und Piloten, die im Korea- und im Vietnamkrieg im Einsatz waren, berichteten auch von *foo*-ähnlichen Phänomenen, was manche Ufologen zu der Vermutung veranlaßte, bei den glühenden Objekten handle es sich um Außerirdische, die sich für irdische Kriegstechniken interessierten. Skeptiker dachten dagegen eher an rationale Erklärungen, beispielsweise an statische Elektrizität, Kugelblitze oder Reflexe von Eiskristallen, die sich an Unregelmäßigkeiten der Cockpit-Fensterscheiben gebildet hatten. Das Rätsel harrt noch seiner Lösung.

Im Jahre 1946 war der Weltkrieg zu Ende; aber nun begann der Kalte Krieg. Das wachsende Mißtrauen zwischen den Vereinigten Staaten und der Sowjetunion wurde noch verstärkt durch eine Welle mysteriöser Beobachtungen über der Ostsee und Skandinavien. Die merkwürdigen Vorkommnisse begannen Ende Mai, als in Nordschweden seltsame, raketenähnliche Gebilde am Himmel beobachtet wurden. Diese kuriosen Berichte kamen aus abgelegenen Gegenden und wurden überwiegend nicht ernst genommen, bis ein paar Wochen später, am 9. Juni, Bürger von Helsinki in Finnland von einem Objekt in Angst und Schrecken versetzt wurden, das über den hellen Nachthimmel flog, eine Rauchfahne hinter sich herzog und ein geisterhaftes Nachglühen hinterließ.

Als ähnliche Beobachtungen auch aus anderen Teilen Nordeuropas gemeldet wurden, beherrschten Berichte über diese „Geisterraketen" und „Spukbomben" die Zeitungen. Die Schilderungen über Form und Verhalten der unbekannten Objekte gingen stark auseinander. Während die meisten Augenzeugen die Gebilde als Raketen beschrieben, hatten andere graue Kugeln oder Feuerbälle oder sogar funkensprühende Feuerräder gesehen. Manche beschrieben sie als zigarren- oder eiförmig. Die Objekte seien in gerader Linie geflogen, sagten die einen; nein, widersprachen die anderen, sie hätten sich steil in den Himmel hinauf oder zur Erde herab bewegt oder sogar Kreise vollführt und die Richtung geändert.

Schließlich wurden allein in Schweden im Laufe von sieben Monaten über 1000 Beobachtungen dieser Art gemeldet, und ähnliche Berichte trafen aus so weit auseinanderliegenden Ländern und Gebieten wie Portugal, Nordafrika, Italien, Griechenland und Indien ein. In Nordeuropa richtete sich der Verdacht sofort gegen die Sowjets, die gerade erst ein Jahr zuvor die deutsche V-2-Raketenbasis in Peenemünde an der Ostsee erobert hatten. Die V 2, mit der die Deutschen im letzten Kriegsjahr London und andere alliierte Städte terrorisiert hatten, war eine furchterregende Überschallwaffe – im Grunde genommen die erste ballistische Rakete. War es möglich, daß die Russen eine ähnliche Waffe entwickelt hatten und sie über der Ostsee erprobten? Der Kreml dementierte, aber die bloße Möglichkeit ließ Politiker in Schweden, Norwegen und Dänemark so nervös werden, daß sie eine Nachrichtensperre über alle UFO-Beobachtungen verhängten. Die schwedischen Streitkräfte wurden in Alarmbereitschaft versetzt, und die Vereinigten Staaten schickten den pensionierten Luftwaffen-General Jimmy Doolittle als Berater nach Schweden. Das schwedische Verteidigungsministerium stellte schließlich fest, daß 80 Prozent der Beobachtungen entweder konventionelle Flugzeuge oder aber Naturereignisse wie Meteore, Sterne, Planeten und Wolken betrafen. Immerhin, so meinten die Schweden, könne es sich bei 200 der gemeldeten Beobachtungen „nicht um Naturerscheinungen oder Phantasiegebilde" gehandelt haben.

Es sollte nicht das letzte Mal sein, daß eine Untersuchungskommission bei der Überprüfung von Berichten über UFO-Erscheinungen an einen Punkt „irritierender Ergebnislosigkeit" gekommen war, wie es 20 Jahre später in einer von der US-Regierung in Auftrag gegebenen Studie hieß. Dank der gewaltigen Fortschritte in den Naturwissenschaften während und nach dem Zweiten Weltkrieg schien außerdem die Vorstellung außerirdischer Besucher auf der Erde nicht mehr ganz so unrealistisch. Wie sich bald zeigen sollte, waren die *foo fighters* und die Geisterraketen nur ein bescheidener Anfang gewesen.

Dieses 1946 aufgenommene Objekt war eine von über 1000 „Geisterraketen", die in jenem Jahr über Skandinavien beobachtet wurden.

Furcht und Hoffnung im Film

Unbekannte Flugobjekte rühren wegen ihrer möglichen Herkunft aus fremden Welten an einen empfindlichen Bereich der menschlichen Psyche und rufen widersprüchliche Reaktionen hervor. Wir empfinden den Gedanken an eine Begegnung mit anderen intelligenten Wesen als erfreulich. Wir stellen sie uns als gütig, hilfsbereit, ja engelgleich vor und vertrauen darauf, daß ihr Kommen den Beginn eines großen Abenteuers ankündigt. Andererseits fürchten wir uns manchmal vor ihnen. Das Unbekannte ist schließlich immer auch beängstigend, und die Vorstellung von Eindringlingen aus dem Weltraum kann Fremdenfeindlichkeit auslösen. Was wäre, wenn die Wesen sich doch nicht so freundlich verhielten? Statt einen Neubeginn zu verheißen, könnten sie auch Vorboten des Endes sein.

Diese Ambivalenz kommt zum Beispiel auch in Spielfilmen zum Ausdruck. In dem Kinofilm *Krieg der Welten,* einem Science-fiction-Klassiker, ducken sich die Menschen, während Marsbewohner in mondsichelförmigen Raumschiffen, die mit kobraähnlichen Todesstrahlen ausgerüstet sind, Tod und Vernichtung verbreiten. In dem Streifen *Unheimliche Begegnung der dritten Art* sind die Killer-Raumschiffe dagegen einem großen, glitzernden Karussell gewichen, dessen Insassen gütige, kleine Wesen sind; diese verständigen sich mit den Betrachtern musikalisch und raunen von wunderbaren Abenteuern, die den irdischen Menschen bevorstehen. Der reizende E. T. mit seinem liebenswerten Charakter wird der Niedertracht mancher Menschen gegenübergestellt, wodurch die Frage aufgeworfen wird, wer hier eigentlich die Fremdartigen sind. In dem Film *Gefahr aus dem Weltall* sind die Besucher sowohl gut als auch schlecht. Sie landen und beginnen in menschliche Körper zu schlüpfen, doch dann stellt sich heraus, daß es sich um harmlose Raumfahrer handelt, die auf der Erde notgelandet sind und nur ihre Fahrzeuge reparieren wollen.

Die Wahrheit über die UFOs kennen wir noch nicht. Aber ihre Darstellung kann uns manche Wahrheit über uns selbst verraten.

In diesem Szenenphoto aus dem Film „Gefahr aus dem Weltall" (1953) fliehen die Filmstars Barbara Rush und Richard Carlson (Vordergrund) ebenso wie die Darsteller anderer Erdbewohner voller Entsetzen vor Eindringlingen aus dem All.

n einer anderen Szene aus „Gefahr aus lem Weltall" hält ein von Außerirdischen besessener, bedrohlich aussehender Mensch das Auto einer Kleinstädterin an. m Schluß lassen die Fremden – Ekto- lasmische Xenomorphen genannt – ihre Geiseln frei und ziehen friedlich wieder ab.

Gene Barry führt Überlebende durch die Trümmer, die Marsbewohner in dem klassischen Streifen „Krieg der Welten" aus dem Jahre 1953 hinterlassen haben. Rechts im Bild reckt ein sterbender Marsmensch, der irdischen Bakterien zum Opfer gefallen ist, seinen grausigen Arm durch eine Öffnung in seinem flugunfähigen Raumschiff – aber nicht mit der Absicht, den Menschen die Hand zu schütteln. In diesem Film versuchen Erdbewohner, sich mit den Außerirdischen anzufreunden, werden aber zum Dank in die Luft gesprengt.

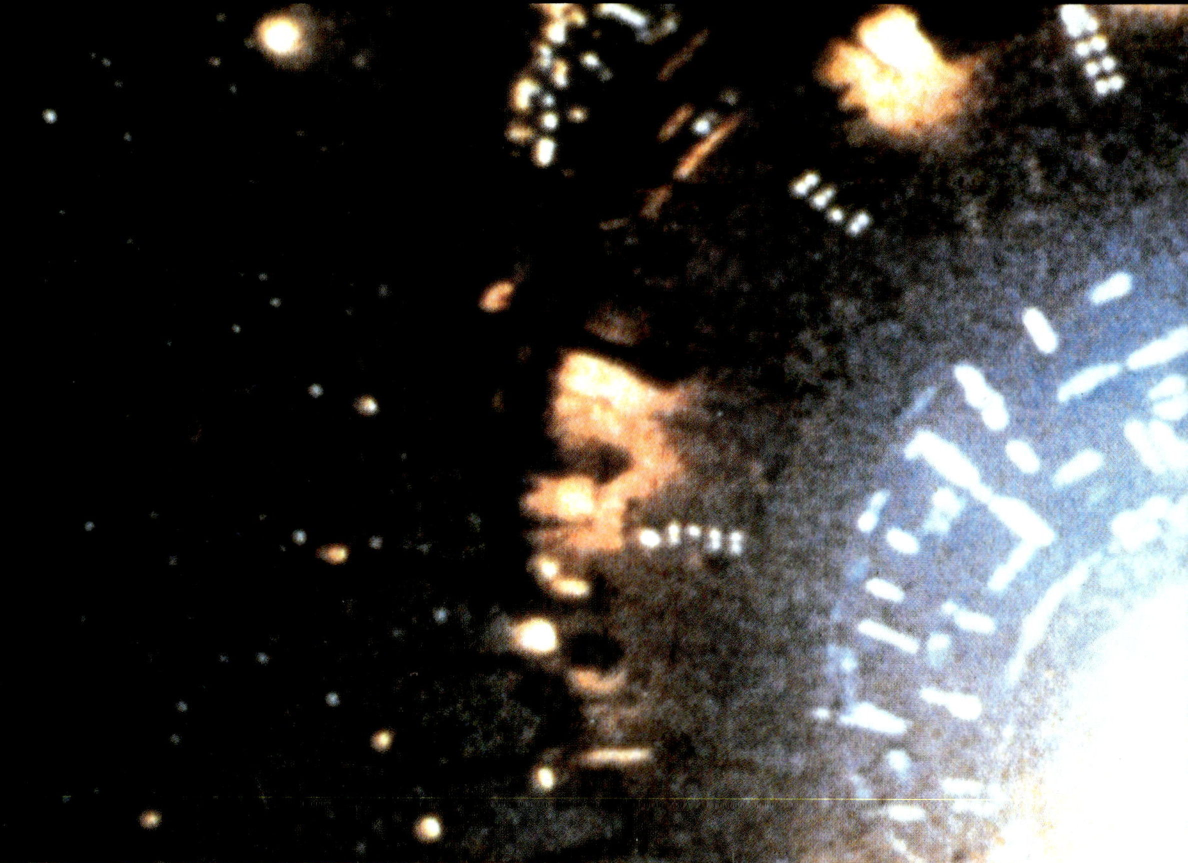

In wirbelnder Pracht geht auf dem Höhepunkt von „Unheimliche Begegnung der dritten Art“ ein außerirdisches Mutterschiff auf der Erde nieder. Auf dem Bild unten sieht man den Kinderstar Cary Guffey im gleißenden Licht des außerirdischen Raumschiffs, das vor seinem Elternhaus dicht über dem Boden schwebt. In dieser metaphorischen Sequenz versucht die Mutter des Jungen verzweifelt, ihr Heim vor den fremden Wesen zu schützen, während das arglose Kind die Tür öffnet, um sie in unschuldiger Freude zu begrüßen. Die Besucher nehmen es für eine Zeitlang an Bord ihres Schiffes und bringen es dann wohlbehalten zu seiner Mutter zurück.

Kurz vor Antritt der Heimreise legt E. T. seinem Freund Elliott (Henry Thomas) liebevoll einen Finger an die Stirn und verspricht ihm, daß sie beide sich im Geist stets nahe sein werden. In diesem Film retten Kinder den kleinen Außerirdischen vor dem rohen Zugriff der Erwachsenen. Sowohl in „E. T." als auch in „Unheimliche Begegnung der dritten Art" geht es Regisseur Steven Spielberg darum, Erwachsenen eine kindliche Fähigkeit zum Staunen und zur Ehrfurcht vor allem Leben, gleichgültig, woher es kommt, in Erinnerung zu rufen.

KAPITEL 2

Das Zeitalter der fliegenden Untertassen

Am 24. Juni 1947 flog Kenneth Arnold, ein 32 Jahre alter Geschäftsmann aus Boise in Idaho, mit seiner einmotorigen Maschine in 2800 Meter Höhe über die Cascade Mountains im Staat Washington. Es war ein schöner, sonniger Nachmittag, und Arnold bewunderte die herrliche Aussicht, als ihn plötzlich ein blauweißer Blitz aus seiner Träumerei riß. „Eine Explosion!" fuhr es ihm durch den Kopf. Es mußte ganz in der Nähe gewesen sein. Die Uhr auf seinem Armaturenbrett zeigte einige Minuten vor 15 Uhr an. Sein Herz klopfte, während er auf den Knall und die Stoßwelle wartete. Sekunden vergingen. Nichts. Arnold suchte mit den Augen den ganzen Himmel ab. „Das einzige Flugzeug, das ich sah", erinnerte er sich später, „war eine DC-4, weit zu meiner Linken und hinter mir, die offenbar die Route San Francisco–Seattle flog." Er atmete wieder leichter – doch dann erhellte ein zweiter greller, blauweißer Blitz das Cockpit.

Diesmal sah er das Licht von Norden kommen, aus der Richtung, in die er flog. In der Ferne erkannte er eine Formation blendend heller Objekte, die mit unglaublicher Geschwindigkeit über die Berggipfel raste. Arnold kam zu dem Schluß, daß es sich um eine Staffel der neuen Luftwaffen-Düsenjäger handeln müsse, die gerade in Dienst gestellt wurden. Die Entfernung war schwer abzuschätzen, sie betrug vielleicht rund 30 Kilometer; es waren neun Maschinen, die in dichter Staffel flogen. Alle paar Sekunden senkten oder neigten sich zwei oder drei von ihnen, so daß ihre spiegelnden Oberflächen das Sonnenlicht reflektierten. Arnold schätzte ihre Flügelspannweite auf 14 bis 15 Meter und entschloß sich, ihre Geschwindigkeit zu messen. Als das erste Objekt am Mount Rainier vorüberschoß, war es genau eine Minute vor 15 Uhr. Und als das letzte den Gipfel des Mount Adams passiert hatte, waren genau eine Minute und 42 Sekunden vergangen. Arnold sah auf seiner Karte nach. Die Gipfel waren 75 Kilometer voneinander entfernt. Er errechnete, daß die Geschwindigkeit rund 2650 Stundenkilometer betrug, das ist fast dreimal soviel wie die Höchstgeschwindigkeit, die der schnellste Düsenjäger erreichen kann.

Arnold landete gegen 16 Uhr in Yakima und machte sich sofort auf den Weg, um seinem Freund Al Baxter, dem Geschäftsführer von Central Aircraft, von dem Erlebnis zu berichten. Baxter ließ mehrere seiner Piloten rufen, damit sie sich ebenfalls die unfaßbare Geschichte anhörten. Einer der Flieger meinte, es hätte sich bei den Objekten um eine Salve Lenkflugkörper von einem nahe gelegenen Testgelände handeln können. Aber warum hatten sie dann Manöver ausgeführt, zu denen Flugzeuge, nicht aber Raketen in der Lage waren? Etwas später startete

Arnold nach Pendleton, Oregon. Die Nachricht von seinem Abenteuer war ihm vorausgeeilt, und auf dem Flugplatz umringte ein Trupp Reporter seine Maschine. Er wurde mit Fragen bombardiert; viele waren bohrend und skeptisch. Aber er blieb bei seiner Darstellung, und schließlich zeigten sich sogar die Skeptiker beeindruckt. Arnold war ein solider Bürger und Geschäftsmann und ein erfahrener Such- und Rettungspilot. Er hatte über 4000 Flugstunden hinter sich und war schon viele Male über die Cascades geflogen.

Als er gebeten wurde, die mysteriösen Objekte zu beschreiben, suchte er nach den richtigen Worten. Sie hätten wie Motorboote bei Seegang ausgesehen oder vielleicht wie der im Wind wehende Schwanz eines chinesischen Drachens. Dann sagte er: „Sie sind geflogen wie eine Untertasse, wenn man sie über eine Wasseroberfläche hüpfen lassen würde."

Einige Reporter bezweifelten immer wieder Arnolds Berechnungen und fragten, ob er sich bei der Zeitnahme nicht vertan habe. Er hatte weder eine Stoppuhr noch irgendein Visiergerät verwendet, sondern sich ganz auf seine Augen verlassen. Trotzdem lag die niedrigste denkbare Geschwindigkeit bei knapp 2200 Stundenkilometern. Es konnte sich bei den Objekten nicht um Düsenjäger gehandelt haben, und sie waren nicht wie Raketen geflogen. Die meisten derer, die an jenem Tag Ken Arnold zuhörten, waren überzeugt, daß er etwas ganz Ungewöhnliches gesehen hatte, etwas, das möglicherweise nicht von dieser Welt war.

Der Vorfall über den Cascades löste lebhafte Diskussionen sowie zum Teil verächtliche Kommentare von Wissenschaftlern aus. Arnold selbst war zu glaubwürdig, um als Spinner abgestempelt zu werden, und es deutete auch nichts darauf hin, daß er sich einen Jux geleistet hatte oder auf Publicity aus war. Die Kritiker konzentrierten sich deshalb auf die Frage, ob er sich geirrt haben oder einer optischen Täuschung erlegen sein könnte. Ein Wissenschaftler wies darauf hin, daß das Auflösungsvermögen des menschlichen Auges nicht ausreicht, um auf eine Entfernung von 30 Kilometern Objekte mit einer Ausdehnung von 14 bis 15 Metern zu erkennen. Arnold müsse die Entfernung falsch eingeschätzt haben; die Objekte seien in Wirklichkeit viel näher gewesen. Wahrscheinlich habe es sich um eine Staffel von Düsenjägern gehandelt, die beinahe mit Schallgeschwindigkeit geflogen seien, was aus kurzem Abstand ungeheuer schnell gewirkt hätte. Ein anderer meinte, da Arnold die Entfernung mit Hilfe der Berge als Fixpunkte bestimmt habe, müsse seine Schätzung der Größe falsch sein; die Objekte seien viel größer gewesen, als er dachte – wahrscheinlich habe es sich um Bomber gehandelt. Die Air Force äußerte sich nicht dazu, ob zu der fraglichen Zeit Militärmaschinen über den Cascades unterwegs gewesen waren; die Militärs erklärten die Erscheinung als Luftspiegelung, bei der die Spitzen der Berge in einer warmen Luftschicht scheinbar über der Erde schwebten.

Arnolds Bericht markierte den Beginn des Zeitalters der sogenannten fliegenden Untertassen. Innerhalb weniger Tage nach jenem 24. Juni berichteten mindestens 20 Personen an weit voneinander entfernten Orten des Landes, daß sie ähnliche Objekte am Himmel gesehen hätten. Einige der Beobachtungen hatten angeblich sogar am selben Tag wie Arnolds Erlebnis stattgefunden. Manche waren früher, einige ein paar Tage später registriert worden. Auf jeden Fall, so schrieb ein Historiker, „waren die Schleusen jetzt offen für eine Flut von Berichten. Aber es hatte einen Mann von Arnolds Charakter und Überzeugungskraft gebraucht, um sie zu öffnen."

Was nun folgte, war ein ganz eigenartiges Phänomen. Etwa im Laufe der nächsten fünf Jahre gab es über Nordamerika Abertausende angeblicher UFO-Beobachtungen. Die Berichte kamen in Wellen, das heißt, Perioden relativer Ruhe wechselten ab mit wahren Fluten von Hunderten von Berichten in einem einzigen Monat. Die UFOs entwickelten sich zu einem Lieblingsthema der Presse – sowie der Komiker und Karikaturisten. Mit der Zeit sollten die UFOs eine so große Rolle im öffentlichen Bewußtsein spielen, daß lange Abhandlungen geschrieben wurden und Wissenschaftler sich in erbitterte Diskussionen einließen. Konnte es UFOs wirklich geben? Wenn ja, welche Art von Intelligenz konnte hinter ihnen stecken? Und was bezweckte diese Intelligenz? War sie feindselig? Freundlich? Nur neugierig? Woher kamen diese Wesen? Stammten sie von der Erde? Oder waren es Maschinen und Wesen von einem anderen Ort irgendwo draußen im All, irgendwo inmitten dieser geheimnisvoll blinkenden Sterne in der schwarzen Unendlichkeit des Weltraums?

UFO-Gläubige fanden bedeutungsvolle Hinweise in praktisch jedem Bericht, während absolute Skeptiker nicht einmal ihren eigenen Augen trauten. Die Air Force, Hüterin des amerikanischen Himmels, spielte das Thema UFOs in der Öffentlichkeit herunter und nahm dennoch Berichte über sie, vor allem wenn sie von ihren eigenen, bestens geschulten Fliegern stammten, sehr genau unter die Lupe. Untersuchungen wurden unter verschiedenen Geheimhaltungsstufen eingeleitet, abgebrochen, wieder aufgenommen. Manchmal arbeitete die Air Force mit zivilen Forschern zusammen, manchmal weigerte sie sich, irgendwelche Informationen über UFOs herauszugeben. Und im Hintergrund lauerte stets die Angst, es könnte sich bei diesen unerklärlichen Objekten vielleicht sogar um sowjetische Geheimwaffen handeln.

Im Laufe der Zeit schien es fast so, als seien die offiziellen Stellen in Washington zu dem Schluß gekommen, daß die anhaltende UFO-Hysterie eine größere Gefahr für die öffentliche Ordnung darstelle als die UFOs selbst. Immer öfter bemühten sich die Air Force und Regierungsstellen, das UFO-Phänomen zu leugnen, lächerlich zu machen, zu verharmlosen oder auf andere Weise aus der Welt zu schaffen. Die Kampagne war durch Konfusion, Widersprüche und zeitweise regelrechte Unwahrheiten gekennzeichnet. Und sie scheiterte kläglich. Die unerforschlichen Flugobjekte faszinierten die amerikanische Öffentlichkeit immer mehr.

Kenneth Arnold mag sich über die Reaktionen gewundert haben, die er an dem Tag, an dem er über die Cascades flog, ausgelöst hatte. Seinem Bericht folgte eine Flut von Beobachtungen, die in einer Juliwoche auf 100 pro Tag anstieg. So viele Menschen berichteten über so viele Dinge, die sie beobachtet haben wollten, daß sogar die sensationshungrigen Zeitungen der Sache überdrüssig wurden. Schon bald bezeichnete die Presse jede angebliche Beobachtung als Jux oder Hirngespinst. Diese mit Verachtung gepaarte Ungläubigkeit wurde durch Verlautbarungen der Air Force, in denen jeder Bericht als Irrtum gebrandmarkt wurde, noch verstärkt. Tatsächlich meldete die Air Force nur wenige Wochen nach Arnolds Beobachtung, man werde das UFO-Phänomen nicht weiter untersuchen; in einer Pressemitteilung aus dem Hauptquartier in Washington hieß es, eine vorläufige Untersuchung habe „nicht genügend Fakten ergeben, die weitere Forschungen rechtfertigen würden".

Diese ostentative Gleichgültigkeit diente jedoch nur der Vertuschung eines Geheimprojekts zur Ermittlung von Fakten über UFOs. Am selben Tag, an dem Washington mangelndes Interesse bekundete, ließ die Leitung des Materiallagers in Wright Field, Ohio, verlautbaren, daß sie weiter der Frage nachgehen werde, ob es sich bei den Objekten um meteorologische Erscheinungen handle. Dann wurde ein Schleier der Geheimhaltung über das Projekt gebreitet, aus Angst, die Flugobjekte könnten irgendwie das Werk der Russen sein.

Die nächsten sechs Monate sichteten Wissenschaftler der Air Force die Berichte und stellten fest, daß 156 davon einer weiteren Untersuchung wert seien. Die Ergebnisse waren so interessant, daß die Forscher eine noch eingehendere Untersuchung verlangten. Ende 1947 schickte der befehlshabende Offizier in Wright Field dann einen Bericht ans Pentagon, in dem es unumwunden hieß, „das beobachtete Phänomen ist etwas Reales und nichts Visionäres oder Fiktives". Washington war immerhin so beeindruckt, daß in Wright Field ein Projekt unter dem Codenamen „Sign" (Zeichen) mit dem Auftrag eingerichtet wurde, „alle Informationen über Beobachtungen und Phänomene in der Atmosphäre, die möglicherweise für die nationale Sicherheit von Belang sind", zu sammeln und auszuwerten.

Ein verblüffendes Vorkommnis, das die Air Force in hektische Betriebsamkeit versetzte, hatte sich – mehrere Wochen nach Arnolds Beobachtung über den Bergen im Staat Washing-

Die erste Nummer der Zeitschrift „Fate", die 1948 erschien, brachte als Titelgeschichte den Bericht des Privatpiloten Kenneth Arnold (rechts), der von seiner Begegnung mit neun UFOs im Sommer des vorangegangenen Jahres erzählte. Auf Arnolds Beobachtung geht der Ausdruck „fliegende Untertassen" zurück.

ton – in der südwestlichen Wüste ereignet. Zum erstenmal wurde von einem abgestürzten UFO berichtet. Der Vorfall war durch Konfusion und widersprüchliche Berichte in der Presse und seitens der Air Force gekennzeichnet.

Unbestritten war jedoch, daß sich am 2. Juli bei Roswell in New Mexico etwas Merkwürdiges ereignet hatte. Es begann mit mehreren Beschreibungen eines großen, glühenden Objekts, das gegen 21.50 Uhr mit hoher Geschwindigkeit über das Gebiet geflogen war. Später in derselben Nacht vernahm Mac Brazel, ein Schafzüchter nordwestlich von Roswell, eine gewaltige Explosion in der Atmosphäre, die viel lauter war als das Gewitter, das sich gerade entlud. Am nächsten Morgen fand Brazel angeblich Reste einer folienartigen, sehr dünnen und biegsamen, jedoch äußerst zähen Substanz, die über eine Strecke von 400 Metern verstreut waren. Einem anderen Bericht zufolge fand Brazel außerdem ein diskusförmiges Objekt, das er dem Nachrichtenoffizier auf dem Armee-Flugplatz in Roswell übergab. Die Spekulationen überschlugen sich, bis am 8. Juli der *Roswell Daily Record* Leutnant Warren Haught, einen Public-Relations-Offizier des Stützpunkts, mit folgenden Worten zitierte: „Die vielen Gerüchte hinsichtlich der fliegenden Scheibe wurden gestern zur Realität, als die Nachrichtenstelle der 509. Bombergruppe der 8. Luftflotte auf dem Armee-Flugplatz Roswell dank einem glücklichen Zufall durch die Kooperation eines ortsansässigen Ranchers und des Sheriffbüros von Chaves County in den Besitz eines diskusförmigen Objekts kam."

Der Bericht enthielt zwar kaum weitere Details, doch die bloße Tatsache der Bestätigung, daß irgendeine Art von UFO geborgen worden war, löste eine Sensation aus. Die Telephonleitungen zum Stützpunkt waren tagelang überlastet, aber die Air Force hüllte sich von nun an in Schweigen. Die merkwürdigen Fragmente wurden in das Hauptquartier der 8. Luftflotte in Fort Worth, Texas, gebracht, wo Brigadegeneral Roger Ramey über

Offiziere der Air Force führen 1947 Trümmer vom Absturz eines Flugobjekts in Roswell, New Mexico, vor.

Rundfunk erklärte, was Mac Brazel gefunden habe, seien Überreste eines meteorologischen Meßgeräts gewesen.

Genau dies hatten manche Skeptiker von Anfang an vermutet. Aber die Air Force wollte keine weiteren Erklärungen abgeben, sondern hielt nur eine Pressekonferenz ab, auf der General Ramey anwesenden Photographen gestattete, ein paar Bilder von einzelnen, stark beschädigten und verbogenen Teilen zu machen. Als die Photographen sich beklagten, man habe sie nicht nahe genug herangelassen, wurde eine zweite Pressekonferenz anberaumt. Diesmal behaupteten die Photographen jedoch, es handle sich nicht um dieselben Objekte; die Trümmer seien ausgetauscht worden. Und dabei blieb es dann: Eine gründliche Aufklärung fand nicht statt. Noch Jahre danach beteuerten UFO-Enthusiasten, die Air Force vertusche die tatsächlichen Vorfälle, und im Jahre 1987 tauchten Dokumente auf, aus denen angeblich hervorging, daß das Raumfahrzeug und die Leichen von vier Besatzungsmitgliedern in der Tat geborgen, der Öffentlichkeit jedoch vorenthalten worden seien.

Nach dem Vorfall von Roswell kam es wieder zu einer wahren Springflut von UFO-Berichten. Noch in derselben Woche wurden in Phoenix, Arizona, die ersten Photos gemacht, die angeblich UFOs im Flug zeigten. Der Photograph war William A. Rhodes, der sich selbst als naturwissenschaftlichen Berater bezeichnete. Am 7. Juli in der Abenddämmerung, so berichtete Rhodes, war er zu Hause, als er draußen ein lautes Dröhnen hörte. Aus irgendeinem Grunde habe er sich gedacht, es könne sich um eine fliegende Untertasse handeln; deshalb sei er mit seiner Kamera hinausgelaufen – gerade noch rechtzeitig, um zwei Aufnahmen von einem Objekt zu machen, das sich mit hoher Geschwindigkeit entfernte. Die Form des Objekts, so sagte Rhodes, habe ihn an den Absatz eines Männerschuhs erinnert. Dies entsprach genau der Beschreibung, die Ken Arnold von den Objekten über den Cascades gegeben hatte.

Die Bilder wurden am 9. Juli in der in Arizona erscheinenden *Republic* veröffentlicht. Rhodes erzählte später, er sei in der folgenden Woche von einem FBI-Agenten und einem Nachrichtenoffizier der Air Force aufgesucht worden, die ihn beide ausführlich befragt hätten. Sie baten Rhodes, ihnen die Negative zur Auswertung zu überlassen, und er entsprach der Bitte. Im folgenden Monat, so sagte Rhodes, bat er um die Rückgabe seiner Negative, erhielt aber schriftlich Bescheid, eine Rückgabe sei nicht möglich. Anfang 1948 hätten ihn zwei Offiziere des Projekts Sign aufgesucht, um ihn zu befragen. Aber von da an hörte Rhodes nie mehr etwas von der Air Force. In deren Akten ist die Phoenix-Beobachtung als „möglicher Ulk" gekennzeichnet, obwohl angeblich einige Nachrichtenoffiziere die Bilder als authentisch ansahen. Wie dem auch sei, es wurde nie hinreichend erklärt, warum die Air Force die Sache für einen Jux hielt. Wie so vieles im Zusammenhang mit den UFOs geriet auch diese Geschichte in Vergessenheit, als neuere, noch dramatischere Vorfälle in die Schlagzeilen kamen.

In der Öffentlichkeit hatte sich die Ansicht durchgesetzt, UFOs seien faszinierend, aber harmlos. Nun jedoch wurde es ernst: Ein junger Jagdflugzeug-Pilot kam bei der Verfolgung eines solchen Objekts ums Leben. Selbst Skeptiker meinten nun, daß man diese neue Entwicklung nicht mehr auf die leichte Schulter nehmen könne, und UFO-Gläubige sahen sich in ihren Ängsten bestätigt: Die seltsamen Objekte waren nicht nur außerirdischer Herkunft, sondern obendrein noch lebensgefährlich.

Das Ereignis begann wie viele andere. Am 7. Januar 1948 kurz nach 12 Uhr mittags sahen mehrere Menschen im westlichen Kentucky ein seltsames Objekt, das mit hoher Geschwindigkeit über den Himmel flog. Es hatte einen Durchmesser von nicht weniger als 75 bis 100 Metern und sah, wie ein Beobachter sagte, wie „eine Waffeltüte mit einer roten Eiskugel obendrauf" aus. Es gab viele glaubwürdige Augenzeugen, unter ihnen die Besatzung des Towers und der Standortkommandant des Air-Force-Stützpunkts Godman bei Fort Knox, wo das Objekt etwas später beobachtet wurde. Zufällig befanden sich gerade vier Jäger vom Typ F-51 Mustang der Luftwaffen-Nationalgarde im Landeanflug. Sie wurden über Funk angewiesen, abzudrehen und sich das Objekt einmal anzusehen.

Eine der Maschinen hatte nur noch wenig Treibstoff und setzte den Landeanflug fort. Die Piloten der anderen drei Mustangs zogen unter Führung von Hauptmann Thomas Mantell ihre Propellermaschinen hoch und näherten sich im Steigflug dem Objekt. Einer der Flieger sagte, es sei anscheinend aus Metall, und bestätigte, daß es „riesig groß" war. Sein Kamerad beschrieb es als „rund wie eine Träne und manchmal beinahe flüssig". An diesem Punkt brachen zwei der Maschinen die Jagd ab, aber Schwarmführer Mantell funkte, er wolle versuchen, noch näher heranzukommen. Es war inzwischen 15.15 Uhr, und Mantell funkte dem Tower: „Ich gehe auf 20 000 Fuß, und wenn ich dann nicht näher dran bin, gebe ich die Verfolgung auf." Das war sein letzter Funkspruch. Einige Stunden später wurde sein Leichnam in den Trümmern seiner F-51 Mustang gefunden.

Die Untersuchung der Air Force ergab, daß Mantell in einer Höhe von rund 6000 Metern wegen Sauerstoffmangels ohnmächtig geworden und mit seiner Maschine abgestürzt war. Die Air Force äußerte die Vermutung, das seltsame Objekt sei nichts anderes als der Planet Venus am Nachmittagshimmel gewesen.

Die Erklärungen der Air Force erschienen manchen Leuten nicht sehr plausibel. Berechnungen von Höhe und Azimut des Planeten im Verhältnis zu Mantells Kurs, als dieser zuletzt gesehen wurde, ergaben, daß die Erklärung nicht stimmen konnte. Das Unglück gab Anlaß zu Gerüchten, Mantell sei von einem außerirdischen Raumschiff abgeschossen worden. Später kamen Forscher noch auf eine andere Erklärung, an die bei der Air Force zunächst niemand gedacht hatte. Bei der Navy lief zur der Zeit unter dem Namen Projekt „Skyhook" (Ballonsonde) ein Programm zur Erforschung der Stratosphäre. Mantell, so meinten die Forscher, habe möglicherweise einen Stratosphären-Forschungsballon verfolgt.

Auf jeden Fall setzte sich aufgrund dieses Zwischenfalls im Pentagon die Ansicht durch, daß man für die Auswertung der beim Projekt Sign eingehenden Berichte stärkere Unterstützung von seiten der Naturwissenschaftler brauche. Der Gelehrte, auf den schließlich die Wahl fiel, war J. Allen Hynek, Professor für Astronomie an der Ohio State University bei Wright Field. Hynek sagte später, die Air Force sei offenbar von seiner Skepsis hinsichtlich der Existenz von UFOs ebenso beeindruckt gewesen

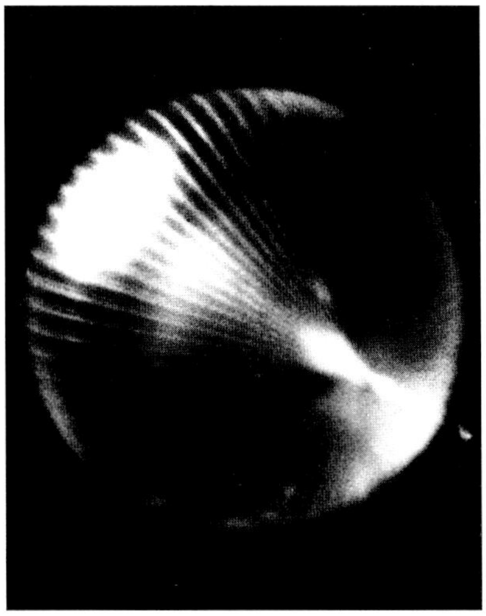

Mehrere UFO-Beobachtungen in den 40er und 50er Jahren wurden von der Air Force als falsch gedeutete Beobachtungen von Militärflugzeugen erklärt. Beispielsweise könnten einige Augenzeugen tatsächlich die Forschungsballons (links) gesehen haben, die aus durchscheinendem Kunststoff bestanden, der in der Sonne glitzerte oder die Farbe wechselte. Andere beobachteten vielleicht eines von zwei flügellosen, diskusförmigen Testflugzeugen, die von der Navy (unten) sowie der Army und der Air Force (rechte Seite) entwickelt wurden.

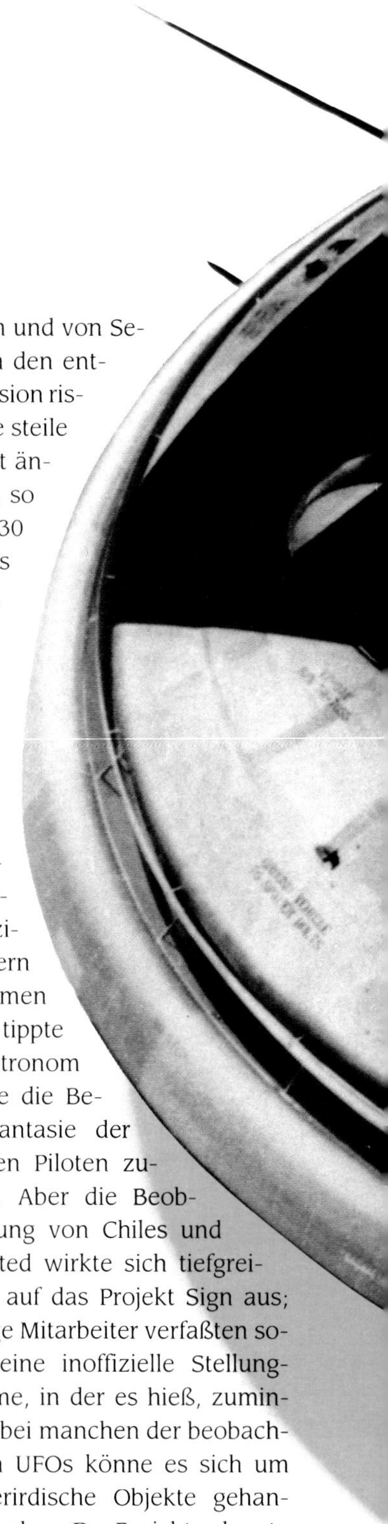

wie von seiner fachlichen Qualifikation. Es schien so, als hätte die Air Force nur den einen Wunsch, daß die UFOs verschwinden möchten, und als sei sie deshalb so erleichtert gewesen, daß auch Hynek nicht an ihre Existenz glaubte.

Ein- bis zweimal pro Monat fuhr Hynek die 100 Kilometer von der Ohio State University nach Wright Field, sichtete einen Stapel UFO-Berichte und sagte „Naja, das da war offensichtlich ein Meteor" oder „Das war kein Meteor, aber ich möchte wetten, daß es ein Ballon war". Hynek gestand später einmal, er habe grundsätzlich erst einmal angenommen, daß es für alles eine natürliche Erklärung geben müsse. Das war eine vernünftige Einstellung – nur blieb das Problem, daß die Tatsachen eine solche Erklärung nicht immer stützten.

Eine Episode, die Hyneks Hypothese ernstlich in Frage stellte, ereignete sich ein paar Monate später, am 23. Juli 1948. Zum erstenmal hatten zwei offensichtlich kompetente und besonnene Beobachter Gelegenheit, ein UFO aus der Nähe zu sehen. Die beiden Männer waren Kapitän C. S. Chiles und sein Kopilot J. B. Whitted, die eine DC-3-Transportmaschine der Eastern Airlines von Houston nach Boston flogen. Um 2.45 Uhr morgens waren sie in einer Höhe von 1500 Metern einige Kilometer südlich von Montgomery, Alabama, als Chiles ein schwaches rotes Glühen am Himmel bemerkte, das ihnen leicht von oben und von rechts entgegenkam. Chiles bemerkte nebenbei zu Whitted, daß es sich wohl um einen neuen Düsenjäger handle.

Die Nacht war klar, der Mond schien hell, und nur ein paar vereinzelte Wolken trieben am Himmel. Beide Piloten sahen jetzt das Objekt, das sehr schnell auf sie zukam. Die roten und grünen Positionslichter der DC-3 funktionierten einwandfrei. Die Piloten nahmen an, der Düsenjäger werde sie sehen und abdrehen. Dann aber brach ihnen der Schweiß aus, als das Ding unbeirrt auf sie zugeflogen kam und von Sekunde zu Sekunde größer wurde. In den entsetzlichen Augenblicken vor der Kollision rissen sie die schwerfällige DC-3 in eine steile Kurve nach links. In diesem Moment änderte das Objekt seinen Kurs leicht, so daß es in einem Abstand von kaum 30 Metern an der rechten Tragfläche des Flugzeugs vorbeizog. Das Objekt, dessen Geschwindigkeit sie auf etwa 1100 Stundenkilometer schätzten, zog mit einem Flammenstoß aus dem hinteren Ende steil nach oben und verschwand in den Wolken. Pilot und Kopilot hatten das Objekt deutlich gesehen; das Bild war ihnen regelrecht ins Gedächtnis eingebrannt. Chiles und Whitted beschrieben das Flugobjekt als flügellos und zigarrenförmig, mit Reihen von Fenstern am Rumpf, die wie Magnesiumflammen geleuchtet hätten. Professor Hynek tippte auf einen Meteor. Ein anderer Astronom zuckte bloß die Achseln und führte die Beobachtung auf die überhitzte Phantasie der beiden Piloten zurück. Aber die Beobachtung von Chiles und Whitted wirkte sich tiefgreifend auf das Projekt Sign aus; einige Mitarbeiter verfaßten sogar eine inoffizielle Stellungnahme, in der es hieß, zumindest bei manchen der beobachteten UFOs könne es sich um außerirdische Objekte gehandelt haben. Der Bericht gelangte auf dem üblichen Dienstweg an General Hoyt S. Vandenberg, den Stabschef der Air Force, der ihn jedoch wegen fehlender Beweise zurückwies. Der Bericht war unterdessen als streng ge-

US AIR FORCE
US ARMY

heim eingestuft worden, und nach der Zurückweisung wurden alle Exemplare verbrannt.

Doch wenn Vandenberg mit seinem Urteil den Sign-Forschern auch einen Dämpfer aufgesetzt haben mochte, konnte er doch nicht die Anzahl der UFO-Berichte verringern, mit denen die Air Force sich befassen mußte. Solche Berichte gingen weiterhin in großer Menge ein, und binnen weniger Monate mußten sich die Mitglieder des Projekts Sign abermals mit einem höchst rätselhaften Vorfall befassen.

Wieder einmal stammte der Bericht von einem Jagdflieger, der am 1. Oktober ein UFO am Nachthimmel über North Dakota verfolgt hatte. Die Episode begann, als Leutnant George Gorman nach einem routinemäßigen Patrouillenflug in seiner F-51 Mustang in Fargo landen wollte. Als er den Landeanflug begann, bemerkte er in etwa 1000 Metern Entfernung ein Licht, das er für das Rücklicht eines anderen Flugzeugs hielt. Gorman erkundigte sich beim Tower danach und erhielt die Auskunft, es befinde sich eine Piper Cub in der Nähe, die er aber deutlich unter sich sah. Gorman steuerte seine Maschine so, daß er das merkwürdige Licht aus kürzerem Abstand beobachten konnte. „Es hatte einen Durchmesser von ungefähr 15 bis 20 Zentimetern", erinnerte er sich, „und war klar, weiß und vollkommen rund, jedoch an den Rändern etwas verschwommen. Es ging ständig an und aus." Während sich Gorman dem Licht näherte, drehte dieses plötzlich scharf nach links ab und schoß auf den Boden zu. Gorman ging in einen Sturzflug mit 600 Stundenkilometern über, kam aber dem Eindringling, der plötzlich den Kurs änderte und steil nach oben zog, nicht näher.

Sein Ehrgeiz als Jagdflieger bewog Gorman, das Ding zu verfolgen. „Plötzlich ging es in eine scharfe Rechtskurve", sagte er, „und wir flogen geradewegs aufeinander zu. Als der Zusammenstoß schon fast unvermeidlich schien, habe ich wahrscheinlich Angst bekommen." Gorman riß seine Mustang nach unten und sah das Objekt ungefähr 150 Meter über sich hinwegfliegen.

Die Jagd ging weiter. Gorman zog seine Maschine wieder hoch und verfolgte das Objekt erneut. Abermals machte dieses kehrt und kam direkt auf ihn zu. Diesmal wich es selbst unmittelbar vor dem Zusammenstoß aus und stieg senkrecht nach oben. Gorman verfolgte es, aber in 4200 Meter Höhe wurde seine Mustang langsamer und sackte durch. Daraufhin drehte das Objekt ab und entfernte sich mit hoher Geschwindigkeit.

Die Verfolgungsjagd hatte aufreibende 27 Minuten gedauert. Gorman, der im Zweiten Weltkrieg als Pilotenausbilder gedient hatte, zog später den Schluß, das Objekt sei „von Gedanken gesteuert" gewesen. Die Manöver seien einfach zu schnell gewesen, um auf andere Weise ausgeführt zu werden.

Anfang 1949 hatte es den Anschein, als unternehme die Air Force einen neuen Versuch, hinter das Geheimnis der UFOs zu kommen. Die Sicherheit des Projekts Sign war durch zahlreiche Presseberichte untergraben worden; es wurde deshalb eingestellt. Der Mitarbeiterstamm empfahl in seinem Abschlußbericht, die Aktivitäten sollten auf „minimalem Niveau" fortgeführt und der Sonderstatus des Projekts solle aufgehoben werden, sobald sich herausstelle, daß UFO-Beobachtungen keine Bedrohung für die Sicherheit der Vereinigten Staaten darstellten. Etwaige Untersuchungen, die es künftig noch geben würde, sollten deshalb den Codenamen Projekt „Grudge" tragen – eine kuriose Bezeichnung, denn *grudge* bedeutet soviel wie „Mißgunst, Groll", was natürlich zu verschiedenen Kommentaren Anlaß gab. Die Air Force dementierte aber, daß diese Namensgebung etwas zu bedeuten habe. Das Projekt werde jedoch auch weiterhin unter Geheimhaltung stehen.

Wieder hatte es den Anschein, daß die Air Force sich selber widersprach: Einerseits wurde die Bedeutung der UFOs heruntergespielt, andererseits weigerte man sich aber, Informationen darüber an die Öffentlichkeit gelangen zu lassen. Kritiker äußerten die Vermutung, die Air Force wolle nicht, daß allzu viele Leute sich zu intensiv mit den UFOs befaßten, sie wolle die Kontrolle über sämtliche Nachforschungen haben. Durch die Einstufung der Berichte, zumal der sogenannten guten Beobachtungen, als geheim hindere sie unabhängige Wissenschaftler an eigenen Untersuchungen und baue auf diese Weise jeglichen Schlußfolgerungen über UFOs vor, die nicht ihre Billigung finden würden. Der Auftrag des Projekts Grudge bestehe darin, alle Beobachtungen abzustreiten oder zu verharmlosen.

Im Frühjahr schrieb ein Journalist namens Sydney Shalett in Zusammenarbeit mit der Air Force einen von Hohn und Spott triefenden Artikel über das Thema UFOs, der in der *Saturday Evening Post* veröffentlicht wurde. Shalett tat alle UFO-Berichte als Irrtum, Ulk oder Illusion ab und riet für den Fall eines UFO-Absturzes den Augenzeugen, „unbedingt die Trümmer in Sicherheit zu bringen – falls sie harmlos scheinen". Aber dann, so fuhr er fort, „sollten Sie sich wohl besser durch eine eidesstattliche Erklärung Ihres Geistlichen, Arztes oder Bankiers absichern".

Jagd auf Graugänse

Im Mai 1949 ging bei der Projektgruppe der Air Force, die mit der Untersuchung von UFO-Berichten betraut war, ein interessanter Brief ein. Der Absender, ein Mann, der im Staat Maryland wohnte, erklärte, er habe Jahre zuvor Anteile an einer kleinen, örtlichen Firma erworben, die Flugzeuge herstellen sollte. In letzter Zeit mache er sich jedoch Sorgen, weil die Konstruktionspläne für die Flugzeuge der Firma starke Ähnlichkeiten mit den fliegenden Untertassen aufwiesen, von denen er verschiedentlich in der Presse gelesen habe. Er fühle sich deshalb verpflichtet, fuhr der Mann fort, die für die Untersuchung von UFO-Beobachtungen zuständigen staatlichen Stellen von diesem Umstand zu unterrichten.

Aufgrund dieses Hinweises – und in der Hoffnung, daß sich damit zumindest einige der noch rätselhaften UFO-Berichte würden erklären lassen – begann ein Team von Air-Force-Untersuchungsbeamten, die Aktivitäten der Flugzeugbaufirma zu durchleuchten, die den Namen Gray Goose Corporation (Graugans-Gesellschaft) trug und von Jonathan E. Caldwell gegründet worden war. Die Suche führte das Team sowie die Polizei von Maryland auf eine Farm in Glen Burnie, einem etwa 18 Kilometer südlich von Baltimore gelegenen Vorort. Dort fanden sich in einem unbenutzten Tabakschuppen die verwitterten Überreste der beiden experimentellen Flugapparate der Gray Goose Corporation, die tatsächlich stark an fliegende Untertassen erinnerten. Eine der Maschinen, deren Einzelteile in dem Schuppen entdeckt wurden *(oben und rechts)*, war ein kleiner Hubschrauber mit konventionellem Rumpf. Über dem Cockpit war jedoch ein dreibeiniges Gestell montiert, auf dem sich eine Scheibe mit hervorstehenden Rotorblättern befand; die Scheibe hatte einen Durchmesser von gut vier Metern.

Das andere, viel unkonventionellere Flugzeug war ein spulenähnlicher Apparat, der aus zwei kreisförmigen Rahmen aus Sperrholz und Stahl bestand, die riesigen Käseschachteln ähnelten. Die zwei Teile – die in entgegengesetzter Richtung rotieren sollten und kurze, an den äußeren Rändern angesetzte Rotorblätter hatten – waren durch das Cockpit des Piloten getrennt, das sich neben der Motoraufhängung befand.

Die Beweismittel waren also gefunden, doch über den Verbleib des Erfinders war nichts bekannt. Caldwell, ein ehemaliger Schreiner, hatte sich anhand von Büchern in Flugtechnik weitergebildet, bevor er seine Firma gründete. Es hatte ihm jedoch nicht nur an technischen, sondern auch an wirtschaftlichen Grundkenntnissen gefehlt, und so hatte er immer dann neue Anteile ausgegeben, wenn er wieder Geld brauchte, um sein Unternehmen zu finanzieren. Im Jahre 1940 hatte der Generalstaatsanwalt von Maryland begonnen, sich für Caldwells Geschäftsgebaren zu interessieren. Caldwell war bald darauf unter Zurücklassung seiner Prototypen verschwunden.

Die Untersuchungsbeamten machten jedoch einen Mann ausfindig, der behauptete, zehn Jahre zuvor den diskusförmigen Helikopter bei einem Testflug in Washington, D.C., geflogen zu haben. Das Datum des Testflugs und die Aussage des Piloten, der Apparat habe sich nur wenige Minuten in einer Höhe von etwa zwölf Metern in der Luft gehalten, schlossen jedoch aus, daß der Testflug Anlaß zu UFO-Berichten gegeben hatte. Der Verdacht von Caldwells Teilhaber führte also zu keinem Ergebnis, und die UFO-Berichte blieben weiterhin rätselhaft.

Der Sarkasmus verfehlte jedoch bei den meisten Lesern seine Wirkung. Kurz nachdem der Artikel erschienen war, stieg die Zahl der UFO-Beobachtungen auf eine nie erreichte Höhe. Bei der Air Force fragte man sich, ob vielleicht der Artikel diese Schwemme ausgelöst haben könne, und gab in aller Eile eine Pressemitteilung heraus, in der es hieß, alle diese Beobachtungen seien Produkte einer Art Massenhysterie und Mißdeutungen von Naturerscheinungen. Kein Zweifel, die Kampagne, die den UFOs den Garaus machen sollte, lief auf vollen Touren. Projekt Grudge bestand nur sechs Monate und wurde dann größtenteils aufgelöst. Der Abschlußbericht befaßte sich mit 244 Beobachtungen und unternahm den ernsthaften Versuch, sie alle als Naturereignisse zu erklären. Für 56 der Beobachtungen, also 23 Prozent, gab es jedoch keine plausible Erklärung. Ohne irgendwelche Beweise anzuführen, kamen die Autoren des Berichts zu dem Schluß, daß diese nicht aufgeklärten Vorkommnisse das Ergebnis psychologischer Verirrungen auf seiten der Beobachter seien. Es wurde die Empfehlung ausgesprochen, die Forschung auf dem Gebiet der UFOs solle gedrosselt werden, weil ihr bloßes Vorhandensein manchen zu der Annahme veranlassen könne, daß diese Geschichten irgendeinen Wahrheitsgehalt hätten.

Ende Dezember 1949 wurden die Unterlagen des Projekts Grudge archiviert. Die Mitarbeiter erhielten zum größten Teil andere Posten. Nur ein paar Forscher blieben zurück, um Beobachtungsberichte zu sammeln. Trotzdem war die Air Force auf bestimmte Berichte immer noch neugierig genug, um ein neues, geheimes Forschungsvorhaben unter dem Namen Projekt „Twinkle" (Funkeln) in Angriff zu nehmen.

Aufgabe von Twinkle war eine detaillierte Untersuchung grüner Feuerkugeln, die von zuverlässigen Personen zwischen 1947 und 1949 im nördlichen New Mexico beobachtet worden waren. Die Objekte ähnelten Meteoren, abgesehen von ihrer hellgrünen Farbe und der Tatsache, daß sie sich langsam auf einer flachen Flugbahn bewegten. Die Air Force richtete 170 Kilometer südöstlich des atomaren Testgeländes Los Alamos eine Beobachtungsstation ein. In diesem Gebiet hatte man in der Vergangenheit schon zahlreiche Feuerkugeln beobachtet. Die Forscher waren mit Kameras, Fernrohren, Theodoliten und anderen optischen Geräten ausgerüstet. Sechs Monate harrten sie auf ihrem Posten aus und sahen – nichts.

Unterdessen wurden jede Menge Feuerkugeln über dem 240 Kilometer weiter südlich gelegenen Luftwaffen-Stützpunkt Holloman gesichtet. Die Twinkle-Mannschaft packte ihre Sachen zusammen und zog nach Holloman um – wo sie mit wachsender Frustration weitere sechs Monate wartete und nichts sah. Einige der Mitarbeiter fanden es bemerkenswert, daß die Feuerkugeln immer dann verschwanden, wenn die Air Force sich für sie zu interessieren begann. Die Air Force legte die Feuerkugeln schließlich ad acta und stellte das Projekt Twinkle ein.

Natürlich sickerte einiges über die Frustration, Konfusion und tiefe Besorgnis in der Air Force durch, und das bestärkte die UFO-Gläubigen nur in ihrer Überzeugung. Einer der ersten prominenten UFO-Enthusiasten war ein gewisser Donald E. Keyhoe. Der im Jahr 1897 geborene Keyhoe war ein Absolvent der U.S. Naval Academy und Major des Marinekorps im Ruhestand. Er hatte im Zweiten Weltkrieg als Flugzeug- und Ballonpilot gedient, bevor er freier Journalist wurde. Als Spezialist für Luftfahrt hatte er Verbindungen zu hohen Militärkreisen.

Ende 1949 erhielt Keyhoe von *True*, einer auflagenstarken Abenteuerzeitschrift für Männer, einen Auftrag: Er sollte einen umfassenden, unabhängig recherchierten Artikel über fliegende Untertassen schreiben. Keyhoe glaubte vielleicht nicht an UFOs, als er mit seinen Recherchen begann, aber er tat es ganz sicher, als er sie abgeschlossen hatte.

Im Januar 1950 veröffentlichte *True* einen von Keyhoe gezeichneten Artikel mit dem Titel „Die fliegenden Untertassen sind Wirklichkeit". Er löste eine Sensation aus und wurde zu einer der meistgelesenen und -diskutierten Veröffentlichungen in der Pressegeschichte der vergangenen Jahrzehnte. Keyhoe legte keine schlüssigen eigenen Beweise für die Existenz von UFOs vor. Vielmehr baute er seine Argumentation auf der offenkundigen Ratlosigkeit der Air Force auf. Er behauptete, keine seiner ranghohen Kontaktpersonen sei bereit gewesen, über UFOs zu sprechen, was er als sehr überzeugenden Beweis dafür wertete, daß an den Berichten etwas Wahres sei. Er meinte, die Air Force wolle sich deshalb nicht äußern, weil sie etwas ungeheuer Wichtiges zu verbergen habe – und was könne das anderes sein, als daß die UFOs Realität seien und aus dem Weltraum kämen? Wahrscheinlich, so schrieb Keyhoe, enthielten die offiziellen Stellen der Öffentlichkeit wichtige Fakten vor, weil sie eine das ganze Land erfassende Panik befürchteten. Jedes Dementi und jede Erklärung seien weitere Beweise dafür, daß die Öffentlichkeit bewußt im dunkeln gelassen werde. Keyhoe deutete an, daß er schlüssige Beweise für seine Überzeugung besitze; er ließ durchblicken, daß gewisse ungenannte Quellen ihm gegenüber die Existenz von UFOs bestätigt hätten.

Zwei Monate später brachte *True* einen weiteren Artikel über die tatsächlich existierenden fliegenden Untertassen. Auch dieser machte Furore. Autor war diesmal Kommandant Robert B. McLaughlin, ein Marineoffizier und Experte für Fernlenkgeschosse, der auf dem Testgelände White Sands in New Mexico Dienst tat. McLaughlin schrieb, am 24. April 1949 habe er zusammen mit anderen Ingenieuren den Start eines Stratosphären-Forschungsballons im Rahmen des Projekts Skyhook vorbereitet. Zunächst hätten sie einen kleinen Wetterballon steigen lassen, um die Windverhältnisse in größerer Höhe zu ermitteln. Als der Bediener des Theodolits sein Instrument schwenkte, um den Ballon zu verfolgen, habe ein Objekt dessen Weg gekreuzt.

Nach McLaughlins Bericht war dieses Objekt elliptisch und hatte einen Durchmesser von über 30 Metern. Es flog in der extrem großen Höhe von etwa 100 Kilometern, und die Ingenieure errechneten, daß es sich mit acht Kilometern je Sekunde – also rund 29 000 Stundenkilometern – durchs All bewegte. Am Ende seiner Flugbahn stieg es mit einer Geschwindigkeit von etwa 14 000 Stundenkilometern in die Höhe, bis es außer Sicht geriet. Das Objekt, sagte McLaughlin, war eine Minute lang sichtbar, und alle Beobachter stimmten darin überein, daß es weiß war. McLaughlin schrieb, er sei überzeugt, daß es sich „um eine fliegende Untertasse gehandelt hat, und weiterhin, daß diese Scheiben Raumschiffe von einem anderen Planeten sind".

Die Beobachtung von White Sands hatte Gewicht. Immerhin hatte man es hier mit einem Marineoffizier zu tun, dessen Bericht von mehreren Ingenieuren und von einem Techniker anhand eines Theodolits bestätigt wurde. Mehr noch, McLaughlin schloß eine etwaige „Ballon"-Erklärung mit dem Hinweis darauf aus, daß sie eine Viertelstunde danach einen zweiten Wetterballon gestartet hätten; dieser habe sich in keiner Weise ähnlich wie das unidentifizierte Objekt verhalten, erklärte er entschieden. Die Beobachtung gewann noch zusätzlich an Bedeutung, als sich herausstellte, daß die Navy McLaughlins Artikel für die Veröffentlichung freigegeben hatte, obwohl er den Ergebnissen des Projekts Grudge widersprach.

Die Beobachtung selbst war nicht der einzige Diskussionspunkt in dem Artikel. Als einer der ersten bemerkte McLaughlin Gemeinsamkeiten zwischen verschiedenen UFO-Vorfällen in der Nähe von Militärstützpunkten und Nuklearanlagen im Südwesten der Vereinigten Staaten. Er berechnete, daß der Planet Mars am 16. Juli 1945, dem Tag der ersten Atombombenexplosion in New Mexico, in einer hervorragenden Position zur Beobachtung von Vorgängen auf der Erde gestanden habe; der Blitz sei möglicherweise so hell gewesen, daß er von diesem Planeten aus zu sehen war, und habe deshalb einen Besuch von neugierigen Mars-Bewohnern auslösen können. Kritiker entgegneten, die größere Zahl von Erscheinungen in der Nähe von streng bewachten Anlagen erkläre sich daraus, daß dort mehr Personen die Umgebung und den Himmel beobachteten. Das stimmt natürlich, aber darauf ließe sich hinsichtlich der Beobachtungen selbst wiederum entgegnen, daß die Qualifikation der Beobachter den Berichten besondere Glaubwürdigkeit verlieh.

Im Jahre 1950 löste Donald E. Keyhoe eine Sensation aus, indem er behauptete, die Regierung halte UFO-Beweise geheim.

Gespannt sucht eine Menschenmenge im Jahre 1950 den Himmel über Mexico City nach UFOs ab. Überall auf der Welt waren Serien von Beobachtungen vorgekommen.

Was aber trotz allem immer noch fehlte, war ein halbwegs brauchbares Photo eines UFOs. Dies sollte sich jedoch am 11. Mai 1950 ändern, als Paul Trent, ein Farmer in McMinnville, Oregon, zwei scharfe Photos von einem Objekt machte, das einer fliegenden Untertasse sehr ähnlich sah.

Trents Frau war gegen 19.30 Uhr draußen gewesen und hatte ihre Kaninchen gefüttert, als sie ein metallenes, diskusförmiges Objekt langsam durch die Luft gleiten sah. Sie rief ihren Mann und holte ihre Kamera; Paul Trent rannte herbei und konnte zwei Aufnahmen machen, bevor das Ding verschwand. Die Trents versuchten nicht, Kapital aus ihren Bildern zu schlagen. Sie zeigten sie ein paar Freunden, und schließlich erfuhr die Lokalzeitung von der Sache und druckte die Photos ab.

Die Photos aus McMinnville wurden einer genauen Prüfung unterzogen *(S. 138–139)*, sowohl von Skeptikern als auch von Leuten, die an die fliegenden Untertassen glaubten, und später auch noch von Forschern der Air Force, die für den sogenannten Condon-Ausschuß arbeiteten, eine staatlich geförderte UFO-Studiengruppe, die Mitte der 60er Jahre gegründet wurde. In seinem 1969 veröffentlichten Bericht tat der Ausschuß alle angeblichen UFO-Photos als Schwindel oder Aufnahmen von Naturerscheinungen ab – mit Ausnahme dieser beiden Bilder. In dem Bericht hieß es: „Alle untersuchten geometrischen, psychologischen und physikalischen Faktoren stehen offenbar in Einklang mit der Behauptung, daß zwei Zeugen ein ungewöhnliches, silbrig-metallenes, diskusförmiges, offenbar künstlich hergestelltes Objekt mit einem Durchmesser von zwanzig bis dreißig Metern im Flug beobachtet haben.“ Die Autoren schlossen einen Ulk nicht ausdrücklich aus, merkten aber an, daß „mehrere physikalische Faktoren, wie beispielsweise die Genauigkeit gewisser photometrischer Messungen an den Originalnegativen, gegen eine Fälschung sprechen“. Also kurz gesagt: Die Photos wirkten echt.

Dieser Bericht erschien mit 19 Jahren Verspätung. In der Zwischenzeit kamen die glaubwürdigsten Berichte über UFOs nach wie vor von hochqualifizierten Leuten, überwiegend Militärfliegern. Angesichts der in Washington vorherrschenden Ansichten über unbekannte Flugobjekte zögerten jedoch viele Offiziere aus Angst, sich lächerlich zu machen oder ihrer Karriere zu schaden, mit ihren Beobachtungen an die Öffentlichkeit zu gehen. Ein einschlägiges Beispiel erschien 1973 in der Juni-Ausgabe der *Naval Aviation News,* einer offiziellen Militärzeitschrift. Der Artikel hatte die Überschrift „Unidentifiziertes Flugobjekt – ein provozierender Bericht". In dem Artikel erzählte ein anonymer Pilot, der sich „B." nannte, von einem Vorfall, der sich mehr als 20 Jahre zuvor ereignet hatte.

Am 10. Februar 1951, so schrieb B., war er mit einer viermotorigen Transportmaschine über dem Nordatlantik in Richtung Neufundland unterwegs. Die Maschine hatte dreieinhalb Flugstunden von Island hinter sich gebracht und flog in 3000 Meter Höhe mit einer Bodengeschwindigkeit von 200 Knoten (370 Stundenkilometern). Ein Wetterschiff vor der Küste von Grönland meldete normale Bedingungen auf der Route.

Im Morgengrauen bemerkte B. einen gelben Schimmer am westlichen Himmel, in einer Entfernung von etwa 50 bis 60 Kilometern. „Mein Eindruck", erinnerte er sich, „war, daß eine kleine Stadt vor mir lag." Sowohl B. als auch „K.", sein Kopilot, dachten, sie seien in Richtung Grönland abgetrieben worden. Aber der Navigator meldete, das Flugzeug sei exakt auf seinem Kurs. Als die Maschine noch etwa 25 Kilometer von dem Schimmer entfernt war, nahm die Erscheinung das Aussehen kreisförmiger Lichtmuster an. B. dachte nun, es könne sich um zwei miteinander vertäute Schiffe handeln. Als der Abstand auf knapp 10 Kilometer geschrumpft war, gingen die inzwischen leuchtend weißen Lichter plötzlich aus. An der Stelle, an der sie gewesen waren, erschien auf dem Wasser ein gelber Halo; er verfärbte sich orange und dann feuerrot. B. berichtete, der Halo habe sich „mit phantastischer Geschwindigkeit" auf sie zubewegt.

B. manövrierte verzweifelt, um dem heranstürmenden Objekt auszuweichen, das daraufhin schwenkte und in einen lockeren Formationsflug mit dem Flugzeug überging, 60 bis 90 Meter vor diesem und 30 Meter unter ihm. „Es hatte einen Durchmesser von schätzungsweise 60 bis 90 Metern, war durchscheinend oder metallen und hatte die Form einer Untertasse", schrieb B. Dann kehrte das Objekt um und entfernte sich mit einer Geschwindigkeit, die B. auf über 2400 Stundenkilometer schätzte.

Ein entnervtes Besatzungsmitglied meldete dem Flugplatz Gander auf Neufundland die Beobachtung und fragte, ob das Objekt auf den Radarschirmen aufgetaucht sei. Nach der Landung, schrieb B., seien er und seine Crew von Nachrichtenoffizieren zur Berichterstattung befohlen worden und man habe von ihnen verlangt, nach der Ankunft in den Vereinigten Staaten einen ausführlichen Bericht zu schreiben. B. schloß mit der Feststellung, etwas später habe er erfahren, daß auf den Radarschirmen in Gander tatsächlich ein Objekt aufgetaucht war, das mit rund 2900 Stundenkilometern geflogen sei.

Für die Air Force wurde die Lage immer komplizierter. Am 10. September desselben Jahres beobachtete ein Pilot der Air Force über Fort Monmouth in New Jersey ein rundes, silbriges, flaches Objekt mit einem Durchmesser von 10 bis 15 Metern. Er erstattete über Funk Bericht, und einer nahe gelegenen Radarstation gelang es, das Objekt zu verfolgen. Inzwischen waren fast zwei Jahre vergangen, seit die Air Force ihr Projekt Grudge mehr oder weniger auf Eis gelegt hatte, aber das UFO-Phänomen war keineswegs aus der Welt geschafft. Vielmehr tauchten immer mehr Fakten auf, die auf die Notwendigkeit weiterer, ernsthafter Untersuchungen hindeuteten.

Ende September wurde auf Befehl des Chefs des Nachrichtenwesens der Air Force das Projekt Grudge reaktiviert, und Hauptmann Edward J. Ruppelt wurde zu seinem Leiter ernannt. Ruppelt, der im Zweiten Weltkrieg Bombenschütze gewesen war, hatte die richtige Einstellung zu dieser Aufgabe: Er war überzeugt, daß das UFO-Problem erforscht werden sollte, aber er war entschlossen, ganz vorurteilsfrei an die Sache heranzugehen, also weder UFOs vorauszusetzen noch auszuschließen.

Ruppelt verstand die Abneigung vieler Militärpiloten, UFO-Beobachtungen zu melden. Er entwarf Formblätter, schickte sie an alle Einheiten und sorgte dafür, daß das Pentagon jede Einheit der Air Force überall auf der Welt anwies, UFO-Beobachtungen unverzüglich zu melden. Außerdem behielt er J. Allen Hynek als wissenschaftlichen Chefberater; trotz dessen ausgeprägter Neigung, die UFOs als natürliche Erscheinungen irdischen Ursprungs anzusehen, war Hynek nach wie vor ein Wissenschaftler ersten Ranges mit unschätzbaren Kenntnissen über frühe UFO-Beobachtungen. Überdies begann Ruppelt, systematisch mit der Presse zusammenzuarbeiten, indem er regelmäßig Mitteilungen über Beobachtungen und Nachforschungen herausgab.

Ob nun diese liberale Politik dabei eine Rolle spielte oder nicht, 1952 wurde jedenfalls mit nicht weniger als 1501 Berichten zu einem Jahr der UFO-Hochkonjunktur. Als sich im Frühjahr abzeichnete, daß eine UFO-Welle im Entstehen war, beschloß die Air Force, das Projekt Grudge in eine getrennte Organisation mit dem Namen Projekt „Blue Book" (Blaubuch) umzuwandeln und dadurch aufzuwerten. Ruppelt führte die höchsten Offiziere des Luftverteidigungskommandos in das Projekt ein und versicherte sich ihrer Unterstützung bei der Benutzung der Radarschirmkameras des Kommandos für die Suche nach UFOs.

Eine Serie von Beobachtungen, die Ruppelts Interesse weckte, wurde später unter der Bezeichnung Lubbock-Lichter bekannt. Innerhalb einer Periode von zwei Wochen im August und September 1951 hatten Hunderte von Menschen am Nachthimmel über Lubbock im Staat Texas merkwürdige Objekte gesehen. Die Serie begann am 25. August um 21 Uhr, als ein Ehepaar erschreckt ein Objekt beobachtete, das wie ein riesiges, flügelförmiges UFO mit blauen Lichtern an der Heckkante aussah und in einer Höhe von rund 300 Metern über die Außenbezirke von Albuquerque in New Mexico flog. Etwa 20 Minuten später sahen in Lubbock drei College-Professoren, die auf einer Veranda saßen, eine halbkreisförmige Formation von Lichtern mit hoher Geschwindigkeit am Himmel vorüberziehen. Aber die Lichter kamen und verschwanden so schnell, daß keiner Zeit hatte, sie genau wahrzunehmen. Etwas über eine Stunde später erschienen die Lichter erneut, und diesmal erkannten die Professoren, daß es sich um schwach leuchtende, bläuliche Objekte handelte, die in einer lockeren Formation flogen.

Tags darauf berichtete eine benachbarte Radarstation des Luftverteidigungskommandos, ihre Geräte hätten ein unidentifiziertes Objekt in rund 4000 Meter Höhe registriert. Es habe sich mit 1400 Stundenkilometern bewegt, also etwa eineinhalbmal so schnell wie die zur Zeit schnellsten Düsenjäger. Dutzende von Menschen in und um Lubbock berichteten ebenfalls von den Lichtern, und eine Frau zeichnete ein flügelförmiges Objekt, das dem von Albuquerque ganz ähnlich sah.

Fünf Tage später erschienen die Lichter wieder über Lubbock, und diesmal gelang es Carl Hart, einem Studienanfänger am Texas Technical College, mit seiner Kodak-Kleinbildkamera fünf Aufnahmen zu machen. Die Photos zeigten eine V-Formation von Lichtern. Die Bilder entsprachen nicht dem, was die drei Professoren gesehen hatten, sondern zeigten ein unregelmäßiges Muster. Die Air Force analysierte die Negative und fand keine Anhaltspunkte für eine Fälschung. Das stimmte allerdings nicht mit der Einschätzung des Phänomens durch Donald H. Menzel überein, den Professor für Astrophysik an der Harvard University, der sich als machtvoller Kritiker der UFOs profiliert hatte.

Menzel nahm kein Blatt vor den Mund. Unumwunden erklärte er, er glaube nicht an die Möglichkeit, daß UFOs außerirdische Besucher seien; er hatte für jede Beobachtung entweder eine wissenschaftliche Erklärung oder tat sie als Schwindel ab. Menzel sah sich als Verteidiger der Bastionen der Gelehrsamkeit gegen die Mächte der Ignoranz – und der Habgier.

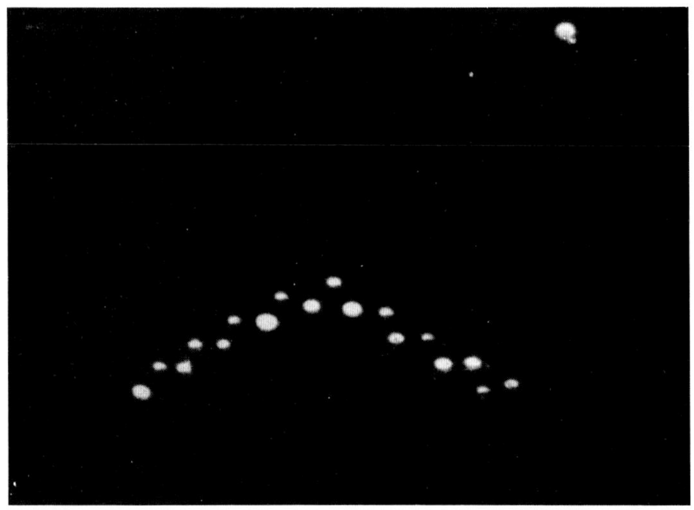

Auch die Lubbock-Lichter entlockten Menzel nur Hohn und Spott; er meinte, falls sich die Lichter tatsächlich so schnell bewegt hätten, wie die Professoren aus Lubbock behaupteten, dann hätte man sie nicht mit einer relativ einfachen Kamera wie Harts Kodak photographieren können. Er behauptete, die Lubbock-Lichter seien lediglich Spiegelungen von Straßenlampen, Autoscheinwerfern oder Gebäudeaußenleuchten an einer gerip-

Zwei Wochen lang flogen im August 1951 verschwommene blaue Lichter, deren Zahl zwischen zwei und mehreren Dutzend schwankte, in Formation über Lubbock, Texas. Viele zuverlässige Zeugen wollten die Objekte gesehen haben, und ein Beobachter machte diese vier Aufnahmen.

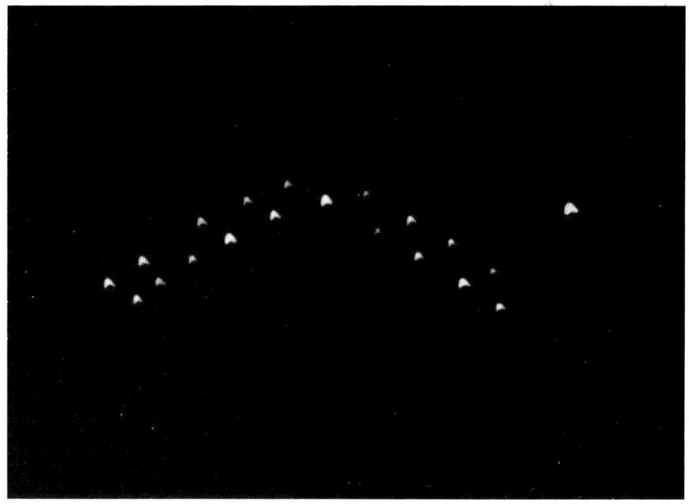

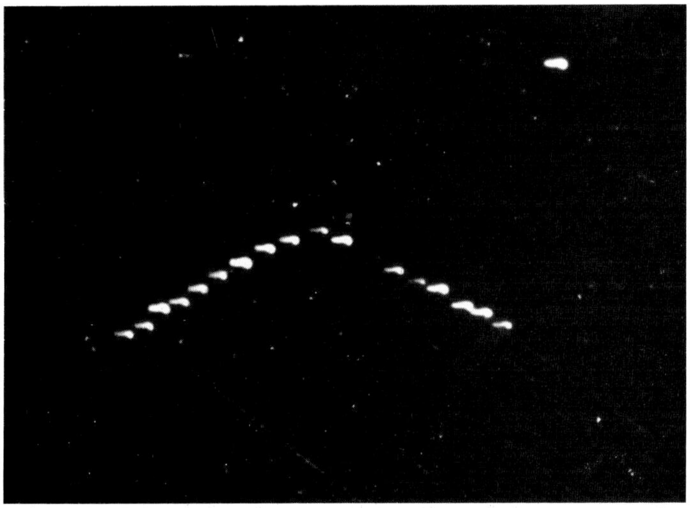

pelten Schicht feinen Dunstes „wahrscheinlich direkt über den Köpfen der Beobachter" gewesen. In einem zweiteiligen Artikel für die Zeitschrift *Look* beschrieb er im Juni 1952 eine historische Beobachtung aus dem Jahre 1893, die Ähnlichkeiten mit den Lubbock-Lichtern aufwies. Menzel veröffentlichte auch ein Photo von einer UFO-Formation, das er in seinem Labor gefälscht hatte. Sein Argument war offenbar, da es möglich gewesen wäre, die Photos zu fälschen, waren sie wahrscheinlich auch gefälscht worden. Es ist nicht bekannt, wie Hauptmann Ruppelt und die Forscher des Projekts Blue Book über Menzels gefälschtes Photo dachten, aber sie kamen letztlich zu dem Schluß, daß es sich bei den Lubbock-Lichtern um Naturerscheinungen gehandelt habe.

Viele fanden diese Erklärungen trotzdem nicht überzeugend. Anfang 1952 gab dann die Zeitschrift *Life* einem Team von Autoren und Forschern den Auftrag, einen hieb- und stichfesten Artikel über die UFOs zu schreiben. Das *Life*-Team wurde von Hauptmann Ruppelt und den Mitgliedern seines Stabs uneingeschränkt unterstützt; sie öffneten ihre Archive und hoben auf Verlangen die Geheimhaltung für bestimmte Berichte auf.

Als der *Life*-Artikel im April erschien, erregte er solches Aufsehen, daß daneben die Reaktion auf Donald Keyhoes Artikel in *True* verblaßte. Die Zeitschrift schrieb: „Diese Objekte können nach dem heutigen Stand der Wissenschaft nicht als Naturerscheinungen erklärt werden, sondern einzig und allein als künstliche Geräte, die von einer hohen Intelligenz geschaffen wurden und gehandhabt werden." Der Artikel enthielt Einzelheiten aus zehn bis dahin unveröffentlichten Berichten, die nach Meinung der Autoren nicht wie üblich mit dem Hinweis auf Ballone, Luftspiegelungen, Inversionen oder Hirngespinste gedeutet werden konnten. Und ein bekannter Wissenschaftler, Walter Reidel, der während des Krieges Direktor der deutschen Raketenbasis in

Donald H. Menzel führt vor, wie Lichter am Boden unter bestimmten atmosphärischen Bedingungen UFO-ähnliche Bilder hervorrufen können.

Penemünde gewesen war, wurde mit der Äußerung zitiert, er glaube an die außerirdische Herkunft der UFOs. Die Air Force, nach ihrer Haltung zu dem Artikel befragt, antwortete: „Der Artikel beruht auf Tatsachen, die Schlußfolgerungen stammen jedoch von der Zeitschrift *Life.*"

Nach dem Erscheinen des *Life*-Artikels stieg die monatliche Anzahl von UFO-Beobachtungen von normalerweise 10 bis 20 im April auf 99 und im Juni auf 149. Die Berichte kamen aus allen Teilen der Vereinigten Staaten, und die Zahl stieg ständig weiter. Im Juli waren es 536, eine Verdreifachung gegenüber dem Vormonat, und allein am 28. Juli gingen 50 Berichte ein. Im August begann die Welle abzuebben – es wurden nur noch 326 Beobachtungen verzeichnet, und in den übrigen Monaten des Jahres waren es jeweils nur noch etwa 50. Ruppelt und sein Stab vom Projekt Blue Book hatten aber zunächst alle Hände voll zu tun. Sie konnten die Berichte nur noch mit Mühe sichten, klassifizieren und ablegen. Es blieb keine Zeit, mehr als eine kleine Auswahl genauer zu prüfen.

Während der Beobachtungsserie von 1952 zählte Hauptmann Ruppelt innerhalb von sechs Monaten nicht weniger als 16 000 Zeitungsberichte über UFOs. Immer wenn es den Anschein hatte, daß sich die Gemüter beruhigen würden, tauchte wieder eine sensationelle Meldung in den Schlagzeilen auf. Eine der faszinierendsten Beobachtungen des Jahres fand am 14. Juli gegen 20.10 Uhr in der Nähe von Norfolk, Virginia, statt. Der Abend war klar und die Sicht sehr gut. Der Pilot und der Kopilot einer DC-4 der Pan American, die auf der Route New York – Miami in 2400 Meter Höhe flog, sahen ein Glühen am Himmel, das sich schon bald in sechs feuerrote Objekte mit jeweils einem Durchmesser von etwa 30 Metern auflöste. „Ihre Form war klar umrissen und offenbar kreisrund", berichtete Flugkapitän William B. Nash. „Die Ränder waren scharf definiert und überhaupt nicht phosphoreszierend oder verschwommen."

Entgeistert beobachteten Nash und sein Kopilot William Fortenberry, wie sich den sechs in dichter Formation fliegenden Scheiben zwei weitere näherten und alle in etwa 600 Meter Höhe über das Wasser der Chesapeake Bay flogen. Als sich die Scheiben fast unter dem Flugzeug befanden, wurden sie etwas matter und stellten sich alle gleichzeitig hochkant. Die Ränder waren knapp fünf Meter dick, und die Oberseiten schienen flach zu sein. Nash und Fortenberry gaben über Funk einen Bericht für die Air Force durch, und am nächsten Morgen wurden sie zu einer Befragung bestellt. Nachdem sie zwei Stunden lang erst getrennt und dann gemeinsam befragt worden waren, erfuhren Nash und Fortenberry, daß die fliegenden Untertassen auch von sieben anderen Personengruppen in dem Gebiet beobachtet worden seien.

Die Mitarbeiter des Projekts Blue Book überprüften die Positionen sämtlicher Militär- und Zivilflugzeuge, die zur fraglichen Zeit in dem Gebiet unterwegs gewesen waren, fanden aber keine Erklärung für die Beobachtung, die deshalb als „ungeklärter Fall" in die Akten einging. Harvard-Professor Menzel führte mit Flugkapitän Nash eine lange Korrespondenz und äußerte einmal die Vermutung, der Pilot habe sich von Glühwürmchen narren lassen, die

Die Orgon-Räuber

Wilhelm Reich, ein bekannter österreichischer Psychoanalytiker, behauptete, mehrmals unbekannte Flugobjekte gesehen zu haben. Die außerirdischen Insassen dieser Raumschiffe aus anderen Welten seien, so glaubte er, feindselig und darauf aus, die Erde einer kostbaren Substanz zu berauben, die Reich Orgon nannte – eine kosmische Lebensenergie, die angeblich in der Luft, im Wasser und in allen organischen Substanzen enthalten sei. Er meinte, die fliegenden Untertassen würden durch Orgon angetrieben, und auf die blaue Farbe des Orgons sei das bläuliche Licht zurückzuführen, von dem Beobachter von UFO-Erscheinungen oft berichteten.

Anstelle des Orgons, so vermutete Reich, gäben die Raumschiffe eine negative Energie, das „tödliche Orgon", ab, das bei Menschen Krankheiten hervorrufe und das Land in eine ausgedörrte Wüste verwandle.

zwischen den doppelten Scheiben des Cockpitfensters eingeschlossen gewesen seien. Später kam Menzel trotz gegenteiliger Wetterberichte zu dem Schluß, die Erscheinungen seien von Lichtern am Boden verursacht worden; Dunst und eine Inversionslage habe ihre Verzerrung bewirkt.

Zu diesem Zeitpunkt war die Unruhe über die UFOs in der amerikanischen Bevölkerung so groß, daß zwei Forschungsgruppen gebildet wurden, die UFO-Informationen unabhängig von der Air Force sammeln und analysieren sollten. Die aktivere der beiden Gruppen, die sogenannte Aerial Phenomena Research Organization (APRO), wurde von Coral und Jim Lorenzen gegründet, privaten UFO-Forschern, die in Sturgeon Bay, Wisconsin, lebten; die Organisation hatte so viel zu berichten, daß sie einen zweimonatlich erscheinenden Informationsbrief herausgab.

Schon vier Tage nach dem Nash-Fortenberry-Vorfall über der Chesapeake Bay sorgte eine phantastische Serie von Beobachtungen ganz in der Nähe erneut für Aufregung. Diesmal begann das Drama auf dem National Airport in Washington, nur wenige Kilometer vom Weißen Haus entfernt. Die erste Erscheinung wurde am 19. Juli um 23.40 Uhr beobachtet: Fluglotsen auf dem Flughafen entdeckten, daß zwei Radarschirme sieben langsam fliegende Objekte zeigten. Nach Aussage des Fluglotsen Harry G. Barnes mußten die Objekte gut 20 Kilometer vom Flughafen entfernt sein und mit 160 bis 200 Stundenkilometern Geschwindigkeit fliegen.

Barnes rief im Tower des Flughafens an und erfuhr, daß auf den dortigen Radarschirmen die gleichen Bilder zu sehen waren. Gut 20 Kilometer entfernt, am anderen Ufer des Potomac in Maryland, sahen Fluglotsen auf dem Luftwaffen-Stützpunkt Andrews die gleichen Leuchtpunkte auf ihren Radarschirmen. Um 3 Uhr morgens benachrichtigte Barnes offiziell das Luftverteidigungskommando der Air Force. Die Air Force brauchte eine halbe Stunde, um zu reagieren, doch schließlich kamen zwei mit Radar ausgestattete F4-Nachtjäger angedonnert, überflogen mehrmals den Flugplatz, suchten den Himmel ab – und fanden nichts. Kaum waren die Düsenjäger verschwunden, erschienen die Leuchtpunkte wie durch Zauberei wieder auf den Radarschirmen. Sie bewegten sich langsam und verschwanden erst bei Tagesanbruch. Die Air Force äußerte sich hierzu nicht, aber die Neuigkeit war durchgesickert, und die Meldung erschien wie ein Donnerschlag in den Morgenzeitungen. Die wortkarge Air Force weigerte sich zu bestätigen, daß man tatsächlich Düsenjäger losgeschickt hatte, um UFOs abzufangen.

Professor Menzel deutete auch diesen Zwischenfall als Folge einer Inversionslage. Er wies darauf hin, daß in solchen Fällen schon öfter geisterhafte Leuchtpunkte auf Radarschirmen aufgetaucht seien. Fluglotse Barnes war über diese Unterstellung nicht erbaut. „Fachleute können Inversions-Leuchtpunkte durchaus erkennen", erklärte er. „Es ist uns nicht unbekannt, welche Erscheinungen die Wetterverhältnisse, fliegende Vögel und ähnliche Dinge auf Radarschirmen hervorrufen können."

Eine Woche später, am 26. Juli, kehrten die UFOs nach Washington zurück. Um 22.30 Uhr erschienen erneut Leuchtpunkte auf den Radarschirmen

Symbole der Harmonie

Der renommierte Schweizer Psychologe Carl Jung stellte die Theorie auf, alle Menschen hätten Zugang zum kollektiven Unbewußten, wie er es nannte – einem Bereich des Unbewußten, der Jung zufolge Kenntnisse enthält, die aus den Erfahrungen der menschlichen Rasse insgesamt und nicht denen des Individuums stammen. Dieses Reservoir enthalte universelle Symbole, die er Archetypen nannte. Jung meinte, die Archetypen tauchten spontan in Träumen und Visionen auf und riefen dann starke emotionale und imaginative Reaktionen hervor.

Ein solches Bild sei das Mandala, ein kreisförmiges Symbol, das Vollkommenheit oder Totalität verkörpere. Jung mutmaßte, fliegende Untertassen seien vielleicht keine realen Objekte, sondern Mandalas; sie würden von Menschen am Himmel wahrgenommen, die sich nach Harmonie und Gleichgewicht sehnen.

Beweise auf dem Radarschirm

Wenn UFO-Skeptiker ein Motto hätten, würde es wahrscheinlich lauten: „Zeigt mir Beweise." Es gibt Beweise, erwidern viele UFO-Forscher auf diesen Vorwurf und verweisen auf visuelle Beobachtungen, die ihre angeblich objektive Bestätigung durch Erscheinungen auf Radarschirmen finden. Radar, eine Abkürzung für *radio detecting and ranging* (Funkortung und -messung) beruht darauf, daß elektromagnetische Wellen auf ein Objekt gerichtet werden. Die Wellen werden von dem Objekt zu einem Empfangsgerät reflektiert, das Entfernung, Richtung und Geschwindigkeit des Objekts ermittelt. Diese Informationen werden in Videosignale umgesetzt und auf einem Schirm sichtbar gemacht.

Leider ist Radar nicht narrensicher. Häufig tauchen Radarreflexe auf dem Schirm auf, obwohl kein Objekt vorhanden ist. Manche dieser Phantom-Informationen sind leicht als Wellen zu erkennen, die von Objekten am Boden reflektiert werden. Andere sind jedoch schwieriger zu deuten.

Radiowellen, die vom Hauptstrahl durch Beugung abgelenkt werden, sogenannte Seitenzipfel, können eine Information liefern, die scheinbar von einem Objekt im Weg des Hauptstrahls stammen. Bewegt sich das Objekt, verlagern sich auch die verschobenen Informationen. Außerdem können Seitenzipfel einen schwachen Reflex von einem Objekt projizieren, das vom Hauptstrahl entdeckt wurde; die beiden Lichtpunkte oder Blips, die sich über den Radarschirm bewegen, erscheinen dann als kleines Objekt, das das größere verfolgt. Ungewöhnliche atmosphärische Bedingungen können ebenfalls dazu führen, daß reflektierte Wellen sich bewegen oder Objekte außerhalb des normalen Abtastfeldes des Strahls abbilden und deren Größe, Geschwindigkeit oder Höhe verzerren.

Phantombilder kommen sowohl bei Bodenradar wie bei den Radargeräten in Flugzeugen vor, und erfahrene Operatoren sind mit diesen Erscheinungen vertraut. Es sind jedoch zahlreiche Fälle bekannt, in denen Beobachter ratlos über bestimmte Erscheinungen auf ihren Radarschirmen waren, und eine ganze Anzahl auch auf Radar verfolgter UFO-Episoden haben keine hinreichende Erklärung gefunden, jedenfalls nach Meinung derer, die am Radarschirm saßen.

Radar kann zwar manchen UFO-Beobachtungen größeres Gewicht verleihen, doch sind sich vorsichtige Forscher – wie beispielsweise die britische Ufologin Jenny Randles – der Grenzen dieser Technik bewußt. „Radar-Beweise sind leider kein Talisman für den Ufologen", erläutert sie, „sondern sie sind so komplex und vieldeutig wie jeder andere Bericht."

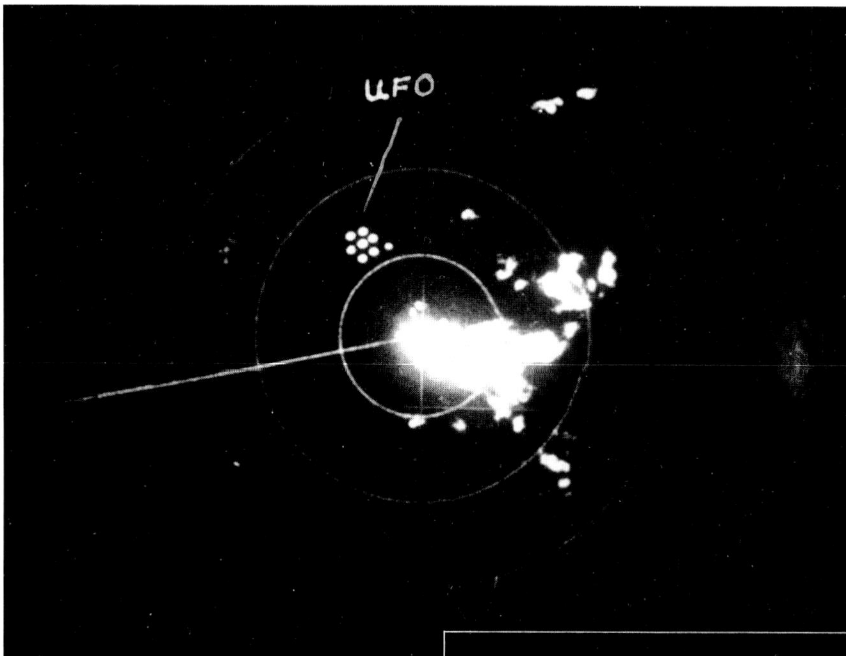

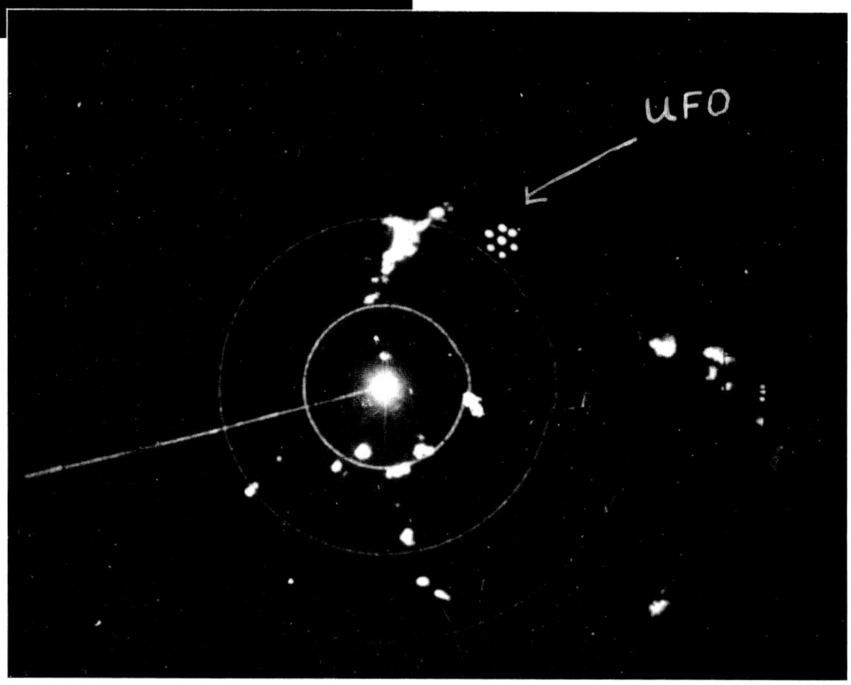

Ein Radar-Operator in einem Düsenjäger der Air Force, der im Jahre 1954 im Bermuda-Gebiet unterwegs war, entdeckte sieben unbekannte Objekte, die sich geschlossen über seinen Radarschirm bewegten. Obwohl eine Anfrage über Funk ergab, daß keine Schiffe in der Nähe waren, hieß es später, bei den Objekten habe es sich um Schiffe gehandelt.

Der Fluglotse Harry G. Barnes verfolgte die Bewegungen einiger der UFOs, die 1952 über Washington, D.C., gesichtet wurden. Die Air Force erklärte die Beobachtungen mit einer Inversionslage.

der Luftverkehrskontrolle auf dem National Airport. Es handelte sich um fünf oder sechs Objekte, die sich offenbar in südlicher Richtung bewegten. Abermals rief Harry Barnes zur Kontrolle beim Tower des Stützpunkts Andrews in Maryland an; die Fluglotsen dort hatten ebenfalls unbekannte Objekte auf ihren Bildschirmen. Auch die Piloten der startenden und landenden Verkehrsmaschinen berichteten über Funk von merkwürdigen Erscheinungen in der Nähe des Flughafens.

Um 23 Uhr rief Barnes im Pentagon an, das auch diesmal nicht gerade prompt reagierte. Um 23.25 Uhr tauchten zwei Düsenjäger des Typs F-94 heulend über Washington auf. Wieder verschwanden die Objekte sofort von den Radarschirmen. Nach zehn Minuten ergebnisloser Suche kehrten die Abfangjäger um. Und prompt waren die UFOs wieder da. Um 3.20 schickte die Air Force – die Objekte waren unterdessen ständig auf den Radarschirmen zu sehen gewesen – erneut zwei F-94-Düsenjäger. Jetzt aber blieben die UFOs auf den Bildschirmen, und eine der Maschinen meldete die optische Wahrnehmung von vier Lichtern. Einmal funkte der Pilot, daß die Lichter seine Maschine umzingelten, doch dann entfernten sie sich wieder.

Am nächsten Morgen wurde das Pentagon mit Anfragen überschüttet. Sogar Präsident Harry Truman beauftragte einen seiner Assistenten herauszufinden, was um alles in der Welt da eigentlich los sei. Am 29. Juli hielt dann Generalmajor John A. Samford, der Leiter des Nachrichtenwesens der Air Force, eine Pressekonferenz ab. Er sagte den Reportern, er sei überzeugt, daß alle Beobachtungen über Washington in den vergangenen zwei Wochen durch eine Inversionslage hervorgerufen worden seien. Außerdem kündigte er an, man werde unabhängige Wissenschaftler bitten, die Berichte genauer zu prüfen – es gibt jedoch keine Anhaltspunkte dafür, daß dies jemals geschah.

Die Nachrichtenmedien fanden sich nach und nach mit der Erklärung der Air Force ab oder deuteten die Vorfälle als eine Art Massenhalluzination. Falls die letztere Erklärung zutraf, wurde die Halluzination mehr oder weniger zum Dauerzustand, denn es gingen weiterhin UFO-Berichte ein. Anfang 1953 zeigten sich die Air Force und die Central Intelligence Agency (CIA) besorgt, daß die Berichte zu einer Bedrohung für die nationale Sicherheit werden könnten. Die CIA befürchtete, die Sowjets könnten eine Serie von UFO-Berichten als Tarnung für einen Luftangriff auf die Vereinigten Staaten benutzen oder bewußt den Eindruck erwecken, daß es sich bei Bomberstaffeln lediglich wieder nur um die schwer faßbaren kleinen Männchen vom Mars handle. Zumindest bestehe die Gefahr, so argumentierte die CIA, daß die UFO-Hysterie das Vertrauen der Bürger in die US-Streitkräfte untergraben könnte. Es wurde deshalb auf höchster Ebene beschlossen, daß man die Öffentlichkeit von der Nichtexistenz von UFOs überzeugen müsse.

Mit dem Segen der Air Force berief die CIA ein Gremium von fünf bekannten Wissenschaftlern ein, die sich normalerweise nicht mit UFOs befaßten. Neben dem Vorsitzenden H. P. Robertson, einem Physiker und Waffenexperten am California Institute of Technology, gehörten der Gruppe auch der Nobelpreisträger Luis Alvarez und Samuel Goudsmit an; Alvarez hatte eine wichtige Rolle bei der Entwicklung der Atombombe gespielt, und Goudsmit, ein Mitarbeiter von Albert Einstein, war ein erfolgreicher Theoretiker.

Das Robertson-Gremium trat am 14. Januar 1953 in Washington zusammen. Im Laufe von drei Tagen wurden ihm 75 UFO-Berichte vorgelegt. Die Wissenschaftler nahmen acht davon genauer unter die Lupe, prüften weitere 15 Berichte und sahen sich zwei kurze Farbfilme an, die die manövrierenden Lichter am Himmel zeigten. Alles in allem befaßte sich das Gremium nur zwölf Stunden mit den UFO-Phänomenen, doch diese Zeit reichte ihm zu der Schlußfolgerung, daß UFOs zwar kein physisches Risiko für die nationale Sicherheit bedeuteten, daß aber sehr wohl „die fortgesetzte Berichterstattung über diese Phänomene eine Bedrohung darstellen kann".

Die Wissenschaftler empfahlen, das Projekt Blue Book solle sich in größerem Umfang mit der Beunruhigung der Öffentlichkeit über die UFOs befassen, als sich dem Sammeln und dem Prüfen von Daten zu widmen. Sie schlugen vor, zivile UFO-Forschungsgruppen zu überwachen, da sie für „subversive Zwecke" benutzt werden könnten. Das Gremium empfahl außerdem eine Kampagne nationaler Sicherheitsdienste mit dem Ziel, „das UFO-Phänomen seines Sonderstatus zu entkleiden und ihm die Aura des Geheimnisvollen zu nehmen", und es entwarf ein Programm zur Aufklärung der Öffentlichkeit. Der Robertson-Bericht gestattete es der Air Force, in den folgenden 15 Jahren zu erklären, ein Gremium unparteiischer Wissenschaftler habe die UFO-Daten geprüft und absolut keine Anhaltspunkte für irgend etwas Ungewöhnliches in der Atmosphäre gefunden. Das Verdikt dieses Gremiums markierte sogar den Beginn der bisher intensivsten Kampagne gegen die UFO-Gläubigkeit.

Die Air Force, die das Phänomen zunächst skeptisch untersucht und in ihrem Umgang mit der Öffentlichkeit zwischen Aufrichtigkeit und Geheimnistuerei geschwankt hatte, entschied sich nun ganz eindeutig für die Geheimhaltung. Vom August 1953 an wurden alle UFO-Berichte nach Möglichkeit unterdrückt und alle Informationen für geheimhaltungsbedürftig erklärt. Und im Dezember gingen die Joint Chief of Staff, das Komitee der Stabschefs, daran, alle undichten Stellen zu verstopfen, indem sie jede unbefugte Veröffentlichung von Informationen zu einem Verbrechen nach dem Spionagegesetz erklärten, auf das eine Strafe von 10 000 Dollar oder bis zu zehn Jahren Gefängnis stand. Entgegen der Empfehlung des Robertson-Gremiums wurde dem Projekt Blue Book keine Aufklärungsfunktion zugestanden; es sank zur Bedeutungslosigkeit herab. Der stets zur Zusammenarbeit bereite Hauptmann Ruppelt hatte im August dem Projekt und der Air Force den Rücken gekehrt; zu diesem Zeitpunkt waren von dem ursprünglich zehnköpfigen Stab nur noch er und zwei Assistenten übriggeblieben. Blue Book wurde zu einem bloßen Archiv degradiert.

„Das Auge läßt sich leicht täuschen", meinte der Zauberkünstler John Mulholland, der hier Untertassen durch die Luft fliegen läßt. In einem Artikel, den er 1952 veröffentlichte, schrieb er UFO-Beobachtungen einer überreizten Phantasie zu.

Der Entscheidung der Regierung, das UFO-Phänomen mit Gewalt aus der Welt zu schaffen, war jedoch kein voller Erfolg beschieden. Die Anordnung zeitigte zwar die gewünschte Wirkung auf Regierungsstellen, konnte aber nicht verhindern, daß die Menschen nach wie vor rätselhafte Objekte am Himmel sahen und auch darüber schrieben. In den Jahren seit Kenneth Arnolds unheimlicher Begegnung über den Cascades waren die fliegenden Untertassen zu einem offenbar unausrottbaren Bestandteil des amerikanischen Lebens geworden, zum Gegenstand von gleichermaßen Furcht und Spott und zum Thema von Hollywood-Horrorfilmen ebenso wie von gelehrten Büchern. Im Oktober 1953 veröffentlichte der unermüdliche UFO-Enthusiast Donald E. Keyhoe seinen Bestseller *Flying Saucers from Outer Space.* Kurz darauf brachte der ebenso entschiedene UFO-Skeptiker Donald H. Menzel *Flying Saucers* heraus, eine gegen die UFO-Gläubigkeit gerichtete Fleißarbeit.

Im Oktober veröffentlichte die Zeitschrift *Look* Ausschnitte aus Keyhoes Buch. Aus Besorgnis, der *Look*-Artikel würde erneut UFO-Berichte nach sich ziehen, brachte die Air Force die Zeitschrift dazu, sich von der Aussage des Artikels zu distanzieren und Wissenschaftlern der Air Force zu gestatten, sich zu verschiedenen Punkten zu äußern. Aber je mehr rationale Erklärungen die Air Force vorbrachte, um so hartnäckiger behauptete Keyhoe, sie versuche zu vertuschen, was einer Invasion aus dem Weltall gleichkomme. Aber auch Menzel war nicht von seiner Meinung abzubringen; in seinem Buch gab er jeden, der behauptete, ein UFO gesehen zu haben, der Lächerlichkeit preis.

Zwischen diesen beiden Kampfhähnen stand die ratlose amerikanische Öffentlichkeit. Natürlich war vieles an den UFO-Geschichten unglaubwürdig. Dennoch gab es dieses gewisse Element der Unsicherheit, der Möglichkeit. Im Laufe der Jahre hatten sich mysteriöse Vorfälle ereignet, die sich einer rationalen Erklärung entzogen, und solche Vorfälle sollten sich immer wieder ereignen. Einige davon gingen sogar weit über die bloße Beobachtung merkwürdiger Flugobjekte hinaus.

Kidnapper aus dem All

Seit den frühen 60er Jahren berichten immer mehr Menschen nicht nur, daß sie UFOs gesehen hätten, sondern auch, daß sie gegen ihren Willen an Bord der Raumschiffe gebracht worden seien. Während die Einzelheiten sich unterscheiden, weisen viele der angeblichen Vorfälle ein gemeinsames Grundmuster auf. Am faszinierendsten ist wohl die immer wieder vorgebrachte Behauptung der „Opfer", sie hätten hinterher festgestellt, daß ihnen ein oder zwei Stunden fehlten, an die sie sich nicht erinnern könnten. In den sich anschließenden Tagen und Monaten litten viele von ihnen unter Alpträumen, Erinnerungsschüben oder extremen Angstzuständen. Allmählich kehrte dann die Erinnerung daran zurück – von alleine oder unter Hypnose –, daß sie in der „fehlenden Zeit" von Außerirdischen entführt worden waren.

Skeptiker sehen diese Berichte, die oft auch Einzelheiten über medizinische Untersuchungen oder sogar die Begattung durch Außerirdische enthalten, als frei erfundene Geschichten oder bestenfalls als Halluzinationen an. Manche phantasiebegabte UFO-Forscher vertreten dagegen die Theorie, falls die Entführungsgeschichten wahr seien, könnte dies bedeuten, daß die Außerirdischen langfristige Untersuchungen an den Menschen durchführen und genetische Experimente in der Hoffnung anstellen, eine Mischrasse aus Menschen und Außerirdischen schaffen zu können.

Was immer diese Theorie für sich haben mag, Psychiater, die angebliche Entführungsopfer untersuchten, stellten Anzeichen dafür fest, daß die betreffenden Personen ein schweres Trauma erlitten hatten. Einige Einzelheiten ihrer Leiden – wie die Entführung sich abspielte, wie die Außerirdischen aussahen und was die Opfer fühlten und sahen – werden auf den folgenden Seiten beschrieben.

Eine unterbrochene Fahrt

„Wir fuhren auf einer Landstraße, und auf einmal hielt Barney ganz plötzlich ohne jeden erkennbaren Grund an und bog scharf von der Straße ab." So beschrieb Betty Hill unter Hypnose das erste von mehreren bizarren Ereignissen, die in einer Septembernacht 1961 begannen, als sie und ihr Mann durch eine ländliche Gegend von New Hampshire nach Hause fuhren.

Während manche Leute auch berichten, sie seien bei sich zu Hause Außerirdischen begegnet, widerfährt dies den meisten dann, wenn sie bei Nacht auf dunklen, einsamen Straßen unterwegs sind. Sie meinen, ein beleuchtetes Objekt über ihr Auto fliegen oder am Himmel schweben zu sehen, oder sie haben das Gefühl, beobachtet zu werden. Während sie weiterfahren, hat der Fahrer dann den Eindruck, daß ihm das Lenkrad aus der Hand gerissen wird; der Wagen wird von einer äußeren Kraft gelenkt und biegt schließlich scharf von der Straße ab.

An einen solchen Ablauf erinnerte sich Steven Kilburn, der Student an der University of Maryland war, als er 1973 angeblich entführt wurde. Unter Hypnose beschrieb er „zwei Lichter am Himmel, die über die Straße, über die Bäume fliegen. Ich sehe einen Schatten. Ich fahre bergab und komme schließlich an die Stelle, wo mir plötzlich durch den Kopf geht, hier wird es passieren, und fahre rechts ran. Das wollte ich eigentlich gar nicht, aber der Wagen fuhr nach rechts – es war, als ob ihn ein riesiger Magnet mit unwiderstehlicher Gewalt angezogen hätte."

Kurz bevor das Auto eines Opfers stehenbleibt, fällt angeblich aus unerfindlichen Gründen die elektrische Anlage des Wagens aus; aus dem Radio kommen nur noch atmosphärische Störungen, und der Motor bleibt stehen. Der Fahrer versucht verzweifelt, den Motor wieder zu starten, doch vergebens. Manche Opfer berichten, sie seien im Auto sitzengeblieben, andere steigen aus. Trotz ihrer lähmenden Angst bleiben die meisten wie angewurzelt stehen, außerstande, dem Selbsterhaltungstrieb zu gehorchen und davonzulaufen oder um Hilfe zu rufen.

Begegnung mit Außerirdischen

Nachdem Steven Kilbourns Wagen am Rande einer verlassenen Straße in Maryland zum Stehen gekommen war, sah er fassungslos drei Gestalten über ein Feld auf sich zukommen. „Sie sind wirklich merkwürdig", erinnerte er sich unter Hypnose. „Sie sind klein, reichen mir nicht mal bis zur Schulter. Ich sehe ihre Gesichter, sie sind weiß, kalkweiß, und sie sehen aus, als ob sie aus Gummi wären. Da ist einer, der ist der Boß. Seine Augen glänzen, sie sind schwarz und ohne Pupillen. Sein Kopf ist nicht rund, er hat die Form einer umgekehrten Träne. Da ist eine Nase, ein winziger Höcker mit zwei Löchern drin, wie Nadelstiche."

Die meisten Leute, die behaupten, sie seien entführt worden, beschreiben ihre außerirdischen Kidnapper als kleinwüchsig – etwa einen Meter groß –, betonen jedoch, daß der Führer der Gruppe etwas größer ist. Manche berichten von fremdartigen Wesen mit einem großen, kuppelförmigen Kopf, der auf einem kleinen Körper sitzt, mit Schlitzaugen und langen, dünnen Fingern und Händen.

Die Opfer erzählen alle, daß sie bei der Annäherung der seltsamen Wesen Angst empfunden hätten. Aber sie erinnern sich auch an eine fast lähmende Ruhe oder Benommenheit, die sie überfiel und ihnen möglicherweise von den fremden Wesen aufgezwungen wurde. So erinnerte sich Barney Hill: „Ich wollte gerade aus dem Auto steigen und setzte einen Fuß auf den Boden. Zwei Männer standen neben mir und halfen mir heraus. Ich war entspannt, aber ich hatte große Angst."

Charles E. Hickson, ein 45 Jahre alter Vorarbeiter in einer Werft, war eines Abends im Jahre 1973 beim Angeln, als er und sein Begleiter ein längliches, ovales Objekt mit blauen Blinklichtern sahen. Das Objekt schwebte etwa einen halben Meter über der Erde, sagte er, und dann „öffnete es sich scheinbar, obwohl das Ding eigentlich gar keine Tür hatte, und drei Wesen kamen heraus und schwebten auf uns zu. Ich hatte solche Angst, ich traute meinen Augen nicht". Sein Freund wurde bei dem Anblick ohnmächtig; Hickson blieb auf den Beinen, aber er war wie gelähmt. Dann, so erinnerte er sich, wurde er von zwei der Außerirdischen hochgehoben, und die ganze Gruppe schwebte zu dem seltsamen Raumschiff zurück.

Den Eindringlingen ausgeliefert

Whitley Strieber wußte nicht genau, wie er in der Nacht des 26. Dezember 1985 in das Raumschiff gekommen war. Er befand sich als Gefangener von zwei Außerirdischen in einem Gehölz, und im nächsten Augenblick wurde er vom Boden hochgerissen. „Äste zogen an meinem Gesicht vorüber, dann Baumwipfel. Dann sah ich nur noch einen grauen Boden, der wie eine sich schließende Blende unter meinen Füßen dahinglitt." Bald darauf fand er sich auf einem Tisch „in einem kleinen Operationssaal" wieder, umgeben von Wesen aus einer anderen Welt.

Die meisten Leute, die von einer Entführung durch Außerirdische berichten, erinnern sich, daß sie in einen hellerleuchteten Raum geführt und einer schmerzhaften medizinischen Untersuchung unterzogen wurden. Charles Hickson erzählte, sein Körper sei von einem Instrument abgetastet worden, das wie ein großes Auge ausgesehen habe. Betty Hill erinnerte sich, daß Hautschuppen von ihrem Arm und Proben von ihrem Haar, ihrem Ohrenschmalz und ihren Fingernägeln genommen wurden.

Sowohl Betty Hill als auch Betty Andreasson, nach ihren eigenen Aussagen ebenfalls eine Entführte, behaupteten, sie seien mit einem Gerät untersucht worden, aus dem lange, nadelspitze Sonden hervorgekommen seien. Beiden Frauen wurde eine Nadel in den Nabel eingeführt, was der Entführer von Betty Hill als „Schwangerschaftstest" bezeichnete. Manche UFO-Forscher vermuten, bei diesem sogenannten Test seien den Frauen Eier aus den Eierstökken entnommen worden.

Von ähnlichen Erlebnissen haben auch Männer berichtet. Manche schildern erzwungenen Geschlechtsverkehr mit außerirdischen Frauen, und mehrere erinnern sich, daß ihnen mit einem Gerät Samenproben entnommen wurden.

Die beunruhigendsten Fälle sind jedoch die von jungen Frauen, die während ihrer angeblichen Begegnung mit Außerirdischen künstlich befruchtet wurden. Sie werden schwanger, stellen nach einer gewissen Zeit jedoch fest, daß sie kein Kind mehr in sich tragen. Unter Hypnose erinnern sich diese Frauen an eine zweite Begegnung mit Außerirdischen und eine weitere gynäkologische Behandlung. Bei dieser Gelegenheit, so vermuten UFO-Forscher, wurde dann der Fetus entfernt.

KAPITEL 3

Nahe Begegnungen

Billy Ray Taylor hatte Durst. Die Nacht brach bereits herein, aber die Augusthitze lastete immer noch auf dem bergigen Land im südwestlichen Kentucky. Der 21 Jahre alte Taylor wollte nur zur Erfrischung einen Schluck kaltes Wasser trinken, als er zu dem Brunnen vor dem Farmhaus ging; was er dann jedoch sah, ließ ihn in höchster Erregung in das Haus zurücklaufen.

Die elf Mitglieder der Familie Sutton, die in dem Haus wohnten und die Farm bewirtschafteten, hörten sich ungläubig an, was der Besucher zu berichten hatte. Eine fliegende Untertasse, rief er aus – ein Flugkörper, dessen Abgasstrahl alle Farben des Regenbogens hatte –, sei eben über ihn hinweggeflogen und in einen Graben nur wenige hundert Meter von dem Farmhaus entfernt gestürzt. Die Suttons lachten ihn aus. Aber eine halbe Stunde später nahmen sie ihn schon ernster, als nämlich der Haushund zu bellen anfing und sich mit eingezogenem Schwanz unter einem Schuppen verkroch.

Wie sie später erzählten, waren Taylor und noch ein Erwachsener, Lucky Sutton, an die Tür gegangen und hatten gesehen, wie sich eine leuchtende Gestalt dem Haus näherte. Sie kam so nahe, daß die beiden Männer ein etwa einen Meter großes Wesen erkannten, das einen runden, überdimensionalen Kopf, große, leuchtende Augen und in Krallen auslaufende Arme hatte, die fast auf dem Boden schleiften. Sutton und Taylor verloren bei diesem Anblick keine Zeit mit einer gutnachbarlichen Begrüßung, sondern liefen wieder ins Haus zurück und schnappten sich eine Schrotflinte und ein Gewehr.

Als sich die kleine Gestalt der Tür bis auf sechs Meter genähert hatte, eröffneten Taylor und Sutton das Feuer. Die Gestalt überschlug sich und verschwand. Die beiden Männer gingen hinaus und erblickten eine ähnliche Gestalt auf dem Dach. Sutton schoß, und das Wesen taumelte. Auf einem Ahornbaum entdeckten die beiden einen dritten Außerirdischen – wenn es Außerirdische waren –, auf den sie ebenfalls schossen. Das Wesen schwebte nur zu Boden und entfernte sich in seltsam torkelndem Lauf. Als eine vierte Gestalt um die Hausecke bog, feuerte Sutton aus kürzester Distanz mit seiner Schrotflinte auf sie. Es schepperte, als hätten die Kügelchen einen Blecheimer getroffen; das Wesen blieb aber anscheinend unversehrt und trat den Rückzug an.

Nach einer Weile stellten die Männer das Feuer ein. Sie verbarrikadierten sich im Haus und versuchten, die kleineren Kinder zu beruhigen, wenn die Außerirdischen durch die Fenster schauten. Schließlich rannte die Familie in Panik zu den Autos und raste ins nahe gelegene Hopkinsville, um die Polizei zu holen.

Die Obrigkeit reagierte prompt und tatkräftig. Beamte der Orts- und der Staatspolizei sowie ein Photograph fuhren mit der Familie Sutton zum Farmhaus zurück und suchten das ganze Gelände ab; sie fanden, einem Bericht zufolge, nur einen lumineszierenden Fleck auf der Erde, an der Stelle, wo eines der kleinen Wesen angeblich gelandet war, nachdem die beiden Männer es vom Baum heruntergeschossen hatten. Die Beamten fuhren um 2.15 Uhr wieder ab, und die Suttons gingen zu Bett – sollten aber noch lange keine Ruhe finden.

Die Außerirdischen kamen nämlich zurück. Wieder spähten sie durch die Fenster des Farmhauses, und wieder hallten Schüsse durch die Nacht, die zwar Löcher in die Fliegengitter vor den Fenstern rissen, den außerweltlichen Eindringlingen jedoch offenbar kein Haar krümmten. Um 5.15 Uhr, so berichteten die Suttons, seien die neugierigen Wesen dann endlich auf Nimmerwiedersehen verschwunden.

Doch damit war der Fall für die Suttons noch lange nicht erledigt. Tagelang wimmelte es auf dem Farmgelände von Reportern aus Kentucky und den umliegenden Staaten. Schaulustige stellten sich in Scharen ein, zertrampelten Wiesen und Felder, suchten nach Spuren der Außerirdischen und trieben die Familie zur Verzweiflung, indem sie hartnäckig Einlaß begehrten, um Photos von der Familie zu machen. Auch UFO-Forscher kamen und durchkämmten das Gelände.

Es wurden, abgesehen von dem angeblich leuchtenden Fleck auf der Erde, keinerlei greifbare Beweise für die Geschichte gefunden, die Taylor und die Suttons erzählt hatten. Untersuchungsbeamte kamen jedoch zu dem Schluß, daß es sich um aufrichtige, vernünftige Leute handelte, denen nicht an öffentlichem Aufsehen oder irgendeinem anderen Vorteil gelegen war. Im übrigen ließ man die Sache aber auf sich beruhen.

Der Kelly-Hopkinsville-Vorfall, wie das Ereignis nach der Lage der Farm zwischen den Orten Hopkinsville und Kelly genannt wurde, spielte sich am 21. und 22. August 1955 ab. Er gilt als klassisches Beispiel für eine – um einen erst später in Gebrauch gekommenen Ausdruck zu verwenden – nahe Begegnung der dritten Art: eine Beobachtung eines UFOs und lebender Wesen aus geringem Abstand. Berichte über solche Begegnungen waren freilich auch schon früher aufgetaucht; so hatten etwa die geheimnisvollen Luftschiffe von 1897 angeblich einige ebenso geheimnisvolle Insassen *(S. 18–22).* Aber die 50er und frühen 60er Jahre markierten den Beginn einer ungewöhnlichen Serie angeblicher Beobachtungen von Außerirdischen, die von undeutlichen Wahrnehmungen menschenähnlicher Wesen bis zu so furchterregenden Erlebnissen wie Entführungen und sogar medizinischen Experimenten reichten.

Viele Ufologen unterscheiden zwischen sogenannten Kontaktpersonen – also denjenigen, die behaupten, sie seien von wohlmeinenden Außerirdischen mit einer besonderen Mission betraut worden – und anderen UFO-Berichterstattern. Kontaktpersonen, wie sie sich zum erstenmal in den 50er Jahren in größerer Zahl meldeten, passen nicht in das Muster, das andere Zeugen naher Begegnungen erkennen lassen: Sie berichten im allgemeinen von einer langen Reihe von Begegnungen oder sogar Reisen mit beinahe engelhaften Wesen aus dem All, die sich der Kontaktpersonen als ihrer Botschafter auf Erden bedienen.

Ebenfalls eine Gruppe für sich bilden die Entführten, also Personen, die behaupten, sie seien gegen ihren Willen verschleppt und an

Polizisten suchen im November 1957 den Himmel über Levelland, Texas, nach einem zigarrenförmigen UFO ab, das dort kurz zuvor gesichtet wurde. Die Beobachtungen von Einwohnern des Ortes Levelland führten zu acht voneinander unabhängigen, jedoch auffallend ähnlichen Berichten.

Bord eines außerirdischen Raumfahrzeugs gebracht worden. Die meisten Entführten berichteten, man habe sie bizarren Experimenten unterworfen, und fast alle wollen in telepathischer Verbindung mit den außerirdischen Wesen gestanden haben oder zu dem Zeitpunkt noch stehen. Die lückenlose Erinnerung an solche Erlebnisse ist, so scheint es, oft blockiert und kann erst dadurch freigesetzt werden, daß man den Betreffenden in Hypnose versetzt *(S. 57–63).*

Solche Geschichten von direkten Kontakten mit Außerirdischen waren vielleicht der erstaunlichste Bestandteil der ständig wachsenden UFO-Literatur, aber die weitaus meisten Berichte betrafen nach wie vor unerklärliche Erscheinungen im Luftraum. Trotz der Bemühungen der Air Force, sie herunterzuspielen, wurden bis in die späten 60er Jahre immer mehr Beobachtungen unbekannter Flugobjekte verzeichnet. Manche der Berichte entpuppten sich natürlich als ziemlich durchsichtige Ulks. Eine ansehnliche Zahl stammte jedoch von Zeugen wie Kampfpiloten der Air Force und angesehenen Polizeibeamten. Ihre Berichte sind heute noch so rätselhaft wie eh und je.

Ein solches Ereignis war die atemberaubende Verfolgungsjagd zwischen einem Düsenjäger der Luftwaffe und einem UFO im Sommer 1957 über dem amerikanischen Mittelwesten. Ufologen sehen in dem Vorfall eines der wichtigsten Beispiele für eine kombinierte optische und Radar-Beobachtung.

In den frühen Morgenstunden es 17. Juli war eine Boeing RB-47 vom Luftwaffen-Stützpunkt Topeka in Kansas auf einem Navigations-Ausbildungsflug über dem Golf von Mexiko unterwegs. Die Maschine hatte sechs Offiziere an Bord und war mit elektronischen Geräten vollgestopft. Es waren nur wenige Wolken und keine Gewitter am Himmel, und der bewaffnete Aufklärer flog in einer Höhe von gut 10 000 Metern. Alles verlief planmäßig, bis die RB-47 wieder Kurs Richtung Heimat nahm und in der Nähe von Gulfport, Mississippi, die Küste überflog. Von diesem Moment an geschahen merkwürdige Dinge.

Der Radar-Operator des Bombers entdeckte auf seinem Schirm einen Leuchtpunkt, der anscheinend ein Objekt darstellte, das sich von rechts der Maschine näherte. Während der Offizier sich ungläubig die Augen rieb, schien der Leuchtpunkt mit hoher Geschwindigkeit zu steigen und die Flugbahn des Bombers zu kreuzen, um dann auf der linken Seite wieder tiefer zu gehen. Es sah beinahe so aus, als umkreise ein Flugobjekt die RB-47. Kurz darauf wunderten sich der Pilot und der Kopilot über ein helles blaues Licht, das von links auf sie zukam, offenbar auf Kollisionskurs. Wie sich der Pilot hinterher erinnerte, war das Objekt „so groß wie eine Scheune". Doch ehe er reagieren konnte, drehte das blendende Licht ab und geriet außer Sicht, sandte jedoch immer noch starke Signale aus, die von der Elektronik des Bombers noch etwa acht Minuten lang registriert wurden.

Um 4.39 Uhr wurde der Pilot erneut durch das Auftauchen eines „riesigen" Lichts etwa 1500 Meter unter seiner Flugbahn und nur knapp rechts von der Nase des Aufklärers aufgeschreckt. Über den Bordfunk berichtete der Radar-Operator, daß neue Signale aus derselben Richtung kämen. Die Piloten sahen dann durch die Kabinenhaube ihrer Maschine ein rotglühendes Objekt. Nachdem der Pilot von der Bodenkontrolle die Erlaubnis zur Verfolgung des Objekts erhalten hatte, ging er in den Sturzflug über und beschleunigte dabei auf etwa 880 Stundenkilometer, um das merkwürdige Licht, das sich inzwischen mit zunehmender Geschwindigkeit entfernte, einzuholen.

Der Düsenjäger näherte sich zu diesem Zeitpunkt bereits Fort Worth in Texas, und ein Bodenradar-Operator entdeckte das seltsame Objekt auf seinem Schirm. Um 4.50 Uhr blieb das dahinrasende UFO scheinbar ganz unvermittelt am Himmel stehen. Die RB-47 schoß über ihr Ziel hinaus, das jedoch schon zwei Minuten später wieder in Sicht kam, dann jedoch plötzlich auf etwa 4500 Meter Höhe absackte. Wieder verlor der Pilot das launische Objekt aus den Augen, entdeckte es jedoch sechs Minuten später 30 Kilometer nordwestlich von Fort Worth.

Um 5.40 Uhr, als der Aufklärer in der Nähe von Oklahoma City war, verschwand das Licht schließlich, und sein Signal wurde schwächer. Der Pilot, der sich immer noch keinen Reim auf die Vorkommnisse machen konnte, flog zurück, um in Forbes zu landen. Bei dem Katz-und-Maus-Spiel hatte der Düsenjäger nicht weniger als 1100 Kilometer über die Grenzen von vier Staaten hinweg zurückgelegt.

Der Leiter des Nachrichtendienstes des 55. Strategischen Aufklärungsgeschwaders untersuchte die Episode und schrieb, er habe keinen Zweifel, „daß die Funkortung oftmals exakt mit den Beobachtungen des Flugzeugführers übereinstimmte, wodurch bewiesen ist, daß das Objekt die Signalquelle war". Der Bericht ließ natürlich die Frage unbeantwortet, worum es sich bei dem Objekt gehandelt haben könnte; andere Untersuchungsbeamte der Air Force kamen – offenbar bemüht, den Vorfall herunterzu-

Es gibt zwar keine wissenschaftlich anerkannten Photos von Außerirdischen, wohl aber viele Zeichnungen. Die Kreaturen auf dieser Doppelseite stammen entweder von Leuten, die angeblich Außerirdischen begegnet waren, oder wurden nach deren Angaben gezeichnet.

spielen – zu dem Schluß, es habe sich um ein Passagierflugzeug gehandelt, was manche zu der sarkastischen Bemerkung veranlaßte, die ahnungslosen Fluggäste an Bord der Maschine hätten sicher den aufregendsten Flug ihres Lebens gehabt.

Falls die Air Force sich Hoffnungen machte, das Thema der unbekannten Flugobjekte unterdrücken zu können, wurde sie durch Umstände, die sich ihrer Kontrolle entzogen, eines Besseren belehrt. Bis zum Ende des Jahres gingen ständig weitere Berichte ein, und nicht alle betrafen Objekte, deren Beobachtungsort so weit entfernt war und die so obskur erschienen wie jenes, mit dem die Besatzung der RB-47 ihre Erfahrung gemacht hatte. Noch bevor das Jahr zu Ende ging, berichteten mehrere aufgeregte Beobachter in der Umgebung von Levelland im Bundesstaat Texas von einem der eindrucksvollsten UFO-Ereignisse überhaupt.

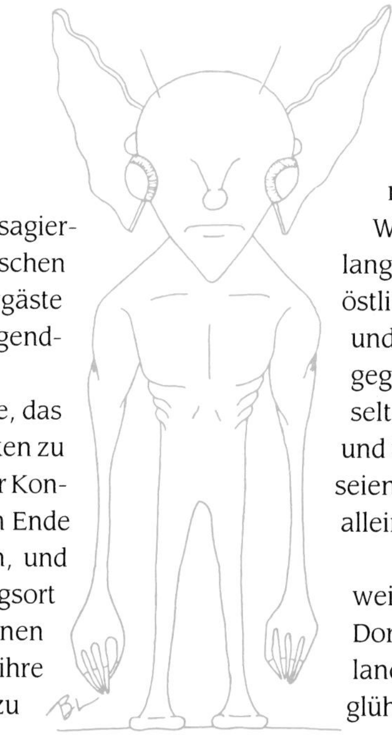

Die kleinen, aber furchterregenden Wesen, die im Jahre 1955 in Kentucky den Gewehrschüssen der Suttons widerstanden haben, sahen angeblich so aus.

Am 2. November kurz vor 23 Uhr nahm der Streifenbeamte A. J. Fowler von der Polizei von Levelland einen seltsamen Anruf entgegen. Als altgedienter Polizeibeamter hatte Fowler schon viele sonderbare Geschichten gehört, aber noch nie eine, wie sie ihm nun der Farmarbeiter Pedro Saucedo erzählte. Saucedo und ein Freund, Joe Salaz, saßen in der Führerkabine von Saucedos Lastwagen und fuhren ein paar Kilometer westlich der Stadt auf der Route 116, als sie in einem Feld neben der Straße einen hellen Lichtblitz wahrnahmen. „Dann stieg das Licht aus dem Feld auf", erinnerte sich Saucedo später, „und kam mit immer größerer Geschwindigkeit auf uns zu. Die Scheinwerfer meines Lastwagens gingen aus, und der Motor streikte. Ich stieg aus und wollte gerade nachsehen, was dem Motor fehlte, als das Ding mit großem Getöse und starkem Wind direkt über den Laster flog. Es hörte sich an wie Donner, und mein Laster zitterte in dem starken Luftstrom. Ich spürte eine Hitzewelle." Saucedo sah zu, wie das beschleunigende Flugobjekt, das er als „torpedoförmig, wie eine Rakete" und etwa 60 Meter lang beschrieb, durch den nächtlichen Dunst davonraste. Als es sich entfernt hatte, gingen die Scheinwerfer des Lasters wieder an, und der Arbeiter konnte den Motor starten und zum nächsten Telephon fahren. Fowler hielt den Anruf für einen schlechten Scherz eines Betrunkenen, aber eine Stunde später klingelte sein Telephon erneut. Diesmal war der Anrufer ein Autofahrer namens Jim Wheeler, der berichtete, ein leuchtendes, 60 Meter langes, eiförmiges Objekt habe sechseinhalb Kilometer östlich der Stadt vor ihm die Straße blockiert. Der Motor und die Scheinwerfer seines Autos seien plötzlich ausgegangen. Er habe entgeistert zugesehen, wie sich das seltsame Flugobjekt von der Straße in die Luft erhob und in geringer Höhe weiterflog. Als es außer Sicht war, seien dann die Scheinwerfer von Wheelers Auto von allein wieder angegangen.

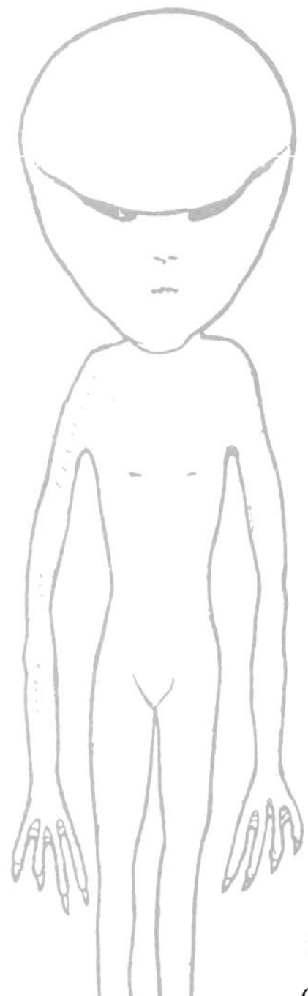

Verschiedene Personen behaupten, diese Darstellung eines fetusähnlichen Wesens stamme von einem Arzt, der den Körper Anfang der 50er Jahre seziert habe.

Kaum fünf Minuten nach Wheelers Anruf ging ein weiterer telephonischer Bericht ein, diesmal aus dem Dorf Whitharral, das 18 Kilometer nördlich von Levelland liegt. Jose Alvarez erzählte Fowler, er habe ein glühendes, eiförmiges Flugzeug gesehen, das er genauso beschrieb wie kurz zuvor Wheeler, und auch bei seinem Auto hatte es dieselben Ausfallerscheinungen gegeben.

Der nächste, der das UFO sichtete, war der 19 Jahre alte Newell Wright, ein Student im ersten Semester an der Texas Tech University im nahe gelegenen Lubbock. Wright fuhr auf einer Landstraße, als sein Motor abstarb und die Scheinwerfer ausgingen, als wären die Batteriekabel plötzlich abgeklemmt worden. Als Wright ausstieg und die Haube öffnete, um nach dem Fehler zu suchen, erblickte er das Fahrzeug quer über der Fahrbahn. Es war fünf Minuten nach Mitternacht, und Wright befand sich 14 Kilometer nördlich von Levelland. Entsetzt starrte er das riesige Objekt an, das bläulichgrün leuchtete und, wie Wright vermutete, einen Rumpf aus Aluminium hatte. Er sprang wieder ins Auto und versuchte in höchster Aufregung immer wieder, den Motor anzulassen, aber vergeblich. Nach ein paar Minuten stieg das seltsame Luftfahrzeug „fast senkrecht in die Höhe" und verschwand. Wright startete sein Auto schließlich und raste davon. Zunächst zögerte er, den Vorfall zu melden, „und zwar aus Angst, mich öffentlich lächerlich zu machen", wie er später erklärte.

Die Anrufe nahmen kein Ende. Fowler benachrichtigte den Sheriff, Weir Clem, der seinen Stellvertreter Pat McCulloch abholte und sich mit ihm auf die Suche nach dem Objekt oder den Objekten machte, die die Autofahrer auf dem flachen Land in der Umgebung von Levelland verunsicherten. Die beiden Männer fuhren über eine Stunde lang die Landstraßen und landwirtschaftlichen Fahrwege um Level-

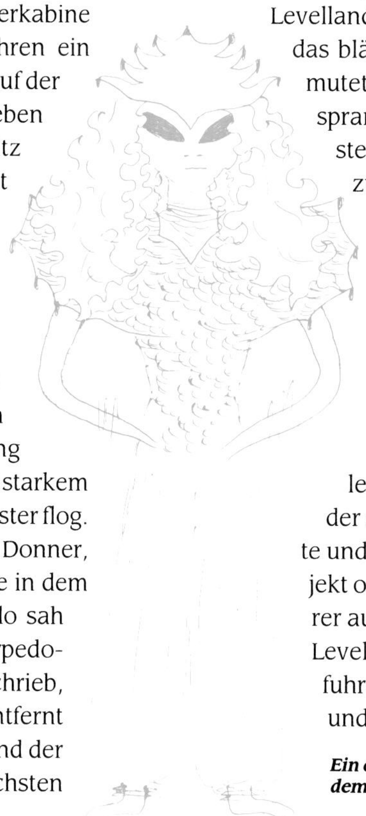

Ein englisches Mädchen zeichnete 1975 diese „Frau aus dem All", von der es angeblich besucht worden war.

land ab. Um 1.30 Uhr reihten sie sich dann ein paar Kilometer nördlich der Stadt unfreiwillig in die wachsende Zahl der Beobachter des unheimlichen Phänomens ein. Etwa 300 Meter vor ihnen erschien ein „ovales Licht, das wie ein leuchtend roter Sonnenuntergang über der Straße aussah". Die Beobachtung wurde von zwei Polizeibeamten bestätigt, die mit ihrem Streifenwagen ein paar Kilometer hinter dem Sheriff herfuhren. Beide Männer berichteten von „einem merkwürdigen Blitz, der dicht über dem Boden war". Die letzte Beobachtung dieser denkwürdigen Nacht machte gegen 2 Uhr ein anderer Polizeibeamter, Lloyd Ballen, der am dunklen Himmel ein Objekt mit so hoher Geschwindigkeit vorüberfliegen sah, daß „es aussah wie ein von Osten nach Westen zuckender Lichtblitz". Innerhalb von drei Stunden hatten ein Dutzend Leute offenbar ein und dasselbe riesige UFO gesehen, drei weitere hatten von einem unerklärlichen Lichtblitz berichtet, und alles im Umkreis von 15 Kilometern um diese Stadt in Texas. Die verschiedenen Beobachter wußten nichts voneinander und riefen unabhängig voneinander bei der Polizei an. Abgesehen von den Polizisten kannten die Augenzeugen einander nicht, und keiner von ihnen hatte bewußt nach UFOs Ausschau gehalten, sondern alle waren mit einem bestimmten Ziel unterwegs gewesen. Für solche Himmelsbeobachtungen wäre die Nacht ohnehin viel zu dunstig gewesen.

Im Jahre 1973 trat in Pascagoula, Mississippi, diese runzelige Gestalt auf.

Eine Engländerin berichtete 1979 von einem Besuch elfenhafter Außerirdischer mit irisierenden Flügeln.

Die Nachricht von den Lichterscheinungen von Levelland machte Schlagzeilen in den großen amerikanischen Zeitungen (wo sie mit der Meldung konkurrieren mußte, daß die UdSSR ihren *Sputnik II* in eine Erdumlaufbahn gebracht hatte). Die Air Force erklärte sich zwar bereit, die sensationelle Serie von Beobachtungen zu untersuchen, schickte dann aber nur einen Offizier an den Schauplatz – und dieser hielt sich keine 24 Stunden in dem Gebiet auf und sprach nur mit sechs der 15 Augenzeugen. Anschließend gab die Air Force eine Pressemitteilung heraus, und darin sprach sie von einer „atmosphärischen Erscheinung elektrischer Art, die normalerweise als Kugelblitz oder Elmsfeuer bezeichnet wird und durch eine Unwetterlage in dem Gebiet hervorgerufen wurde, die durch Dunst, Regen, Sturm und Gewitter gekennzeichnet war". Und was das rätselhafte Versagen der elektrischen Systeme in den Autos sämtlicher Zeugen anging, so war es nach Ansicht der Fachleute durch „Nässe in den elektrischen Schaltungen" verursacht worden.

Wie jedoch vielfach bestätigt wurde, gab es in der fraglichen Nacht gar keine Gewitter in der Umgebung von Levelland. Und es wurden auch noch nie Kugelblitze mit einem Durchmesser von 60 Metern beobachtet, die auf einer Straße gelegen hätten und wie eine Rakete gestartet wären; auch darüber, daß sie Störungen in der elektrischen Anlage von Autos hervorrufen könnten, war nichts bekannt. Was immer die Air Force herausgefunden haben mochte, UFO-Experten halten die Levelland-Lichter nach wie vor für einen gut dokumentierten Fall eines unbekannten Flugobjekts, für den es keine plausible Erklärung gibt.

Es waren zu der Zeit volle zehn Jahre vergangen, seit Kenneth Arnold die silbrigen Luftfahrzeuge über den Cascade Mountains gesichtet hatte, und die Meinungen waren nach wie vor geteilt – in ein Pro-UFO- und ein Anti-UFO-Lager. Im Jahre 1956 hatten die Aerial Phenomena Research Organization (APRO) und die weniger bekannte Civilian Saucer Investigation (CSI) in ihrem unermüdlichen Kampf um die Legitimierung der UFO-Forschung Verstärkung durch eine dritte Gruppe erhalten. Diese Organisation, die den Namen National Investigations Committee on Aerial Phenomena (NICAP) trug, wurde von T. Townsend Brown gegründet, einem ehemaligen Naturwissenschaftler bei der Navy, und zu ihrem wachsenden Mitgliederstamm gehörten auch etliche Personen von makellosem Ruf. Diese Mitglieder waren unter anderem Konteradmiral Delmer S. Fahrney, ehemals Chef des Lenkflugkörper-Programms der Navy, zwei weitere Admirale im Ruhestand (einer davon der erste Chef der CIA, R. H. Hillenkoetter), ein Dreisternegeneral des Marinekorps im Ruhestand, ein Physikprofessor, ein Theologieprofessor, zwei Geistliche, der bekannte Rundfunk- und Fern-

Ein Schuljunge in Malaysia sah 1970 angeblich ein kleines UFO landen, dem drei 10 Zentimeter große Außerirdische entstiegen.

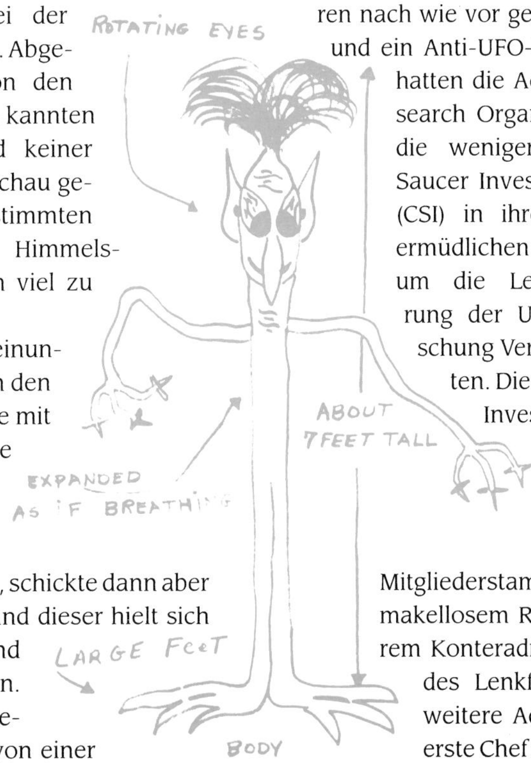

Dieser zwei Meter große, einer Möhre ähnelnde Außerirdische erschien angeblich 1968 einem Augenzeugen in West Virginia.

sehkommentator Frank Edwards und schließlich Senator Barry Goldwater, der Pilot der Luftwaffenreserve war. In der Öffentlichkeit trat vor allem der agile Donald E. Keyhoe hervor, ein Major des Marinekorps im Ruhestand, der sich auf zahlreichen Vortragsreisen zum wichtigsten Repräsentanten des Ausschusses entwickelte. Als APRO, CSI und NICAP auf den Plan traten, war die Air Force die einzige staatliche Stelle, die sich mit der Untersuchung des UFO-Phänomens befaßte.

Da die Air Force jedoch die Politik verfolgte, die Beobachtungen herunterzuspielen, und sich unter Hinweis auf die nationale Sicherheit weigerte, ihre Erkenntnisse zu publizieren, war die Öffentlichkeit kaum besser informiert als zehn Jahre zuvor, als die ersten UFO-Beobachtungen verzeichnet worden waren. Keyhoe glaubte, daß die Mehrheit der Regierung hinsichtlich der Geheimhaltung der UFO-Erkenntnisse mit der Air Force im Bunde sei. Schon im Jahre 1954 schrieb er: „Die Air Force ist ja keineswegs die einzige Institution, die sich mit dem Problem befaßt; auch die CIA, der Nationale Sicherheitsrat, das FBI und die Zivilverteidigung sind auf hoher Ebene beteiligt. Das letzte Wort darüber, was die Öffentlichkeit erfährt – und zu welchem Zeitpunkt –, hat natürlich das Weiße Haus."

Keyhoe nahm die Air Force wegen ihrer Geheimhaltungspolitik aufs Korn und verwies beispielsweise auf die Verordnung 200-2, die unter anderem die Freigabe von UFO-Berichten zur Veröffentlichung untersagte, und die Joint Army-Navy-Air-Force Publication (JANAP) 146, in der festgesetzt wurde, daß jeder öffentliche Bericht über eine in der Schrift enthaltene Beschreibung einer UFO-Beobachtung ein kriminelles Vergehen sei. Keyhoe forderte öffentliche Kongreß-Anhörungen zum ganzen Komplex der UFOs und der Geheimhaltungspolitik der Air Force.

Vom Standpunkt der Air Force aus war der Aufwand für die Untersuchung angeblicher UFO-Beobachtungen zum größten Teil Zeitverschwendung; für viel wichtiger hielt man die durch den Kalten Krieg bedingte Aufgabe, die Sowjetunion zu überwachen. Die Untersuchungen der Air Force hatten kaum Beweise für außerirdische Raumschiffe erbracht. Die Forscher der Air Force waren vielmehr zu dem Schluß gekommen, daß die Flut solcher Beobachtungen auf das sogenannte Buck-Rogers-Trauma zurückzuführen sei, ein durch den raschen technischen Fortschritt, die nicht nachlassenden politischen Spannungen und aktuelle Science-fiction-Filme wie den beliebten Streifen *Krieg der Welten* hervorgerufenes Phänomen.

Es gelang jedoch nicht, den Deckel auf dem siedenden Topf der UFO-Kontroverse zu halten, und nach den bizarren Ereignissen in Kentucky und Texas brodelten immer mehr Berichte von nahen Begegnungen an die Oberfläche. Und diese Ereignisse waren, wie sich 1959 zeigte, auch keineswegs auf den nordamerikanischen Kontinent beschränkt.

Rund 14 000 Kilometer von Washington – dem Ort der sich zuspitzenden Kontroverse – entfernt gab es auf der Insel Neuguinea ebenfalls eine Serie von UFO-Beobachtungen – insgesamt über 60 im Laufe von 90 Tagen auf der zu dieser Zeit winterlichen Südhalbkugel. Eine der sensationellsten Geschichten von einer nahen Begegnung stammte von dem anglikanischen Geistlichen William Booth Gill, dessen Pfarrei im Papua-Territorium auf der von Australien verwalteten Insel lag.

Es war am Abend des 26. Juni etwa um 18.45 Uhr, so berichtete Gill später, und er war nach dem Abendessen gerade vor das Missionsgebäude getreten. Er schaute zum Himmel hinauf und „sah ein funkelndes Objekt, das mir auffiel, eben weil es so funkelte und weil es sehr, sehr hell war, und es stand über der Venus, und so betrachtete ich es eine Zeitlang; dann kam es auf uns zu". Ein Missionslehrer, Stephen Moi, gesellte sich zu Gill, und um halbwegs eine Vorstellung von der Größe des sich nähernden Objekts zu bekommen, streckte er den Arm mit geballter Faust aus und stellte fest, daß seine Faust „etwa die Hälfte des Objekts bedeckte". Schon bald hatten sich rund 30 Leute aus dem Dorf um die beiden Missionare versammelt, und alle wunderten sich über die seltsame Erscheinung.

Wie Gill berichtete, „kamen Männer aus diesem Objekt und erschienen auf seiner Oberseite, auf einer Art Deck, das sich auf der riesigen Scheibe befand. Es waren insgesamt vier Männer, manchmal zwei, dann einer, dann drei, dann vier... Sie waren auf zwei Arten beleuchtet: durch reflektiertes Licht, wie Männer, die bei Nacht auf einem hohen Gebäude im Lichtschein von Schweißbrennern arbeiten, und durch einen seltsamen Halo, der alle Konturen ihres Körpers umgab."

Um 20.29 Uhr, fast zwei Stunden nach Gills erster Beobachtung, tauchte eine zweite und offenbar kleinere Scheibe über dem Ozean auf, und dann eine dritte über dem nahe gelegenen Dorf Wadabuna. Das größere UFO, das Gill Mutterschiff nannte, schwebte immer noch am Himmel, der bald bewölkt war, bald aufklarte. Das atemberaubende Schauspiel hielt die Beobachter noch weitere zweieinhalb Stunden gefangen, bis um 23.04 Uhr

Der Oz-Faktor

Kinogänger können sich sicherlich vorstellen, wie verwirrt die kleine Dorothy in dem Film *Das zauberhafte Land* war, als sie aus ihrem heimatlichen Kansas ins Reich des Zauberers von Oz versetzt wurde *(oben)*. Ähnliche Gefühle, meint die britische Ufologin Jenny Randles, haben vielleicht Menschen, die unbekannten Flugobjekten begegnen – oder dies zumindest glauben.

Randles behauptet, ihre Studien hätten gezeigt, daß viele UFO-Augenzeugen einem, wie sie es nennt, Oz-Faktor ausgesetzt sind, „einem Gefühl der Zeitlosigkeit und sinnlichen Isolation", wobei „der Betreffende das Gefühl hat, das UFO habe ihn vorübergehend in eine Art leeren Raum versetzt, in dem nur er und das Phänomen existieren". Das könne geschehen, wenn ein Mensch, der sich in einem Bewußtseinszustand unterhalb der normalen, im Wachen wahrgenommenen Realität befindet, irgendeinen natürlichen Zustand, ein Objekt oder ein Ereignis – beispielsweise einen hellen Planeten – als übernatürlich empfinde.

Randles stellt weiterhin die Theorie auf, in einigen seltenen Fällen sei der subjektive Eindruck des Betroffenen so stark, daß er die objektive Realität zu verändern vermöge. Mit anderen Worten, ein Mensch, der dem Oz-Faktor unterliegt, kann tatsächlich imstande sein, etwas zu photographieren, was er sieht, obwohl es in einem streng objektiven Sinne nicht existiert. Randles' Theorie, die allerdings von den meisten anderen Forschern nicht akzeptiert wird, schließt Kontakte mit Außerirdischen nicht aus. Im Gegenteil, die Theorie nimmt solche Kontakte als mögliche Ursache bizarrer Ereignisse an, die manche Menschen tatsächlich erlebt zu haben glauben. Es könnte sein, meint Randles, daß die Außerirdischen nicht mit Hilfe einer hochentwickelten Technik, sondern ausschließlich auf der Ebene des Bewußtseins Kontakt mit Menschen aufnehmen. Diese fremdartigen Wesen seien irgendwie in der Lage, das subjektiv reale Erlebnis einer Begegnung in Menschen hervorzurufen. Wenn dies zutreffe, könne ein besonders sensitiver Mensch als eine Art mentaler Funkempfänger für kosmische Botschaften dienen.

In den Trümmern eines angeblich im Jahre 1948 in Mexiko abgestürzten UFOs liegen die verkohlten Überreste eines Außerirdischen. Ufologen bezweifeln seine kosmische Herkunft und verweisen auf die Brille unter seiner Schulter.

vom Pazifik her heftige Regengüsse einsetzten und dem luftigen Spektakel ein Ende machten.

Die Erscheinung kehrte am nächsten Abend um 18 Uhr wieder. Die Sonne war gerade untergegangen, aber der Himmel war noch hell. Wieder erschienen die Gestalten auf dem oberen Deck des Objekts. In einer höchst menschlichen Geste hob Gill den Arm und winkte den fremdartigen Wesen auf der fliegenden Untertasse zu. Zu seiner Überraschung, so berichtete er, winkten die vier zurück. Als es völlig dunkel geworden war, ließ sich Gill eine Taschenlampe bringen und begann, dem Flugobjekt Blinkzeichen zu geben. Nach ein oder zwei Minuten begann die fliegende Untertasse „hin und her zu schwanken wie ein Pendel", was die Augenzeugen als freundliche Reaktion auf die Signale von der Erde deuteten. Zwei kleinere Untertassen, die ebenfalls am Himmel schwebten, reagierten nicht auf die Signale.

Die nahen Begegnungen in dieser zweiten Nacht endeten laut Gills Aufzeichnungen um 19.45 Uhr. „Abendgesang vorbei", schrieb er, „und der Himmel wolkenverhangen. Sicht sehr schlecht. Keine UFOs zu sehen." Die Erscheinungen waren zu Ende, aber die Kontroverse begann erst.

Gill und 24 andere Zeugen unterschrieben eine Erklärung, in der sie sich zu dem bekannten, was sie gesehen hatten. Die

Royal Australian Air Force konterte mit einer realistischeren Erklärung: „Eine Analyse der Richtungen und Winkel über dem Horizont", so hieß es, „läßt darauf schließen, daß es sich zumindest bei drei der Lichter um Planeten handelte, zum Beispiel Jupiter, Saturn und Mars." UFO-Verteidiger wiesen jedoch darauf hin, daß keiner dieser Planeten auch nur annähernd halb so groß wie eine Männerfaust erscheint und daß Planeten für gewöhnlich auch nicht als Antwort auf Signale von der Erde hin und her tanzen.

J. Allen Hynek meinte später, er halte es für unwahrscheinlich, daß ein gebildeter anglikanischer Priester wie Gill sich eine so phantastische Geschichte aus den Fingern saugen würde, nur um andere zu täuschen. Tatsächlich unternahm Gill keinerlei Versuche, seine UFO-Begegnung in bare Münze umzusetzen, und er unterlegte dem Ereignis auch keine religiöse Bedeutung; er berichtete lediglich, was er und die anderen ihrer Meinung nach am Nachthimmel gesehen hatten.

Zuschauer warten auf Ergebnisse, während die angebliche Kontaktperson Daniel W. Fry Außerirdische mit einem Multifrequenzradio zu erreichen sucht, das er in den 50er Jahren baute. Das Gerät konnte senden, aber nicht empfangen.

Fünf Jahre später wurde ein weiterer faszinierender Bericht von Nahbeobachtungen menschenähnlicher Wesen bekannt, diesmal aus Socorro in New Mexico. Der Vorfall hatte am 24. April 1964 um 17.45 Uhr begonnen. An jenem Frühlingsabend verfolgte der Polizeibeamte Lonnie Zamora ein zu schnell fahrendes Auto durch die Wüste in der Umgebung von Socorro, als er, wie er später berichtete, von einer blau- und orangefarbenen Flamme, die von einem lauten Dröhnen begleitet war, von der Straße gefegt wurde. Mit dem Gedanken, ein Dynamit-Lagerschuppen neben der Straße müsse in die Luft geflogen sein, holperte Zamora über das rauhe Gelände und hielt an einem Graben an, wo er ein eiförmiges Objekt auf der Erde liegen sah. Daneben standen zwei Gestalten, die anscheinend weiße Overalls trugen. Zamora hatte den Eindruck, daß sich „einer von ihnen umdrehte, direkt zu meinem Wagen hersah und scheinbar erschrak, denn er machte einen raschen Sprung". Da er das Fahrzeug für ein Auto hielt, das sich überschlagen hatte, meldete Zamora seinem Sheriff über Funk, daß er habe anhalten müssen, um einen Unfall aufzunehmen.

Kaum war er jedoch ausgestiegen, als er einen lauten Knall wie von einer Explosion hörte. Das glänzende Gebilde, aus dem unten Feuer austrat, hob vom Boden ab. Weil er befürchtete, das Ding könne explodieren, ging Zamora hinter seinem Wagen in Deckung, während das UFO mit einem unheimlichen Heulen und Röhren weiter in die Höhe stieg. Zamora bemerkte, daß das Fahrzeug an der Seite des Rumpfes irgendeine rote, etwa 60 mal 60 Zentimeter große Aufschrift trug. „Es bewegte sich in gerader Linie und einer Höhe von vielleicht drei bis fünf Metern über dem Boden; es verfehlte den Dynamitschuppen nur um etwa einen Meter... Das Objekt flog sehr schnell. Es schien dann plötzlich an Höhe zu gewinnen und war schon unmittelbar darauf verschwunden."

Der Nationalgardist M.S. Chavez traf kurz danach am Schauplatz ein. Er und Zamora entdeckten Vertiefungen in der Erde und dort, wo der geheimnisvolle Flugapparat gestartet war, immer noch brennendes Gebüsch. Schon bald waren zahlreiche Untersuchungsbeauftragte zur Stelle, die alles vermaßen und notierten, was sie vorfanden. Vier trapezförmig angeordnete, viereckige Vertiefungen hielt man für die Spuren der Landefüße.

Und bei mehreren kleineren, flachen, kreisförmigen Vertiefungen könnte es sich um die Fußabdrücke der fremden Wesen in den weißen Overalls gehandelt haben.

Hynek untersuchte diesen Vorfall persönlich. Er befragte Zamora und bestätigte das Vorhandensein der verbrannten Stellen und der Vertiefungen im Boden; schließlich kam Hynek zu dem Schluß, bei dem Ereignis handle es sich um eine „der wichtigsten UFO-Beobachtungen, seit die Air Force sich mit diesem Thema befaßt". Die Air Force stufte Zamoras Beobachtung widerstrebend als „ungeklärt" ein; es war der einzige im Archiv des Projekts Blue Book verzeichnete Vorfall, bei dem eine Landung, Spuren und Insassen beobachtet worden waren.

Plausibel anmutende Vorfälle wie die Beobachtungen von Gill und Zamora ließen die Einstellung der Air Force als unnötig stur erscheinen. Verständlicher war die Haltung der offiziellen Stellen im Zusammenhang mit den vielen Ulks und verworrenen Behauptungen, die in den 50er und 60er Jahren Schlagzeilen machten. Allein zwischen 1952 und 1956 wurden 3712 UFO-Vorfälle gemeldet, aber die Öffentlichkeit hatte keinerlei Möglichkeit, Fakten und Phantasie zu trennen. Neben gut dokumentierten Berichten standen Geschichten von Begegnungen mit Außerirdischen, die so unwahrscheinlich waren, daß sie das ganze Problem ins Zwielicht rückten.

Ein Geschichtentyp, der unmittelbar nach den Beobachtungen von Kenneth Arnold aufkam, betraf angeblich Abstürze von fliegenden Untertassen und den heimlichen Abtransport der Leichname der Außerirdischen. Das wohl hartnäckigste Gerücht dieser Art entstand nach dem angeblichen Absturz eines unbekannten Flugobjekts bei Roswell in New Mexico im Jahre 1947 *(S. 39–40)*. Einige Jahre danach begann ein Bauingenieur namens Grady Landon Barnett, seinen Freunden und Bekannten zu erzählen, er habe am Tag nach dem Absturz 400 Kilometer von Roswell entfernt in der Sonne blinkendes Metall in der Wüste liegen sehen. In der Annahme, es könne sich um ein Flugzeugwrack handeln, lief Barnett seinen Angaben nach zu der Stelle hin, und bald gesellten sich ein paar Archäologiestudenten zu ihm, die ganz in der Nähe gearbeitet hatten. Gemeinsam, so erzählte er, hätten sie fassungslos in der heißen Vormittagssonne ein grausiges Stilleben betrachtet.

Das Fahrzeug, das nach Barnetts Beschreibung oval war und einen Durchmesser von etwa 10 Metern hatte, war wie eine

Auf dem Photo unten links hält Long John Nebel, Gastgeber einer Talk-Show im Fernsehen, ein Bild von einem angeblichen außerirdischen Raumschiff, während George Adamski seine seltsame Geschichte von freundlichen Besuchern vom Planeten Venus erzählt. Adamski war einer der ersten, die behaupteten, Kontakte mit Außerirdischen gehabt zu haben. Als Beweis sollten diese Photos dienen, die nach seinen Worten ein von der Venus stammendes Mutterschiff und kleinere Aufklärungsschiffe zeigen.

reife Melone aufgeplatzt. Über den Boden waren Leichen verstreut; andere befanden sich noch innerhalb des Fahrzeugs. Aber bei den Toten handelte es sich um Wesen, wie Barnett und seine Begleiter sie noch nie gesehen hatten: Sie waren unbehaart, hatten winzige Augen und riesige Köpfe und trugen einteilige graue Overalls ohne Gürtel und Reißverschlüsse. Barnetts Bekannten zufolge, die sich nach seinem Tod öffentlich zu dem Vorfall äußerten, erschien kurz darauf ein Trupp Soldaten, sperrte das Gebiet ab, schärfte den Zivilisten ein, es sei „ihre patriotische Pflicht", nichts von dem Vorfall zu sagen, und schickte sie weg. Was geschah mit der abgestürzten fliegenden Untertasse und den Überresten der Außerirdischen? Barnett erzählte angeblich Freunden, die Army habe alles in einem Lastwagen abtransportiert. 33 Jahre nach dem Ereignis brachten die Autoren Charles Berlitz und William Moore ein Buch zu dem Thema heraus, in dem sie die Aussagen von Barnett und anderen aufführten und behaupteten, die sorgfältig konservierten Leichname würden immer noch in einem Lagerhaus der CIA in Langley, Virginia, aufbewahrt. Noch bis heute wird immer wieder einmal behauptet, die Regierung habe dieses Ereignis vertuscht, aber Versuche, stichhaltige Beweise oder Augenzeugen für die Vorgänge zu finden, sind bislang erfolglos geblieben.

Das Aufsehen, das der Roswell-Vorfall erregte, schien ähnliche Berichte nach sich zu ziehen. Einer solchen Geschichte zufolge, die Ende 1978 in Kreisen von UFO-Enthusiasten die Runde zu machen begann, war am 7. Juli 1948 ein untertassenähnliches Flugobjekt in Mexiko etwa 50 Kilometer von der texanischen Grenze entfernt abgestürzt. In dem Wrack sei der verkohlte Leichnam eines außerirdischen Piloten gefunden worden. Die Trümmer hätten mexikanische und amerikanische Militäreinheiten beseitigt, doch zuvor habe ein junger Photograph der Navy zahlreiche Aufnahmen von dem toten Außerirdischen gemacht. Angeblich hatte der Photograph einige der Negative behalten und sich 30 Jahre nach dem Ereignis entschlossen, die Bilder der Öffentlichkeit zu übergeben, obwohl er selbst anonym bleiben wollte. Die meisten ernsthaften Ufologen halten diesen Bericht und die Photos für einen Jux; manche vermuten, daß es sich bei der Gestalt auf den Bildern *(S. 72)* um den verkohlten Leichnam eines menschlichen Piloten handeln könne, der beim Absturz eines Leichtflugzeugs ums Leben kam.

In Schwierigkeiten geratene Piloten fliegender Untertassen suchten sich offenbar für ihre Bruchlandungen nicht nur Orte in Amerika aus. So wurde auch von Spitzbergen, einer arktischen Inselgruppe über 800 Kilometer nördlich von Norwegen, ein Absturz gemeldet. Ein anderes Raumfahrzeug soll einmal in Polen abgestürzt sein, und der menschenähnliche Pilot wurde angeblich noch lebend aus dem Wrack befreit. Der Außerirdische, so hieß es, sei auf dem schnellsten Weg in ein Krankenhaus gebracht worden, wo die Ärzte sich bemüht hätten, ihn von seiner metallenen Fliegermontur zu befreien, doch als es ihnen gelungen sei, ihm ein Armband abzunehmen, sei er gestorben. Der Leichnam wurde angeblich in die UdSSR überführt.

Ernsthafte UFO-Forscher halten in der Regel nichts von solchen Geschichten, die im allgemeinen auf Hörensagen und nicht auf dokumentierten Augenzeugenberichten beruhen, wobei sich oft herausstellt, daß die ohnehin spärlichen Beweise gefälscht sind. Viele Enthusiasten behaupten jedoch bis zum heutigen Tage nicht nur, daß solche Berichte stimmen, sondern auch, daß die amerikanische Regierung aus Angst vor einer Panik in der Bevölkerung Tatsachen über UFOs geheimhält.

Falls es der Regierung tatsächlich gelang, die Wahrheit über die physischen Beweise für außerirdische Fahrzeuge und deren Insassen zu verbergen, so vermochte sie doch nichts gegen die zunehmenden Berichte über außerirdische Wesen zu tun, die quicklebendig waren. Diese Wesen suchten angeblich ganz normale Männer und Frauen auf und erwählten sie zu ihren Botschaftern; ihr Auftrag sei, unter ihren Mitmenschen eine Art kosmisches Evangelium zu verbreiten. Die Kontaktpersonen erzählten meist ganz andere Geschichten als die relativ zusammenhängenden Berichte von nahen Begegnungen, wie man sie aus Fällen wie denen von Zamora oder Sutton kannte. Diese Leute erzählten von mystischen Zusammenkünften mit engelsgleichen Außerirdischen, und ihre Berichte waren gewöhnlich widersprüchlich und missionarisch. Nur wenige Ufologen schenkten den Kontaktpersonen Glauben, aber trotzdem – oder vielleicht gerade deswegen – wurden solche Leute oft Kultfiguren. Sie schrieben populäre Bücher über ihre Erlebnisse und traten in Talk-Shows in Funk und Fernsehen auf; diese Art der Publizität begann schon in den 50er Jahren und setzt sich, wenn auch in vermindertem Ausmaß, bis in die Gegenwart fort.

Eine der ersten Kontaktpersonen, die es zu Bekanntheit brachten, war George Adamski, ein polnischer Einwanderer, der als Hilfsarbeiter in einem kleinen Straßenlokal bei Mount Palomar in Kalifornien beschäftigt war. (Palomar ist bekanntlich der Standort des 5-Meter-Teleskops, mit dem seit 1948 die Galaxien erkundet werden.) Adamski, ein ehemaliger Kavallerist der Army und selbsternannter Professor für orientalischen Mystizismus, behauptete, sein erstes Raumschiff 1946 gesehen zu haben. Im Jahre darauf habe er eine ganze Flotte solcher Luftobjekte gesehen, insgesamt 184 Flugkörper, die in Staffeln von jeweils etwa 30 Maschinen geflogen seien. Am 20. November 1952, im Alter von 61 Jahren, hatte Adamski dann das Erlebnis, das ihm außerirdischen Lohn eintragen sollte.

Nach seinen Angaben war Adamski mit sechs Freunden im Auto in der Nähe von Desert Center in Kalifornien unterwegs, als sie beobachteten, wie ein zigarrenförmiges Flugobjekt etwa eineinhalb Kilometer neben der Straße sanft auf der Erde landete. Adamski nahm zwei Kameras, lief hinüber, um sich das Schauspiel anzusehen, und wurde von einem Außerirdischen mit schulterlangem, blondem Haar begrüßt, der eine Art Skianzug mit Gürtel trug. Durch Telepathie und Zeichensprache erfuhr Adamski, daß der Besucher Orthon hieß und von der Venus gekommen war, um die verfeindeten irdischen Nationen dazu zu bringen, die Atombombentests zu beenden. Die Strahlung, so teilte Orthon ihm mit, störe das empfindliche ökologische Gleichgewicht der anderen Planeten im Sonnensystem. Der außerirdische Pilot erlaubte Adamski, Bilder von seinem Raumschiff zu machen, lehnte es aber ab, sich selbst photographieren zu lassen, da er inkognito bleiben wolle. Dann bestieg Orthon wieder seine Metallzigarre und entschwand ins All, während Adamski in fliegender Hast ein Photo nach dem anderen knipste.

Adamski bemerkte, daß Orthon Fußspuren im Sand hinterlassen hatte. Da zufällig Wasser und Gips im Auto waren, machten er und seine Freunde ein paar Gipsabdrücke für eine spätere Untersuchung – wobei es allerdings nicht gelang, die in die Schuhsohlen des Venusmenschen eingeritzten Hieroglyphen zu entziffern. Auch mit seinen Photos von dem startenden Raumschiff hatte Adamski Pech: Sie waren so verschwommen, daß man so gut wie nichts darauf erkennen konnte.

Zumindest teilweise deshalb, weil seine Beweise so spärlich waren, kam Adamski mit seinen Bemühungen, die Atomwaffentests zu stoppen, nicht recht voran. Sein Wüsten-Rendezvous mit Orthon war jedoch nur der Anfang seiner UFO-Odyssee, und schon bald lebte er recht gut von Vorträgen und Büchern, in denen er seine phantastischen Reisen an Bord von Raumschiffen beschrieb, die angeblich von Mars, Jupiter, Saturn und Venus stammten. Auf einem dieser interplanetarischen Ausflüge, so behauptete Adamski, hätten seine außerirdischen Gastgeber ihn zur erdabgewandten Seite des Mondes geflogen, wo er „große Städte, Wälder, Seen und schneebedeckte Berge, ja sogar Menschen auf Bürgersteigen" gesehen habe. Im Jahre 1959, als die Sowjets Satellitenaufnahmen von der Rückseite des Mondes veröffentlichten, aus denen hervorging, daß die Rückseite genauso öde und mit Kratern übersät ist wie die Vorderseite, hatte Adamski eine Ausrede bereit: Die raffinierten Sowjets hätten die Bilder retuschiert, „um die Vereinigten Staaten hinters Licht zu führen". Trotz dieser klaffenden Lücken in seinen phantasievollen

Die ominösen Männer in Schwarz

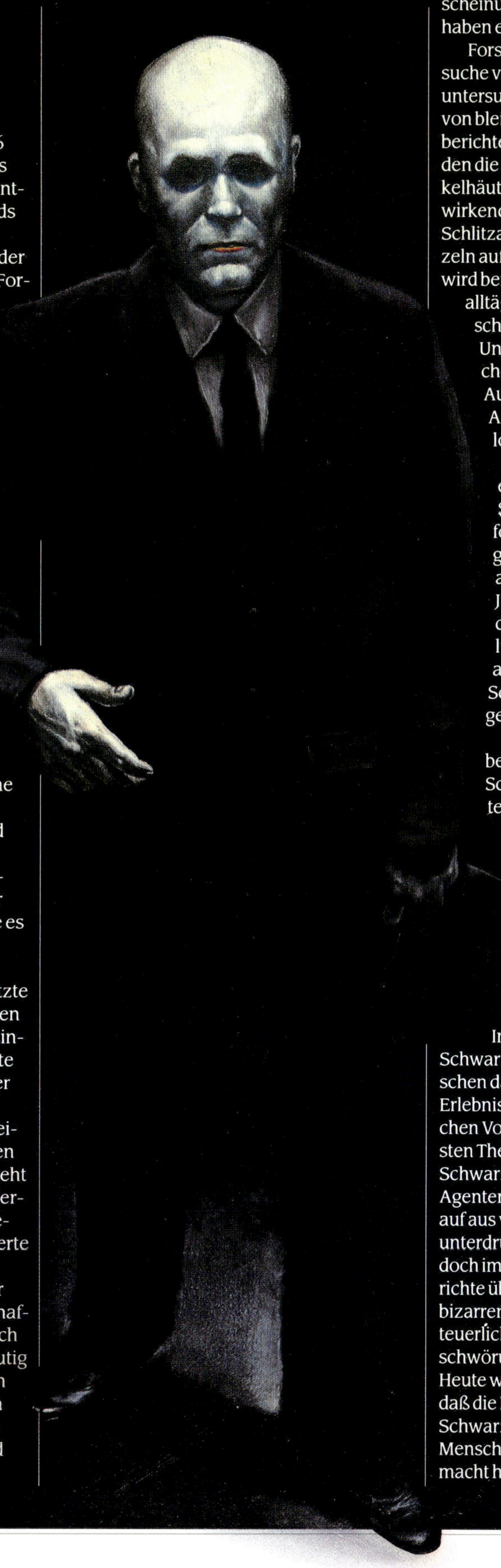

Der Besuch fand angeblich im Jahre 1976 statt, als Dr. Herbert Hopkins in Maine als beratender Hypnotiseur in einem UFO-Entführungsfall tätig war. Als er eines Abends allein zu Hause war, berichtete der Arzt, bekam er einen Anruf von einem Mann, der sich als Repräsentant einer UFO-Forschungsgruppe in New Jersey ausgab. (Wie Hopkins später feststellte, existierte diese Gruppe überhaupt nicht.) Der Anrufer bat Hopkins, ihn aufsuchen zu dürfen, um mit ihm über den Entführungsfall zu sprechen, und der Arzt willigte ein. Später wurde ihm klar, wie seltsam es gewesen war, daß er so ohne weiteres seine Zustimmung zu dem Besuch gegeben hatte.

Damals fand es Hopkins jedoch nicht einmal seltsam, daß ein so ungewöhnlicher Besucher schon wenige Sekunden nach dem Anruf an seiner Haustür stand. Der Mann war unbehaart – er hatte eine Glatze und weder Augenbrauen noch Wimpern. Er trug einen schwarzen Anzug, eine schwarze Krawatte und ein leuchtendweißes Hemd, alles makellos sauber und sorgfältig gebügelt. „Ich dachte mir, der sieht aus wie ein Leichenbestatter", erinnerte sich Hopkins später. Der Mann war außerdem leichenblaß und trug, so hatte es zumindest den Anschein, Lippenstift.

Offenbar ohne sich von diesen Merkwürdigkeiten abschrecken zu lassen, setzte sich der Arzt mit dem Besucher zusammen und besprach mit ihm eine Zeitlang die Einzelheiten des Falles. Schließlich bemerkte Hopkins, daß der Mann immer langsamer sprach und seine Bewegungen unsicher waren, als er sich erhob, um zu gehen. Seine rätselhaften Abschiedsworte an seinen Gastgeber waren: „Mein Energievorrat geht zur Neige, ich muß jetzt gehen. Auf Wiedersehen." Erst nachdem sein Gast davongewankt war, erschrak Hopkins und wunderte sich über das sonderbare Erlebnis.

Trotz bestimmter Abweichungen war der geheimnisvolle Besucher den sagenhaften „Männern in Schwarz" nicht unähnlich – äußerlich menschlichen, jedoch eindeutig nichtmenschlichen Wesen, die angeblich als bedrohliche Erscheinungen im Leben von UFO-Augenzeugen oder -Forschern auftauchen. Seit Ende der 50er Jahre sind Männer in Schwarz seltsame Begleiterscheinungen von UFO-Beobachtungen; sie haben einen fast mythischen Status erlangt.

Forscher haben über 30 angebliche Besuche von Männern in Schwarz eingehend untersucht. Während in manchen Fällen von bleichen Wesen ähnlich demjenigen berichtet wird, das Hopkins besuchte, werden die Männer in Schwarz häufig als dunkelhäutig und irgendwie fremdländisch wirkend geschildert; oft haben sie auch Schlitzaugen. Manchmal tauchen sie einzeln auf, häufiger jedoch zu dritt. Von vielen wird berichtet, sie hätten sich sehr über so alltägliche Gegenstände wie Kugelschreiber oder Eßbestecke gewundert. Und fast immer treten sie in dem gleichen düsteren, einschüchternden Aufzug auf: makelloser schwarzer Anzug, schwarze Krawatte und tadelloses weißes Hemd.

Manche sprechen angeblich mit einem sonderbaren Akzent, und ihre Sprache ist entweder übertrieben förmlich oder ähnelt dem schnoddrigen Slang alter Unterhaltungsfilme aus Hollywood. („Also paß mal auf, Junge, wenn dir dein Leben und das deiner Familie lieb ist, dann sprich lieber nicht mehr über deine Beobachtung", soll einer der Männer in Schwarz einmal zu einem UFO-Augenzeugen gesagt haben.)

Wenn man den Berichten glauben will, hinterlassen die Männer in Schwarz oft den Eindruck von Robotern; sie wirken weder herzlich noch bösartig. Trotzdem werden sie als bedrohlich empfunden. Manche, wie etwa der Besucher von Dr. Hopkins, erregen durch ihre bloße Gegenwart Furcht. Andere schüchtern ihre Opfer angeblich durch die Androhung physischer Gewalt ein, obwohl noch nie einer diese Drohung wahrgemacht hat.

In allen Fällen hat der Mann in Schwarz offenbar den Auftrag, die Menschen davon abzuhalten, von ihren UFO-Erlebnissen zu sprechen oder sich nach solchen Vorfällen zu erkundigen. Eine der ersten Theorien hinsichtlich der Männer in Schwarz war, daß es sich bei ihnen um Agenten staatlicher Stellen handle, die darauf aus waren, die Wahrheit über UFOs zu unterdrücken. Diese Auffassung wurde jedoch immer weniger vertreten, weil die Berichte über die Männer in Schwarz in ihren bizarren Einzelheiten auch noch die abenteuerlichsten Theorien über eine Verschwörung staatlicher Stellen übertrafen. Heute wird überwiegend angenommen, daß die Begegnungen mit Männern in Schwarz entweder Halluzinationen von Menschen, die UFO-Beobachtungen gemacht haben, oder schlechte Scherze sind.

Erzählungen fand Adamski während der ganzen 50er Jahre nicht nur Anhänger, sondern auch Nachahmer. Truman Bethurum, ein 56 Jahre alter Asphaltarbeiter, trat 1954 mit der Veröffentlichung eines Buches hervor, in dem er seine Erlebnisse mit Außerirdischen in allen Einzelheiten beschrieb. Begonnen hatte alles mit einer Begegnung in der Mojave-Wüste. Bethurum wurde von acht, neun oder zehn kleinen Männern an Bord einer fliegenden Untertasse gebeten, die im glühendheißen Wüstensand gelandet war; sie stellten den verblüfften Arbeiter ihrem Kapitän vor, einer hinreißenden Frau namens Aura Rhanes, die von dem Planeten Clarion stammte. Clarion? Von einem Planeten dieses Namens hatte Bethurum nie gehört. Kein Wunder, klärte man ihn auf – Clarion sei den irdischen Astronomen unbekannt, weil der Planet „wegen seiner Umlaufbahn stets direkt hinter der Sonne steht".

Die Gründerin der Unarius Foundation, Ruth Norman, die sich auch Uriel nennt, zeigt hier eine Darstellung der wohltätigen Raumflotte, die dazu beitragen wird, daß die Staaten der Erde ihre Probleme lösen können.

Der Hilfsarbeiter hörte gebannt zu, als die Raumschiffkommandantin ihm das idyllische Leben schilderte, das die Clarioniten auf ihrem Planeten führten. Warum sie dann der Erde einen Besuch abstatteten, wollte er wissen. Weil, so erklärte sie, die Clarioniten die Werte von Ehe, Familie und Treue angesichts des „schrecklichen Heidentums" betonen wollten, das auf der Erde um sich greife. Wie vorher schon Orthon fürchtete sich auch Aura Rhanes sehr vor der Möglichkeit eines Atomkriegs, der sicherlich zu erheblicher Verwirrung im All führen würde.

Bethurum war von den Besuchern fasziniert, fand sie „sehr religiös, verständnisvoll, gutmütig, freundlich und vertrauensvoll". Nach seiner eigenen Zählung traf sich Bethurum elfmal mit seinen neuen Freunden, bevor diese in ihr Paradies irgendwo hinter der Sonne zurückkehrten. George Adamski war einer der wenigen, die Bethurum seine Mär abnahmen, und er drängte ihn, seine Geschichte bald zu veröffentlichen; das Ergebnis war Bethurums Buch mit dem Titel *Aboard of Flying Saucer.*

Da die Kontaktpersonen und solche, die an außerirdische Besucher glaubten, immer zahlreicher wurden, hielten sie Ausschau nach einem Versammlungsort, und diesem Bedürfnis nahm sich eine andere Kontaktperson an, ein Mann namens George Van Tassel. Im Jahre 1954 leitete der 44 Jahre alte Van Tassel den Giant-Rock-Flughafen in der kalifornischen Mojave-Wüste nördlich von Yucca Valley, und hier begann er mit dem Bau einer vier Stockwerke hohen, mit einer Kuppel versehenen Maschine, der er den Namen Integratron gab. Ihr Zweck, so erläuterte er, sei es, die „Alten zu verjüngen und das Altern der Jungen zu verhindern". Die komplizierte Konstruktion, zu der eine elektrostatische Armatur mit einem Durchmesser von nahezu 17 Metern gehörte, wurde Van Tassel – wie er behauptete – von den Weltraumbewohnern übermittelt, mit denen er angeblich in ständiger Verbindung stand.

Van Tassel war nach seinen Angaben zweimal an Bord außerirdischer Raumfahrzeuge gewesen und war einmal in die Luft gewirbelt worden, um vor dem Rat der Sieben Lichter zu erscheinen. Diesem Rat gehörten ehemalige Erdenbewohner an, die jetzt in einem Raumschiff lebten, das ständig die Erde umkreiste. Als er im Frühjahr 1954 die erste Giant Rock Space Convention veranstaltete, erschienen über 5000 Anhänger. Tagsüber hörten sie sich ununterbrochen Vorträge an, und bei Nacht warteten sie ebenso hoffnungsvoll wie vergeblich auf den majestätischen Anblick unbekannter Flugobjekte, die zu Ehren der Versammelten über den Himmel gleiten würden. An diesen Kongressen nahmen die meisten der bekannten Kontaktpersonen teil, unter ihnen auch Adamski und Bethurum.

Van Tassel erfreute sich einer langen Laufbahn als Sprachrohr der Weltraumbewohner. Er starb 1970, nachdem er in insgesamt 409 Rundfunk- und Fernsehsendungen als Gast aufgetreten war, fünf Bücher über seine außerirdischen Erlebnisse geschrieben und 297 Vorträge in den Vereinigten Staaten und Kanada gehalten hatte. Aber zu seiner großen Enttäuschung hatte sich nie ein Außerirdischer auf einem seiner Weltraum-Kongresse gezeigt. Diese wurden nach seinem Tod eingestellt, und das Integratron blieb unvollendet.

Nach wie vor in Blüte steht jedoch ein Kontaktpersonen-Kult, die sogenannte Aetherius Society. Sie wurde 1956 von George King, einem ehemaligen Taxifahrer, in London gegründet. King, der sich für fernöstliche Mystik interessierte, befand sich eines Tages in einer Art Trance, als er angeblich Botschaften von außerirdischen Wesen erhielt. Durch sie erfuhr er, so behauptete er, daß Jesus und mehrere Heilige noch am Leben seien und auf der Venus lebten. King und die Mitglieder seiner Gesellschaft glauben an die „Kraft des Denkens" und die „Kraft des Gebets". Sie haben kosmische Batterien aus Metall und Holz konstruiert, die durch die ausgestreckten Hände und die Gebete der Mitglieder aufgeladen werden.

Da die Batterien angeblich auf Bergen am besten funktionieren, haben Aetherianer ihre einzigartigen Apparate schon mehrmals auf hohe Berge geschleppt, darunter auch auf den Kilimandscharo. Sie behaupten, ihre Batterien hätten schon viel Gutes in der Welt bewirkt und viele Katastrophen abgewendet.

Noch bizarrer als die Aetherius Society ist die von UFOs inspirierte Unarius Foundation, die von der „kosmischen Visionärin" Ruth Norman in der Gegend von San Diego, Kalifornien, geleitet wird. Norman, die sich auch Uriel nennt, empfängt ihren Behauptungen zufolge Botschaften von überhimmlischen Wesen und will schon Reisen zu 60 verschiedenen Planeten unternommen haben. Durch ihre Lehre, so sagt sie, könnten die irdischen Menschen eine höhere geistige Ebene erreichen, und dies sollte nach Möglichkeit noch so rechtzeitig geschehen, daß sie die 33 Sternschiffe der Interplanetary Confederation begrüßen können, die im Jahre 2001 in San Diego landen würden.

So skurril solche Behauptungen dem Skeptiker erscheinen mögen, sagen sie doch einiges über die gesellschaftlichen Dimensionen des Glaubens an interplanetarische UFOs aus. Für die vielen Anhänger der Kontaktpersonen stellen Besucher aus dem All offenbar die letzte Hoffnung für eine dem Untergang geweihte Welt dar. Es ist wahrscheinlich kein Zufall, daß diese Geschichten in den 50er Jahren auftauchten, als sich die Menschheit zum erstenmal mit der Bedrohung durch die Atombombe auseinanderzusetzen hatte, und es ist sicherlich auch nicht sehr verwunderlich, daß diese Bewegungen sich bis in die Gegenwart hinein noch erhalten haben.

Unheimlicher als die Geschichten der Kontaktpersonen – und in den Augen vieler Forscher auch etwas seriöser – sind die Berichte von Entführungen und Experimenten durch Außerirdische, die in den 60er Jahren aufkamen. Die berühmteste Entführungsgeschichte ist aber

Mit angeblicher Unterstützung durch Außerirdische kandidierte Gabriel Green 1960 und 1972 für das Amt des Präsidenten der Vereinigten Staaten. 1962 bewarb er sich in Kalifornien auch um einen Sitz im US-Senat und vereinigte über 171 000 Stimmen auf sich. Als Gründer und Präsident der in Kalifornien ansässigen Amalgamated Flying Saucer Clubs of America rühmte sich Green sowohl persönlicher Begegnungen als auch telepathischer Verbindungen mit Außerirdischen.

In Wimbledon stimmen Mitglieder der Aetherius Society einen Gesang an, um eine Gebetsbatterie mit spiritueller Energie aufzuladen. Die Aetherianer glauben, daß ein sogenanntes interplanetarisches Parlament diese Energie zur Abwendung von Katastrophen nutzt. Einige von ihnen haben die Batterien auch schon auf hohe Berge getragen, wo sie angeblich am wirksamsten sind.

wahrscheinlich die der 41jährigen Betty Hill und ihres 39 Jahre alten Mannes Barney.

In der Nacht des 19. September 1961 kehrten die Hills von einem Urlaub in Kanada in ihren Heimatort Portsmouth, New Hampshire, zurück. Sie fuhren auf der Route 3, als sie am Südwesthimmel ein helles, sternähnliches Objekt dahinfliegen sahen. Barney Hill hielt mehrmals an, damit seine Frau das Objekt durch den Feldstecher beobachten konnte. Er hielt es für ein Kleinflugzeug, bis es seinen Kurs änderte und auf sie zukam. Sie waren etwas mehr als drei Kilometer von North Woodstock entfernt, als das UFO vor dem Wagen vorbeiflog und rechts von der Straße in einer Höhe von „acht oder zehn Stockwerken" (wie der Ehemann schätzte) schwebte.

Barney Hill ließ sich von seiner Frau das Fernglas geben und stieg aus, um das Objekt von der einsamen Straße aus genauer betrachten zu können. Das untertassenförmige UFO flog lautlos auf die linke Seite und näherte sich in gerader Linie dem stehenden Auto. Dann erschrak Barney Hill zutiefst: Im Fernglas erkannte er beleuchtete Kabinenfenster an der Seite des Luftschiffs, und in dem hellen Innenraum sah er fünf bis elf menschenähnliche Gestalten, die offenbar emsig bei der Arbeit waren. Hill hatte den Eindruck, daß die Wesen glänzende schwarze Uniformen mit Schildmützen trugen. Ihre Bewegungen erinnerten ihn an exerzierende deutsche Soldaten. Betty Hill, die noch im Auto saß, hörte ihren Mann ausrufen: „Ich kann es nicht glauben! Ich kann es nicht glauben! Das ist ja absurd!"

Die Hills behaupteten, das Flugobjekt habe sich ihnen so weit genähert, daß es das ganze Blickfeld des Fernglases ausfüllte. Barney rannte in Panik zum Wagen zurück, und sie fuhren wieder los. Während der ersten Minuten kamen aus dem Kofferraum unerklärliche Pieptöne, die das Auto in Vibration versetzten. Das Ehepaar gelangte ohne weitere Zwischenfälle nach Hause, aber diese wenigen Minuten der Aufregung und Angst sollten den beiden noch jahrelang zu schaffen machen.

Betty Hill hatte von da an allnächtlich Träume von einem furchterregenden UFO-Erlebnis. Barney Hill litt unter Angstzuständen und Schlaflosigkeit, und sein Zwölffingerdarmgeschwür verschlimmerte sich. Was ihn beunruhigte, war die Tatsache, daß ihm in der Erinnerung über zwei Stunden zwischen der ersten Begegnung mit dem UFO und der Ankunft zu Hause fehlten. Wo war diese Zeitspanne geblieben? Was war nur geschehen?

Da ihre Angstzustände immer stärker wurden, beschlossen die Hills, ärztliche Hilfe zu suchen. Ihr Hausarzt empfahl ihnen, den prominenten Bostoner Psychiater Dr. Benjamin Simon zu konsultieren, um festzustellen, ob sich durch hypnotische Regression das Rätsel um die Nacht des 19. September würde klären lassen, so daß sie ihr gewohntes Leben wieder aufnehmen könnten. Die psychiatrischen Behandlungen begannen im Dezember 1963, also mehr als zwei Jahre nach der angeblichen Begegnung mit dem UFO. In tiefer Hypnose erzählten Barney und Betty Hill eine Geschichte, die offenbar viel tiefer saß als alles, woran sie sich bewußt erinnern konnten. Dr. Simon ließ ein Tonbandgerät laufen, während Barney Hill seine Entführung durch Außerirdische schilderte.

Hill berichtete, er sei über eine Rampe in das fremdartige Flugzeug gebracht und in einen Untersuchungsraum geführt worden. „Ich spürte, wie sie mich mit den Händen untersuchten ... Sie sahen sich meinen Rücken an, und ich spürte, wie sie meine Haut berührten ... als zählten sie meine Wirbel ..., und dann drehten sie mich um und sahen mich wieder prüfend an. Sie öffneten mir den Mund, und ich spürte genau die beiden Finger, die mir die Kiefer auseinanderzogen. Dann hörte es sich so an, als kämen noch weitere Männer herein, und ich merkte, daß sie sich auf der linken Seite des Tisches, auf dem ich lag, zu schaffen machten. Irgend etwas kratzte mich leicht am Arm, wie ein Stöckchen. Und dann gingen diese Männer wieder hinaus.

Betty und Barney Hill (oben) mit einem Exemplar von „The Interrupted Journey", einem Bericht über ihre angebliche Entführung durch Außerirdische im Jahre 1961 in New Hampshire. Auf der rechten Seite ist eine Zeichnung wiedergegeben, die ein Künstler nach Barney Hills Schilderung der geheimnisvollen Besucher schuf.

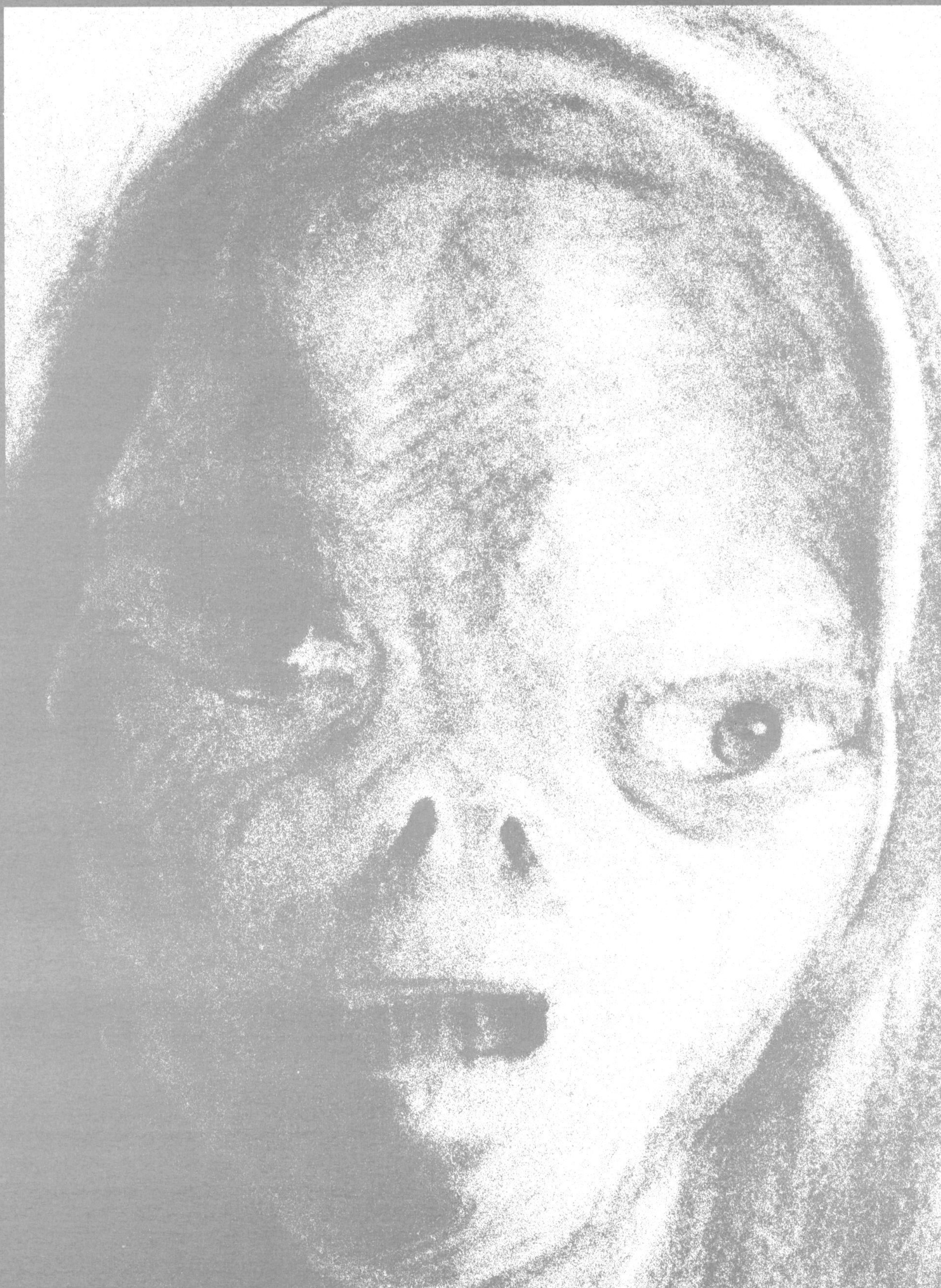

Der brasilianische Student Antonio Villas Boas, der 1957 behauptete, von Außerirdischen entführt worden zu sein, erinnerte sich an eine deutliche Inschrift (unten) über einer Tür im Innern des Raumschiffs.

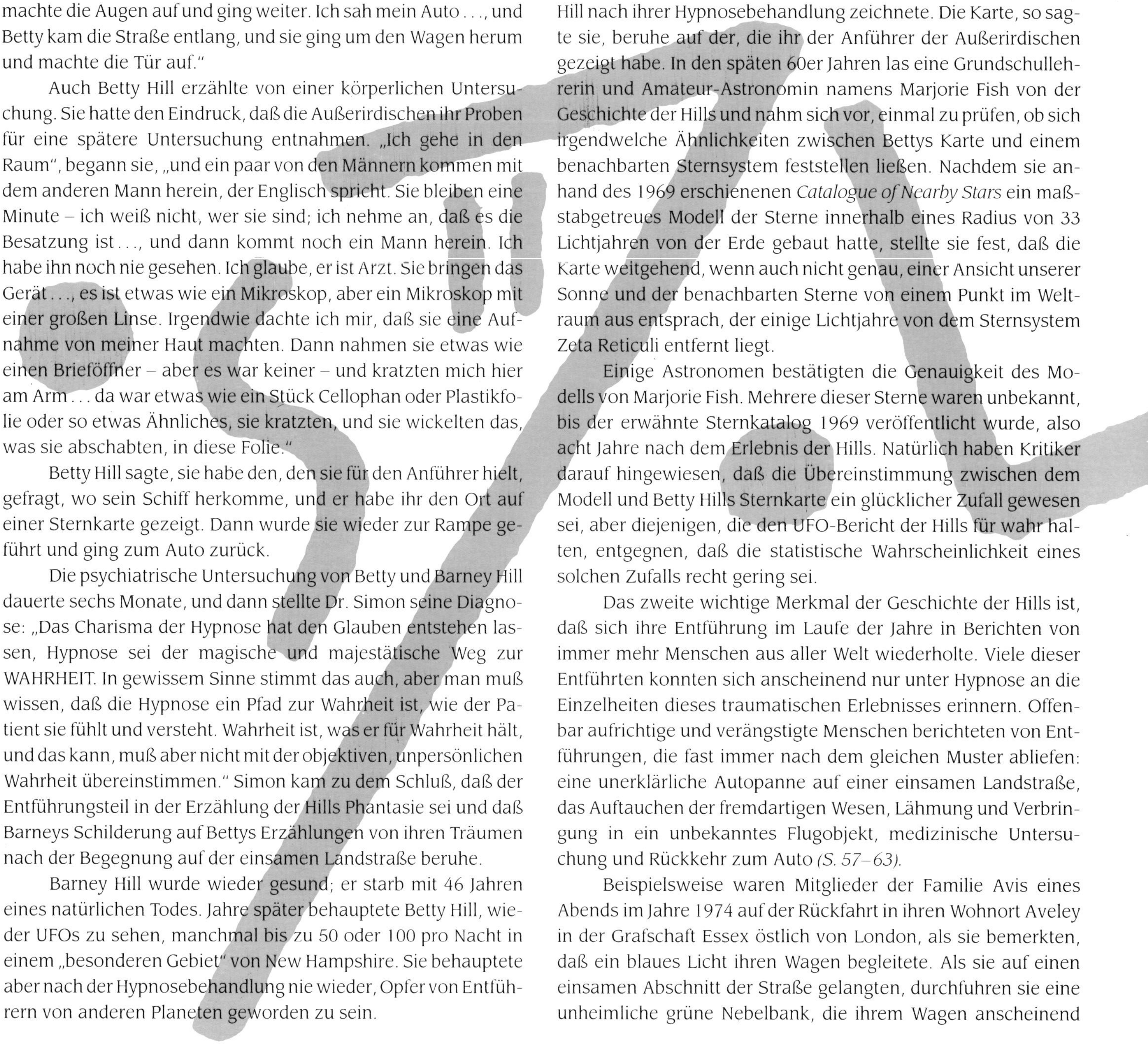

„Dann wurden mir die Schuhe wieder angezogen, und ich stieg vom Tisch. Ich glaube, ich fühlte mich sehr wohl, weil ich wußte, daß es vorbei war ... Ich ging [die Rampe] hinunter, machte die Augen auf und ging weiter. Ich sah mein Auto ..., und Betty kam die Straße entlang, und sie ging um den Wagen herum und machte die Tür auf."

Auch Betty Hill erzählte von einer körperlichen Untersuchung. Sie hatte den Eindruck, daß die Außerirdischen ihr Proben für eine spätere Untersuchung entnahmen. „Ich gehe in den Raum", begann sie, „und ein paar von den Männern kommen mit dem anderen Mann herein, der Englisch spricht. Sie bleiben eine Minute – ich weiß nicht, wer sie sind; ich nehme an, daß es die Besatzung ist ..., und dann kommt noch ein Mann herein. Ich habe ihn noch nie gesehen. Ich glaube, er ist Arzt. Sie bringen das Gerät ..., es ist etwas wie ein Mikroskop, aber ein Mikroskop mit einer großen Linse. Irgendwie dachte ich mir, daß sie eine Aufnahme von meiner Haut machten. Dann nahmen sie etwas wie einen Brieföffner – aber es war keiner – und kratzten mich hier am Arm ... da war etwas wie ein Stück Cellophan oder Plastikfolie oder so etwas Ähnliches, sie kratzten, und sie wickelten das, was sie abschabten, in diese Folie."

Betty Hill sagte, sie habe den, den sie für den Anführer hielt, gefragt, wo sein Schiff herkomme, und er habe ihr den Ort auf einer Sternkarte gezeigt. Dann wurde sie wieder zur Rampe geführt und ging zum Auto zurück.

Die psychiatrische Untersuchung von Betty und Barney Hill dauerte sechs Monate, und dann stellte Dr. Simon seine Diagnose: „Das Charisma der Hypnose hat den Glauben entstehen lassen, Hypnose sei der magische und majestätische Weg zur WAHRHEIT. In gewissem Sinne stimmt das auch, aber man muß wissen, daß die Hypnose ein Pfad zur Wahrheit ist, wie der Patient sie fühlt und versteht. Wahrheit ist, was er für Wahrheit hält, und das kann, muß aber nicht mit der objektiven, unpersönlichen Wahrheit übereinstimmen." Simon kam zu dem Schluß, daß der Entführungsteil in der Erzählung der Hills Phantasie sei und daß Barneys Schilderung auf Bettys Erzählungen von ihren Träumen nach der Begegnung auf der einsamen Landstraße beruhe.

Barney Hill wurde wieder gesund; er starb mit 46 Jahren eines natürlichen Todes. Jahre später behauptete Betty Hill, wieder UFOs zu sehen, manchmal bis zu 50 oder 100 pro Nacht in einem „besonderen Gebiet" von New Hampshire. Sie behauptete aber nach der Hypnosebehandlung nie wieder, Opfer von Entführern von anderen Planeten geworden zu sein.

Zwei Besonderheiten im Bericht der Hills haben dazu beigetragen, ihm in den Augen vieler Forscher eine gewisse Glaubwürdigkeit zu verleihen. Die erste ist eine Sternkarte, die Betty Hill nach ihrer Hypnosebehandlung zeichnete. Die Karte, so sagte sie, beruhe auf der, die ihr der Anführer der Außerirdischen gezeigt habe. In den späten 60er Jahren las eine Grundschullehrerin und Amateur-Astronomin namens Marjorie Fish von der Geschichte der Hills und nahm sich vor, einmal zu prüfen, ob sich irgendwelche Ähnlichkeiten zwischen Bettys Karte und einem benachbarten Sternsystem feststellen ließen. Nachdem sie anhand des 1969 erschienenen *Catalogue of Nearby Stars* ein maßstabgetreues Modell der Sterne innerhalb eines Radius von 33 Lichtjahren von der Erde gebaut hatte, stellte sie fest, daß die Karte weitgehend, wenn auch nicht genau, einer Ansicht unserer Sonne und der benachbarten Sterne von einem Punkt im Weltraum aus entsprach, der einige Lichtjahre von dem Sternsystem Zeta Reticuli entfernt liegt.

Einige Astronomen bestätigten die Genauigkeit des Modells von Marjorie Fish. Mehrere dieser Sterne waren unbekannt, bis der erwähnte Sternkatalog 1969 veröffentlicht wurde, also acht Jahre nach dem Erlebnis der Hills. Natürlich haben Kritiker darauf hingewiesen, daß die Übereinstimmung zwischen dem Modell und Betty Hills Sternkarte ein glücklicher Zufall gewesen sei, aber diejenigen, die den UFO-Bericht der Hills für wahr halten, entgegnen, daß die statistische Wahrscheinlichkeit eines solchen Zufalls recht gering sei.

Das zweite wichtige Merkmal der Geschichte der Hills ist, daß sich ihre Entführung im Laufe der Jahre in Berichten von immer mehr Menschen aus aller Welt wiederholte. Viele dieser Entführten konnten sich anscheinend nur unter Hypnose an die Einzelheiten dieses traumatischen Erlebnisses erinnern. Offenbar aufrichtige und verängstigte Menschen berichteten von Entführungen, die fast immer nach dem gleichen Muster abliefen: eine unerklärliche Autopanne auf einer einsamen Landstraße, das Auftauchen der fremdartigen Wesen, Lähmung und Verbringung in ein unbekanntes Flugobjekt, medizinische Untersuchung und Rückkehr zum Auto *(S. 57–63)*.

Beispielsweise waren Mitglieder der Familie Avis eines Abends im Jahre 1974 auf der Rückfahrt in ihren Wohnort Aveley in der Grafschaft Essex östlich von London, als sie bemerkten, daß ein blaues Licht ihren Wagen begleitete. Als sie auf einen einsamen Abschnitt der Straße gelangten, durchfuhren sie eine unheimliche grüne Nebelbank, die ihrem Wagen anscheinend einen Stoß versetzte. Als sie zu Hause ankamen, stellten sie fest, daß ihnen drei Stunden fehlten. Sie hatten keinerlei Erinnerungen an die verlorene Zeit, doch unter Hypnose kam später eine Geschichte von Entführung und medizinischen Experimenten durch vier hochgewachsene Außerirdische an den Tag.

Anklänge an die Geschichte der Familie Avis sowie einige außergewöhnliche Kontaktpersonen-Elemente wies eine Geschichte auf, die eine Neuengländerin namens Betty Andreasson Mitte der 70er Jahre erzählte. Ihr Bericht war so bizarr und dabei so aufrichtig, daß er bei einem Team, das den Fall ein Jahr lang untersuchte und dem ein Hypnosetherapeut, ein Psychiater, ein Physiker, ein Luft- und Raumfahrtingenieur und andere angehörten, nur Ratlosigkeit hinterließ.

Wie viele Entführte behauptete Betty Andreasson, sich nur bruchstückhaft an ihr Erlebnis zu erinnern, bis unter Hypnose die ganze Geschichte zum Vorschein kam. Diesen späteren Erinnerungen zufolge hatte alles im Winter 1967 begonnen. Betty Andreasson und ihre sieben Kinder mußten damals in ihrem Haus in South Ashburnham, einer Kleinstadt in einem Waldgebiet im Norden des Staates Massachusetts, schwere Zeiten durchmachen. Der Familienvater war im Monat zuvor bei einem Autounfall schwer verletzt worden und lag immer noch im Krankenhaus; Bettys Eltern waren deshalb vorübergehend zu ihrer Tochter gezogen. Die wichtigste Stütze der Frau war jedoch in dieser mißlichen Lage ihr starker christlicher Glaube.

Am 25. Januar setzte verfrühtes Tauwetter ein und hüllte die Kleinstadt in Nebel. Am Abend begannen die Lampen im Haus der Andreassons plötzlich zu flackern und gingen aus. Gleichzeitig sah man draußen vor dem Küchenfenster einen pulsierenden, rosafarbenen Lichtschimmer. Bettys Vater sah in den Garten hinaus und erschrak. In einer von ihm unterschriebenen Erklärung heißt es: „Die Kreaturen, die ich sah, kamen mir vor wie Fastnachtsgestalten. Ich dachte, sie hätten sich komische Kopfbedeckungen aufgesetzt, um als Mondmenschen zu gehen. Der vorderste von ihnen sah mich an, und mich überkam ein unbeschreiblich seltsames Gefühl. Mehr weiß ich nicht."

Vier Monate nach seiner angeblichen Entführung wurde Villas Boas von Dr. Olavo T. Fontes untersucht, der bei dem Studenten eine mögliche Vergiftung durch radioaktive Stoffe feststellte.

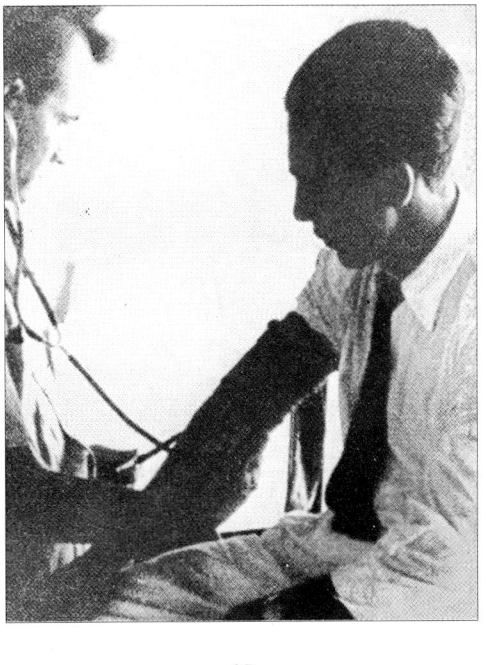

In diesem Augenblick, so berichtete Betty später, fiel ihre ganze Familie in einen tranceähnlichen Zustand. Sie selbst blieb jedoch wach und sah unirdische Wesen durch die geschlossene Tür ins Haus kommen. Ihrer Beschreibung nach waren die Eindringlinge klein und grauhäutig und hatten riesige, katzenhafte Augen sowie Hände mit nur je drei Fingern. Ihre Körper steckten in glänzenden, knapp sitzenden Uniformen.

Die Außerirdischen verständigten sich per Telepathie mit der Frau. Sie baten sie, so berichtete sie hinterher, ihnen zu folgen und dadurch der Welt zu helfen. Als sie sich dazu bereit erklärte, wobei sie ein Gefühl hatte, daß sie sich gar nicht widersetzen konnte, da sie hypnotisiert worden war, führten die Wesen sie zu ihrem ovalen Raumschiff im Garten.

Wie die Hills berichtete Betty Andreasson, sie sei unangenehmen medizinischen Untersuchungen unterzogen worden. Einmal steckten ihr die Außerirdischen nadelähnliche Sonden in Nase und Nabel und linderten den dadurch hervorgerufenen Schmerz, indem sie ihr die Hände auf die Stirn legten. Als sie mit der Untersuchung fertig waren, führten die Wesen sie durch einen langen, schwarzen Tunnel in einen Raum, wo sie in einer Glasglocke eingeschlossen wurde. Eine graue Flüssigkeit strömte in die Glocke, umgab Betty Andreasson und schützte sie offenbar, während sie und die Außerirdischen in eine andere Welt flogen.

Als sie angekommen waren, gelangten die Frau und zwei Außerirdische durch andere Tunnels aus dem Fahrzeug in eine unheimliche, leblose Landschaft. Schimmerndes, rotes Licht umgab sie, während sie auf einer freischwebenden Schiene zwischen rechteckigen Gebäuden dahinglitten. Mit Entsetzen sah Betty scharenweise kopflose Kreaturen, die Lemuren ähnelten, über einige der Bauwerke gleiten, die jedoch weder ihr noch ihren Bewachern etwas taten.

Nachdem sie eine kreisförmige Membran durchschritten hatte, fand sich die Frau in einer neuen Szenerie wieder: Die Atmosphäre war jetzt grün, und die Reisenden sahen sich zu beiden Seiten von nebelverhangenen Gewässern flankiert. Vor der Gruppe tauchten eine Pyramide und eine Ansammlung schwebender Kristalle auf, die helles Licht reflektierten. Die Lichtquelle befand sich am anderen Ende des Pfades, doch wurde der Blick auf sie durch ein noch erstaunlicheres Objekt verstellt. Ein riesiger Vogel, der wie ein Adler aussah, aber zweimal so groß wie ein Mensch war, ragte vor ihr auf und strahlte starke Hitze ab. Während die Frau ihn, von dem grellen Licht halb geblendet, noch anstarrte, verschwand der Vogel. An seiner Stelle war nun ein kleines Feuer, das aber schon bald erlosch; aus der Asche kam ein kleiner, grauer Wurm gekrochen.

Eine laute Stimme zu ihrer Rechten rief Betty Andreassons Namen. Sie teilte ihr mit, sie sei erwählt worden, doch werde man sie vorerst nicht über ihre Mission aufklären. Als die Frau sich zu ihrem Glauben an Gott bekannte, sagte die Stimme ihr, dies sei der Grund, weshalb man sie ausersehen habe. Darüber hinaus erfuhr sie nichts, und ihre Begleiter brachten sie durch den grünen und den roten Bereich in den Raum mit den Glasglocken. Einer, den sie für den Anführer der Wesen hielt und der Quazgaa oder so ähnlich hieß, sagte ihr, man werde ihr gewisse Formeln mitteilen, mit denen sie der Menschheit helfen könne, aber nur, wenn die Menschen lernen würden, den Geist zu schauen.

Die Rückreise, wenn es denn eine war, verlief ähnlich wie der erste Flug, und Betty und ihre Entführer stiegen schon bald wieder in ihrem nebligen Garten aus. Es war immer noch Nacht, und die anderen Familienmitglieder lagen in einer Art Starre im Haus. Die Außerirdischen führten sie alle zu ihren Betten und entfernten sich dann. Am Morgen, so sagte die Frau später, habe sie sich nur an wenige Einzelheiten ihres Erlebnisses erinnert. Erst acht Jahre später, als sie zufällig einen Artikel von J. Allen Hynek über Untersuchungen an unbekannten Flugobjekten las, schrieb sie den Forschern einen Brief.

Betty Andreasson konnte für ihre Geschichte keine anderen Beweise vorlegen als die flüchtigen Eindrücke ihrer Angehörigen. Sie war außerstande, ihre Vision des phönixartigen Vogels zu deuten oder die Botschaft wiederzugeben, die ihr angeblich ins Gedächtnis eingepflanzt worden war. Psychiatrische Untersuchungen bestätigten jedoch sowohl ihre geistige Gesundheit als auch ihre Aufrichtigkeit, und alle mit dem Fall Befaßten versicherten, daß sie offenbar ein ernstzunehmender Mensch sei, der an die Wirklichkeit seines Erlebnisses zweifellos glaube.

Kaum weniger bizarr war die Geschichte, die Antonio Villas Boas erzählte, ein brasilianischer Student, der oft auf der Farm seines Vaters aushalf. Er behauptete, er habe eines Abends im Jahre 1957 mit dem Traktor seines Vaters einen Acker umgepflügt, als etwa fünfzehn Meter von ihm entfernt ein eiförmiges UFO gelandet sei. Der Motor des Traktors streikte, und er selbst wollte weglaufen, aber vier menschenähnliche Wesen holten ihn ein, packten ihn und schleppten ihn in ihr Raumfahrzeug. Die Wesen sprachen mit seltsam bellenden Stimmen, während sie ihm eine Blutprobe entnahmen und ihn auszogen. Villas Boas, der durch diese Übergriffe bereits verstört war, erschrak aufs neue, als die Fremden sich zurückzogen und ein anderes Wesen in den Untersuchungsraum kam, das er als kleine, nackte und wunderschöne blonde „Frau" beschrieb.

Nachdem die Außerirdische ihn eine Zeitlang wortlos ermuntert hatte, so berichtete der Student, fühlte er den unwiderstehlichen Drang, sich mit ihr zu paaren; hinterher zeigte sie auf ihren Bauch und dann zum Himmel, womit sie ihm seiner Meinung nach bedeuten wollte, daß sie sein Kind austragen werde. Die Außerirdischen gaben ihm zu verstehen, daß er sich wieder anziehen könne, führten ihn durch ihr Raumschiff und setzten ihn schließlich kurz vor Tagesanbruch auf seinen Feldern ab.

Villas Boas verspürte die nächsten Tage immer stärker werdende Übelkeit und entdeckte seltsame Wunden an seinem Körper. Der Arzt, der ihn ein paar Monate später untersuchte, fand eine Anzahl merkwürdiger Narben sowie Symptome, die auf eine radioaktive Vergiftung hinwiesen. Dieser medizinische Befund sowie die Tatsache, daß der junge Mann als aufrichtig galt, veranlaßten mehrere Forscher, den Fall ernsthaft zu untersuchen, obwohl die Einzelheiten so unglaubwürdig klangen.

Die beunruhigenden und oft bizarren Geschichten von nahen Begegnungen und Entführungen, die in den 50er Jahren aufkamen, trugen kaum dazu bei, die Skepsis wissenschaftlicher Kreise und der US-Regierung gegen UFO-Berichte jeder Art zu verringern. Fortgesetzte Beobachtungen einer weniger phantastischen Art hielten jedoch das Interesse der Öffentlichkeit an den fliegenden Untertassen wach, bis die Air Force schließlich auf die verbreitete Besorgnis reagierte und eine unabhängige Untersuchung des UFO-Phänomens einleitete. Leider vertiefte diese Untersuchung dann jedoch die Kontroverse, die sie eigentlich hätte aus der Welt schaffen sollen, und der Kampf um die Unterscheidung zwischen Fakten und Fiktion ging weiter.

Das Projekt Blue Book

Über 20 Jahre lang, von 1948 bis 1969, war die U. S. Air Force für die Untersuchung von UFO-Berichten zuständig. Während des größten Teils dieses Zeitraums lag die Verantwortung bei einer Sondereinheit mit dem Code-Namen Projekt „Blue Book".

Das Projekt Blue Book entwickelte sich aus zwei früheren Projektgruppen der Air Force – den Projekten Sign und Grudge –, die zur Untersuchung von UFO-Berichten gegründet worden, aber an Unerfahrenheit und mangelnder Organisation gescheitert waren. Angesichts der Flut von UFO-Berichten im Jahre 1952 war die Notwendigkeit einer systematischen Untersuchung dieses Phänomens nicht mehr von der Hand zu weisen, und das Projekt Blue Book wurde ins Leben gerufen. Unter der Leitung von Hauptmann Edward J. Ruppelt entwickelten die Mitarbeiter wirksame, zeitsparende Methoden zur Auswertung der Beobachtungen. Beobachter erhielten einen achtseitigen Fragebogen, Photos und Negative wurden analysiert, und es wurden Befragungen an Ort und Stelle durchgeführt. Die Ermittler zogen auch astronomische Daten heran, überwachten Flugbewegungen und überprüften meteorologische Unterlagen.

Im großen und ganzen gelang es dem Team des Projekts Blue Book, diejenigen UFO-Berichte auszusondern, bei denen es sich offensichtlich um einen Jux handelte oder die sich auf Naturerscheinungen zurückführen ließen. Die Gruppe arbeitete jedoch unter der Voraussetzung, daß UFOs nicht existierten. Bei dem kleinen Prozentsatz von Fällen, die sich nicht sofort erklären ließen, hatten die Untersuchungsbeauftragten deshalb nur zwei Möglichkeiten: Sie mußten entweder eingestehen, daß sie das Objekt nicht identifiziert hatten, oder aber eine zur Not noch plausible Erklärung anführen. Für beide Möglichkeiten gibt es Beispiele. Auf den folgenden Seiten findet sich ein repräsentativer Querschnitt durch Fälle, die vom Projekt Blue Book bearbeitet wurden, einschließlich einiger Originaldokumente, in denen jedoch Personennamen aus Gründen des Datenschutzes von der Air Force unkenntlich gemacht wurden.

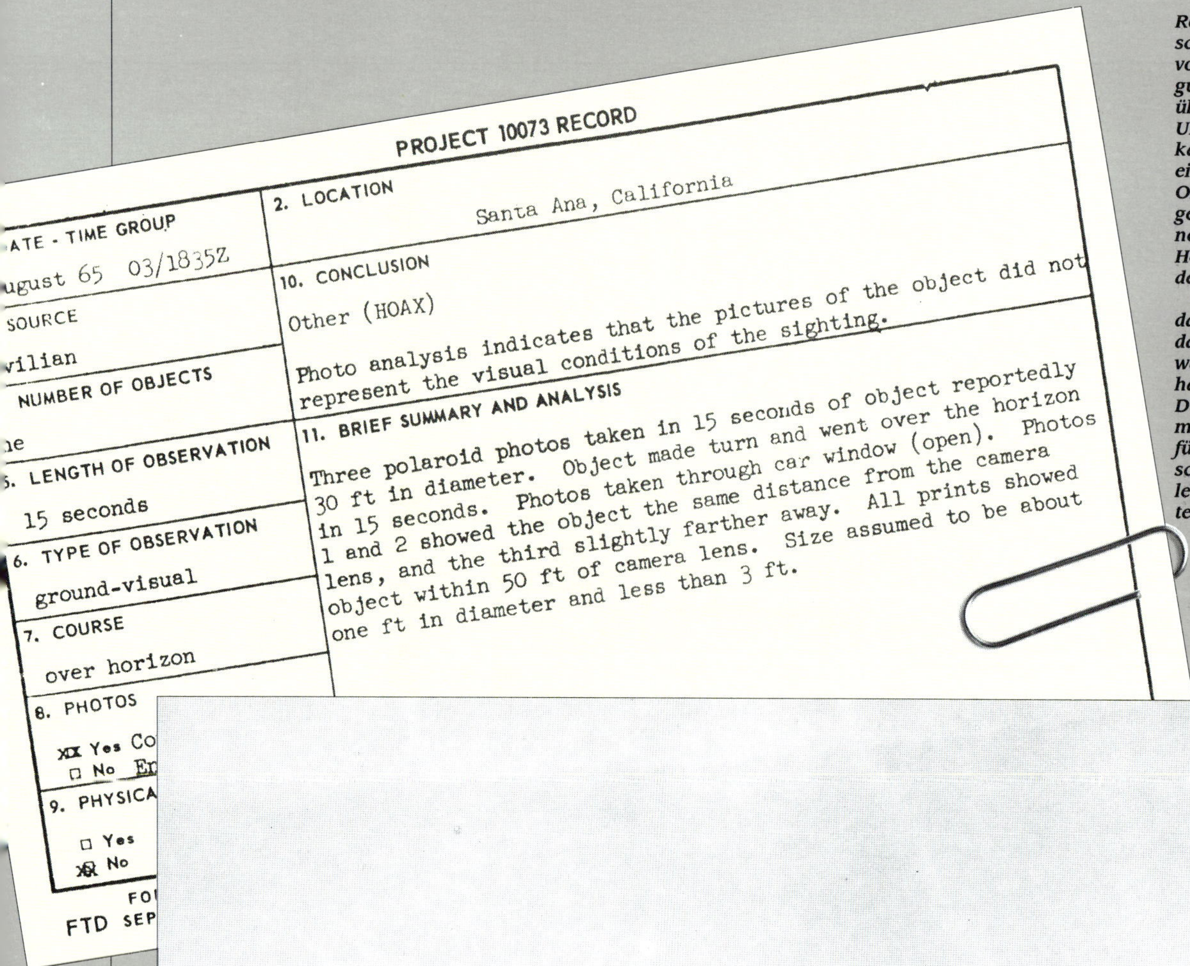

PROJECT 10073 RECORD

ATE - TIME GROUP ugust 65 03/1835Z	2. LOCATION Santa Ana, California
SOURCE vilian	10. CONCLUSION Other (HOAX) Photo analysis indicates that the pictures of the object did not represent the visual conditions of the sighting.
NUMBER OF OBJECTS ne	11. BRIEF SUMMARY AND ANALYSIS Three polaroid photos taken in 15 seconds of object reportedly 30 ft in diameter. Object made turn and went over the horizon in 15 seconds. Photos taken through car window (open). Photos 1 and 2 showed the object the same distance from the camera lens, and the third slightly farther away. All prints showed object within 50 ft of camera lens. Size assumed to be about one ft in diameter and less than 3 ft.
. LENGTH OF OBSERVATION 15 seconds	
6. TYPE OF OBSERVATION ground-visual	
7. COURSE over horizon	
8. PHOTOS XX Yes Co ☐ No En	
9. PHYSICA ☐ Yes XX No	

FTD SEP FO

Rex Heflin, ein 37 Jahre alter Beschäftigter des Straßenbauamtes von Kalifornien, hatte am 3. August 1965 ein Verkehrsschild überprüft, als er angeblich ein UFO erblickte. Mit seiner Dienstkamera photographierte Heflin ein kuppelförmiges, metallenes Objekt, das seinen Angaben zufolge einen Durchmesser von etwa neun Metern hatte und in einer Höhe von rund 50 Metern über der Erde schwebte.

Die Analyse der Photos durch das Projekt Blue Book ergab, daß das Objekt viel kleiner gewesen war als von Heflin angegeben – es hatte wahrscheinlich nur einen Durchmesser von 30 bis 80 Zentimetern – und daß es nur vier bis fünf Meter über dem Boden geschwebt war. Obwohl die Ermittler den ehemaligen Polizeibeamten Heflin für vertrauenswürdig gehalten hatten, stuften sie den Vorfall wegen der Widersprüche in seinem Bericht und Zweifeln an der Echtheit des Photos als Ulk ein.

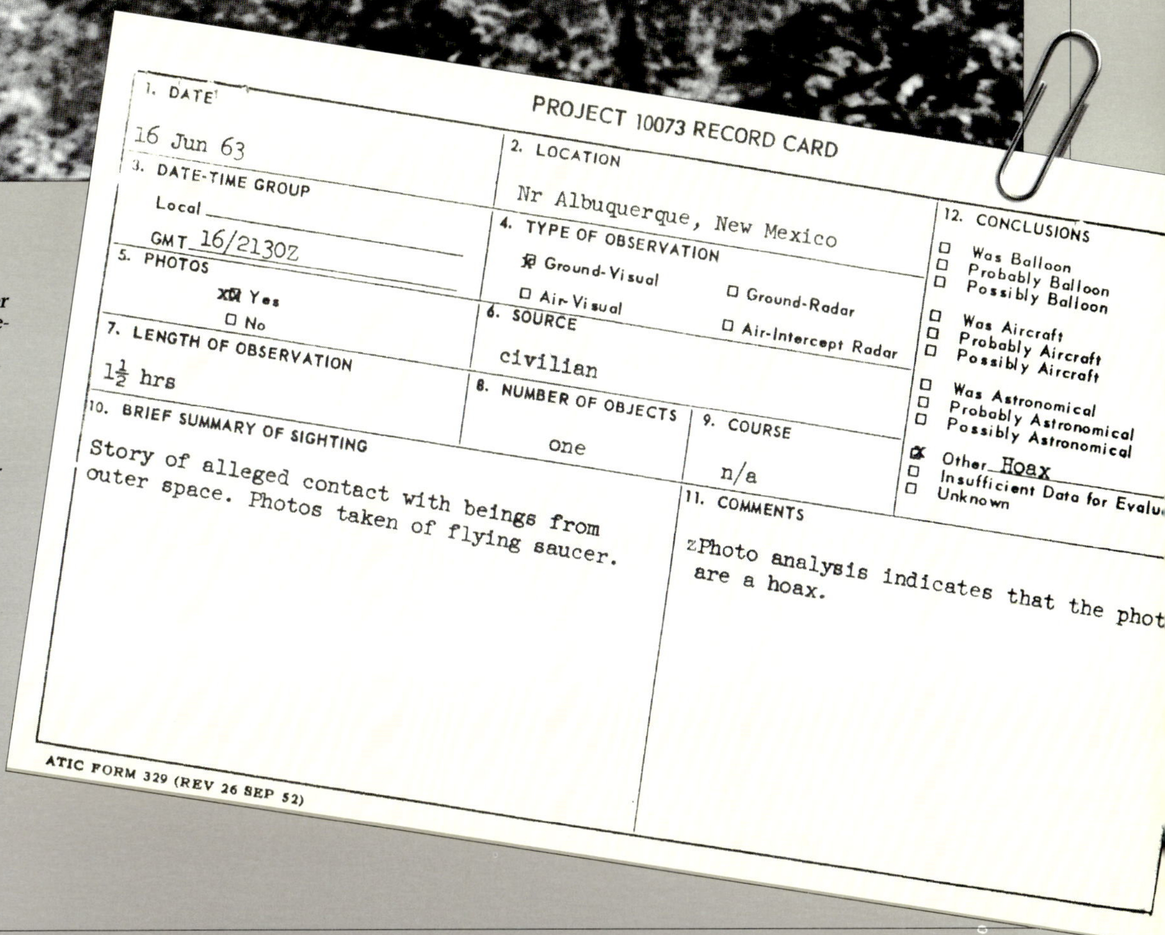

1. DATE
16 Jun 63

PROJECT 10073 RECORD CARD

2. LOCATION
Nr Albuquerque, New Mexico

3. DATE-TIME GROUP
Local ____
GMT 16/2130Z

4. TYPE OF OBSERVATION
☒ Ground-Visual
☐ Ground-Radar
☐ Air-Visual
☐ Air-Intercept Radar

5. PHOTOS
☒ Yes
☐ No

6. SOURCE
civilian

7. LENGTH OF OBSERVATION
1½ hrs

8. NUMBER OF OBJECTS
one

9. COURSE
n/a

10. BRIEF SUMMARY OF SIGHTING
Story of alleged contact with beings from outer space. Photos taken of flying saucer.

11. COMMENTS
Photo analysis indicates that the phot are a hoax.

12. CONCLUSIONS
☐ Was Balloon
☐ Probably Balloon
☐ Possibly Balloon
☐ Was Aircraft
☐ Probably Aircraft
☐ Possibly Aircraft
☐ Was Astronomical
☐ Probably Astronomical
☐ Possibly Astronomical
☒ Other Hoax
☐ Insufficient Data for Evalu
☐ Unknown

ATIC FORM 329 (REV 26 SEP 52)

Paul Villa entdeckte das Objekt, das er im Juni 1963 photographierte, nicht rein zufällig. Er behauptete, er habe die telepathische Anweisung erhalten, zu einer festgesetzten Zeit an einem festgesetzten Ort mit Besuchern aus einer fernen Galaxie zusammenzutreffen. Als er dort angelangt sei, versicherte der 49 Jahre alte Mechaniker aus Albuquerque, New Mexico, habe er sich mit den Außerirdischen unterhalten und ihr Raumfahrzeug photographiert.

Eine Analyse der Photos ergab, daß es sich bei dem Objekt wahrscheinlich um ein Modell eines Raumschiffs handelte, das nur etwa einen halben Meter Durchmesser hatte und 15 Zentimeter hoch war; es war vor der Kamera aufgehängt worden. Ermittler des Projekts Blue Book kamen zu dem Schluß, Villa habe offenbar geglaubt, Kontakt mit Außerirdischen aufgenommen zu haben, und das Beweismittel fabriziert, um seine Geschichte glaubwürdiger erscheinen zu lassen.

Das verschwommene weiße Objekt auf dem Photo rechts wurde angeblich 1965 in der Nähe von Sloan in Nevada beobachtet. Der Reisende behauptete, er habe das UFO am Himmel entdeckt, als er einen Halt eingelegt hatte, um die Schuhe zu wechseln; er habe daraufhin seine Kamera aus dem Auto geholt und die Szene aufgenommen.

Die Ermittler hielten den Mann zwar für „aufrichtig und vernünftig", aber sein Bericht enthielt Widersprüche. Das Photo ließ kaum erkennen, ob sich das Objekt bewegt hatte. Und falls sich das UFO, wie der Beobachter behauptete, in größerem Abstand von seinem Auto befunden hatte, hätte es extrem groß sein müssen.

Weder die Vergrößerung noch das Negativ ließen irgendwelche Eingriffe erkennen. Die Untersuchungsbeamten stellten jedoch fest, daß der Beobachter bei einem Entwicklungslabor für photographische Filme beschäftigt war, und kamen zu dem Schluß, daß das unbekannte Objekt durch einen während der Entwicklung auf den Film gelangten Tropfen Entwickler entstanden war.

PROJECT 10073 RECORD

1. DATE - TIME GROUP
20 March 1965 20/2230Z

2. LOCATION
Sloan, Nevada

3. SOURCE
Civilian

4. NUMBER OF OBJECTS
One

5. LENGTH OF OBSERVATION
20 Seconds

6. TYPE OF OBSERVATION
Ground-Visual

7. COURSE
NW

8. PHOTOS
XX Yes Copy in File
[] No

9. PHYSICAL EVIDENCE
[] Yes
XX No

10. CONCLUSION
PHOTO: Other (Drop of development on emulsion wiped off)
VISUAL: Other; (HOAX)

11. BRIEF SUMMARY AND ANALYSIS
Pure hazy white solid object observed fro 20 seconds in flight from SE to NW. Photographed.

Photo analysis shows that the image edges are not sharp whereas both foreground and background images are. Nothing on prints to indicate a solid object. No line between features on blob. Image appears to be smeared. Image xxx could be caused by a drop of developer on the emulsion and then wiped off.

FTD FORM SEP 63 0-329 (TDE) Previous editions of this form may be used.

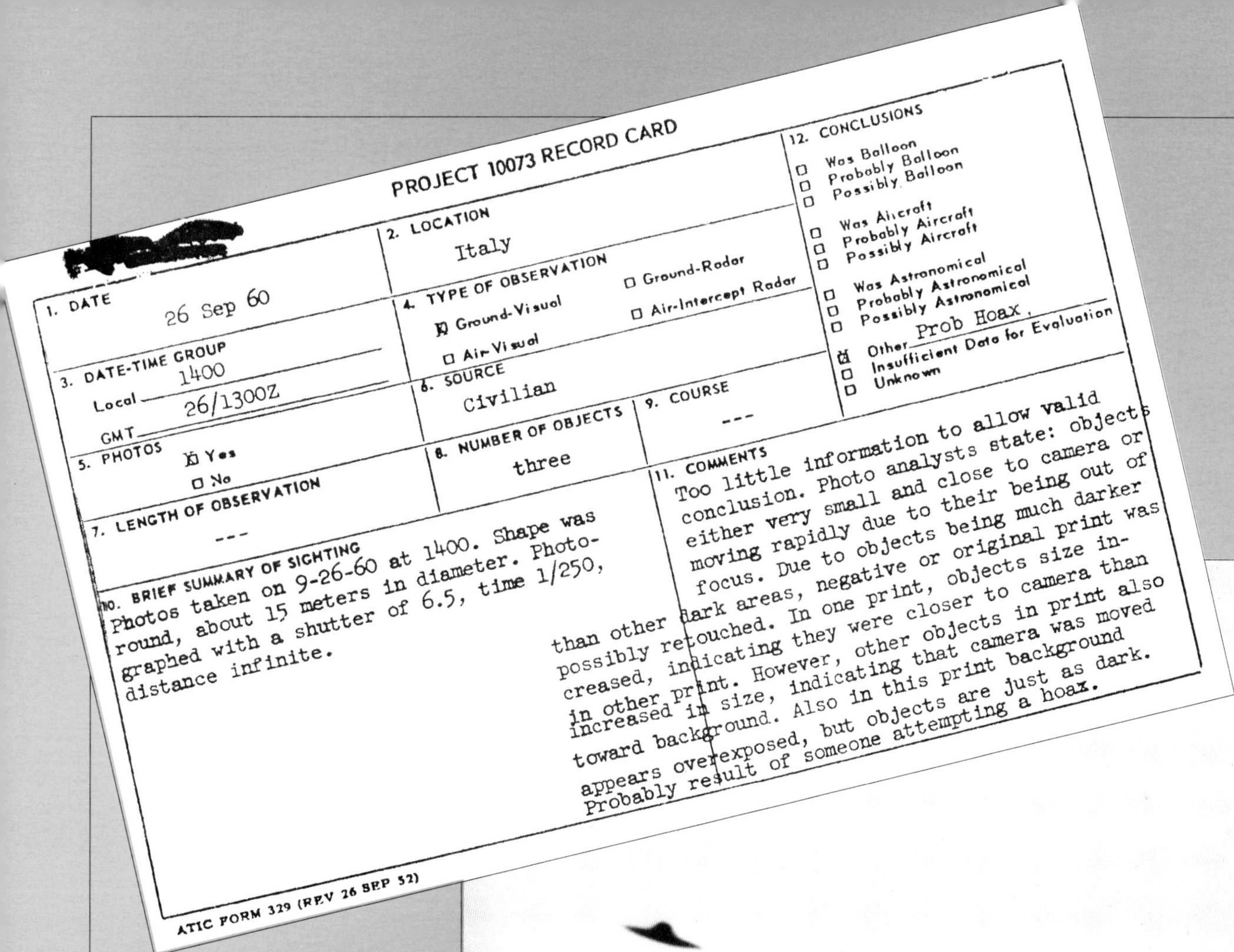

[redacted]

PROJECT 10073 RECORD CARD

1. DATE 26 Sep 60	2. LOCATION Italy	12. CONCLUSIONS ☐ Was Balloon ☐ Probably Balloon ☐ Possibly Balloon ☐ Was Aircraft ☐ Probably Aircraft ☐ Possibly Aircraft ☐ Was Astronomical ☐ Probably Astronomical ☐ Possibly Astronomical ☒ Other Prob Hoax ☐ Insufficient Data for Evaluation ☐ Unknown
3. DATE-TIME GROUP Local 1400 GMT 26/1300Z	4. TYPE OF OBSERVATION ☒ Ground-Visual ☐ Ground-Radar ☐ Air-Visual ☐ Air-Intercept Radar	
5. PHOTOS ☒ Yes ☐ No	6. SOURCE Civilian	
7. LENGTH OF OBSERVATION ---	8. NUMBER OF OBJECTS three	9. COURSE ---

10. BRIEF SUMMARY OF SIGHTING
Photos taken on 9-26-60 at 1400. Shape was round, about 15 meters in diameter. Photographed with a shutter of 6.5, time 1/250, distance infinite.

11. COMMENTS
Too little information to allow valid conclusion. Photo analysts state: objects either very small and close to camera or moving rapidly due to their being out of focus. Due to objects being much darker than other dark areas, negative or original print was possibly retouched. In one print, objects size increased, indicating they were closer to camera than in other print. However, other objects in print also increased in size, indicating that camera was moved toward background. Also in this print background appears overexposed, but objects are just as dark. Probably result of someone attempting a hoax.

ATIC FORM 329 (REV 26 SEP 52)

Photos von angeblichen UFOs trafen oft mit nur ganz spärlichen Informationen über den Hergang der Beobachtung in der Zentrale des Projekts Blue Book ein. Das erschwerte es den Ermittlern zwar, zu einem stichhaltigen Urteil zu kommen, doch wurde jeder Fall dieser Art trotzdem zumindest einer kurzen Untersuchung unterzogen. Ein solcher Fall betraf ein Photo, das im September 1960 in Italien aufgenommen worden war.

Dem Begleitbrief zufolge waren die drei mit einer Kuppel versehenen Objekte auf dem Photo rund und hatten einen Durchmesser von etwa 15 Metern. Da jedoch die angeblichen UFOs viel dunkler als alles andere auf dem Photo und außerdem unscharf waren, kamen Experten zu dem Schluß, das Photo sei möglicherweise retuschiert worden. Die Beobachtung wurde als mutmaßlicher Ulk eingestuft.

PROJECT 10073 RECORD CARD

1. DATE
18 Mar 59

2. LOCATION
Denville, NJ

3. DATE-TIME GROUP
Local 2050 EST
GMT 19/0150Z

4. TYPE OF OBSERVATION
☒ Ground-Visual
☐ Air-Visual
☐ Ground-Radar
☐ Air-Intercept Radar

5. PHOTOS
☒ Yes
☐ No

6. SOURCE
Civilian

7. LENGTH OF OBSERVATION
N/A

8. NUMBER OF OBJECTS
34

9. COURSE

10. BRIEF SUMMARY OF SIGHTING
Photograph submitted w/34 objs appearing to race away fm the moon. Objs were not noticed until after film was developed.

11. COMMENTS
Static electric discharge was arrived at as the cause by photo analysis section.

12. CONCLUSIONS
☐ Was Balloon
☐ Probably Balloon
☐ Possibly Balloon
☐ Was Aircraft
☐ Probably Aircraft
☐ Possibly Aircraft
☐ Was Astronomical
☐ Probably Astronomical
☐ Possibly Astronomical
☒ Other Static Electric
☐ Insufficient Data for Evaluation
☐ Unknown

An einem klaren Märzabend des Jahres 1959 beschloß der Amateur-Astronom Jesse Wilson, durch sein Fernrohr eine Aufnahme vom Mond zu machen. Er bemerkte nichts Ungewöhnliches, als er durch den Sucher seiner Kamera blickte, die am Okular des Teleskops angesetzt war. Hinterher entdeckte er jedoch auf der Vergrößerung eines der Negative dieses Filmstreifens eine Kette von 34 hellen Objekten, die sich in einem Bogen vom Mond entfernten.

Wilson ließ seine Ausrüstung auf Lichtdichtigkeit prüfen und betrachtete die Vergrößerung und das Negativ mit einer Lupe. Da er keine mechanische Ursache für die Pünktchen fand, schickte er das Bild an das Projekt Blue Book. Photo-Experten schlossen viele denkbare Erklärungen aus, unter anderem auch statische Elektrizität in der Kamera. Da jedoch keine andere Ursache gefunden wurde, entschied man sich beim Projekt Blue Book schließlich doch für statische Elektrizität als wahrscheinliche Ursache des Phänomens.

Helles Licht in seinem Haus in Island Park, New York, weckte eines Nachts im August 1965 ein Ehepaar. Die beiden sahen aus dem Fenster in den wolkenlosen Himmel, an dem sie, wie sie später aussagten, nacheinander vier Lichter auftauchen sahen. Die Lichter blieben zwei Stunden sichtbar, so daß das Ehepaar genügend Zeit hatte, sie zu photographieren. Obwohl sie den Beobachtern rund erschienen, wurden sie auf dem Photo als unregelmäßige Linien abgebildet. Ermittler der Air Force kamen zu dem Schluß, daß die unregelmäßige Gestalt auf eine Kamerabewegung während der Aufnahme zurückzuführen sei. Die Lichter selbst konnten nicht zweifelsfrei identifiziert werden und wurden willkürlich als Reflexe von Lichtern am Boden erklärt.

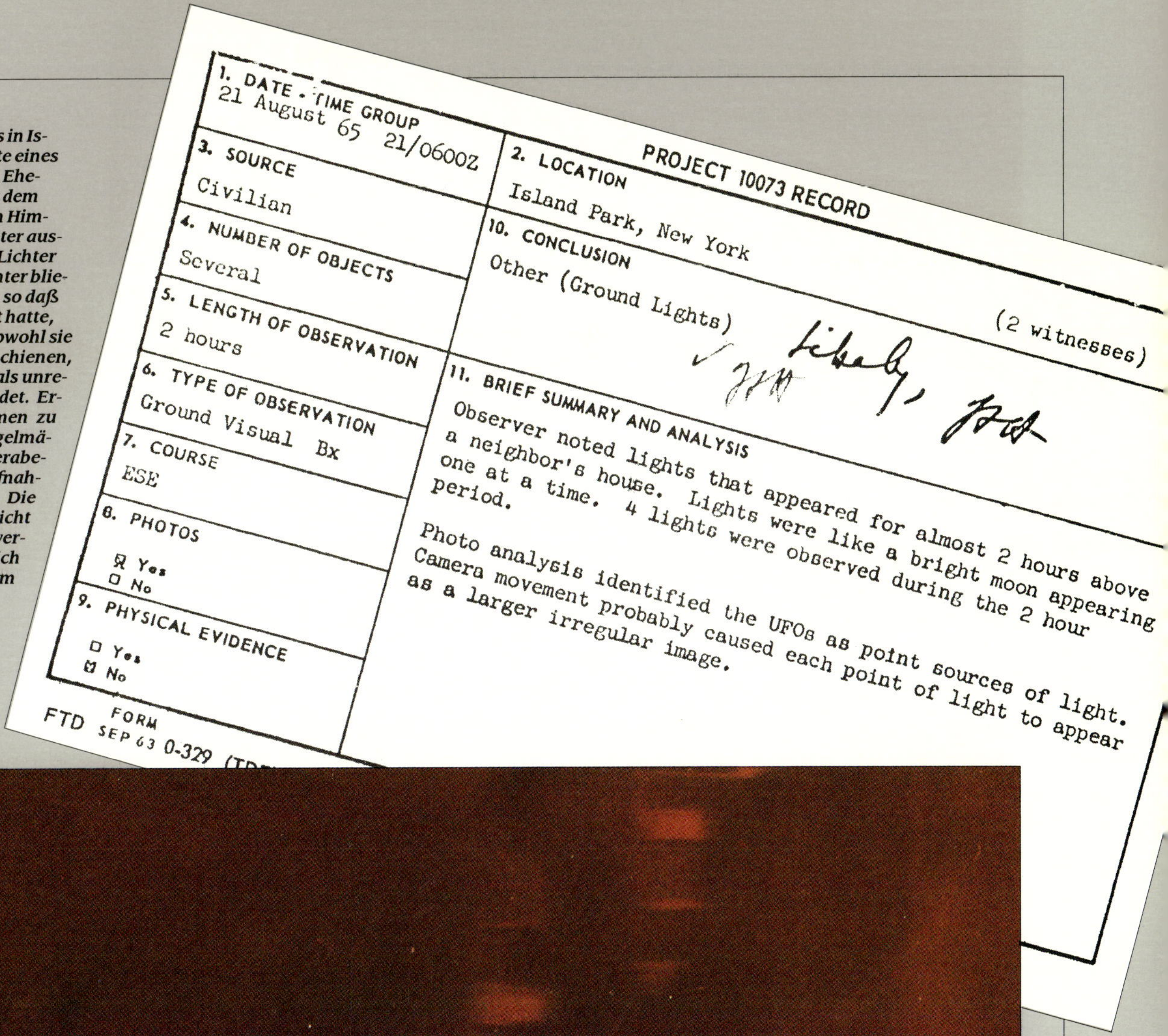
PROJECT 10073 RECORD

1. DATE - TIME GROUP
21 August 65 21/0600Z

2. LOCATION
Island Park, New York

3. SOURCE
Civilian

4. NUMBER OF OBJECTS
Several

5. LENGTH OF OBSERVATION
2 hours

6. TYPE OF OBSERVATION
Ground Visual Bx

7. COURSE
ESE

8. PHOTOS
☒ Yes
☐ No

9. PHYSICAL EVIDENCE
☐ Yes
☒ No

10. CONCLUSION
Other (Ground Lights) (2 witnesses)

11. BRIEF SUMMARY AND ANALYSIS
Observer noted lights that appeared for almost 2 hours above a neighbor's house. Lights were like a bright moon appearing one at a time. 4 lights were observed during the 2 hour period.

Photo analysis identified the UFOs as point sources of light. Camera movement probably caused each point of light to appear as a larger irregular image.

FTD FORM SEP 63 0-329 (TD

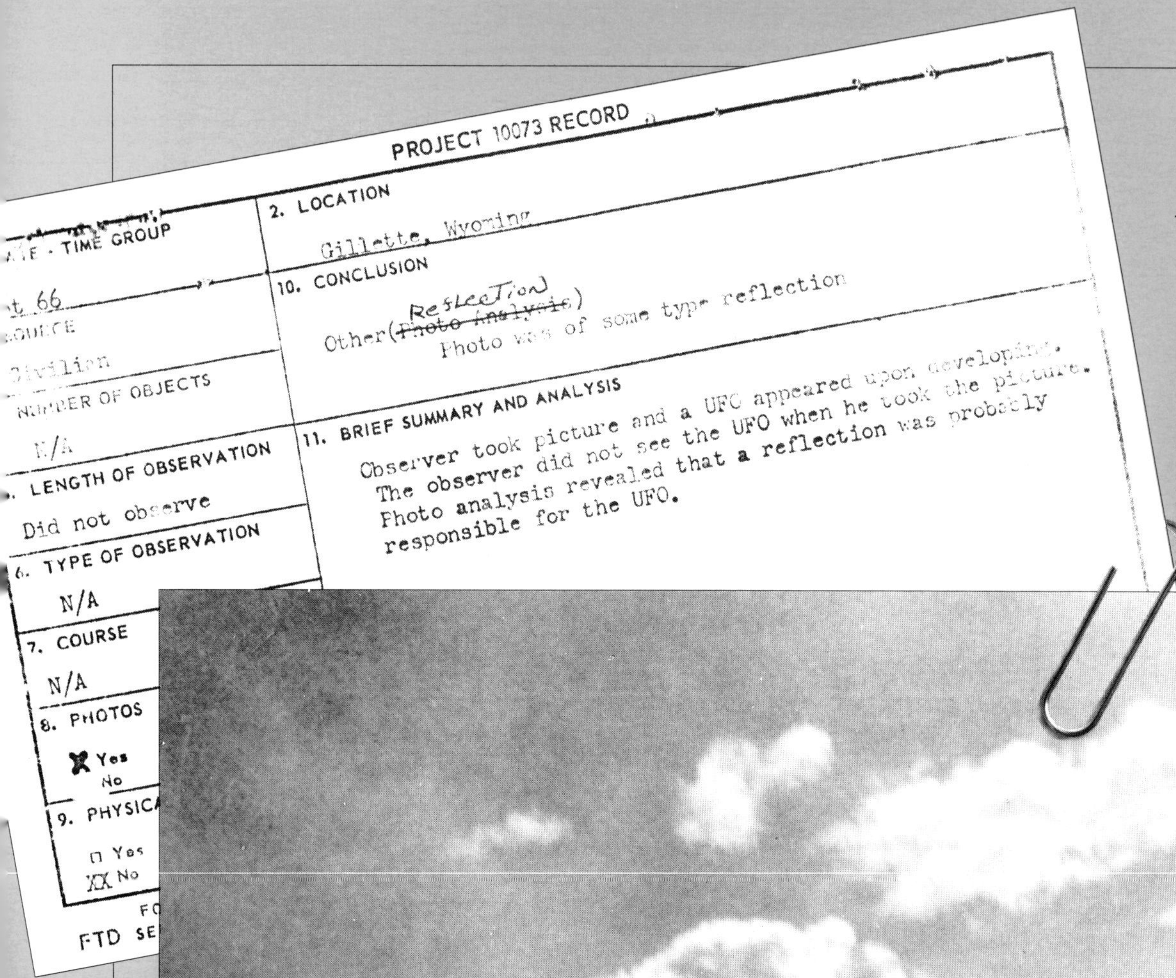

PROJECT 10073 RECORD

...TE - TIME GROUP

...t 66

2. LOCATION

Gillette, Wyoming

...OURCE

Civilian

10. CONCLUSION

Other(~~Photo Analysis~~ Reflection)
Photo was of some type reflection

NUMBER OF OBJECTS

N/A

. LENGTH OF OBSERVATION

Did not observe

11. BRIEF SUMMARY AND ANALYSIS

Observer took picture and a UFO appeared upon developing. The observer did not see the UFO when he took the picture. Photo analysis revealed that a reflection was probably responsible for the UFO.

6. TYPE OF OBSERVATION

N/A

7. COURSE

N/A

8. PHOTOS

X Yes
No

9. PHYSICA...

Yes
XX No

FTD SE...

Auf dem Weg nach Wyoming hielt ein Tourist aus Virginia 1966 sein Auto an, um eine Wolkenbildung zu photographieren. Um das gleißende Licht zu dämpfen, hielt er ein Glas seiner Sonnenbrille vor das Objektiv der Kamera. Obwohl er im Sucher nichts Ungewöhnliches bemerkte, war hinterher auf dem Abzug ein elliptisches Objekt am Himmel zu sehen. Experten des Projekts Blue Book kamen zu dem Schluß, daß es sich wahrscheinlich um einen Reflex handelte, der durch das provisorische Filter verursacht worden oder im Objektiv aufgetreten war. Dafür spreche auch, daß der Mann das Objekt nicht gesehen habe.

PROJECT 10073 RECORD

1. DATE - TIME GROUP
9 Jan 67 1930Z

2. LOCATION
Mt. Clemens, Michigan

3. SOURCE
Civilian

4. NUMBER OF OBJECTS
One

5. LENGTH OF OBSERVATION
Ten minutes

6. TYPE OF OBSERVATION
ground visual

7. COURSE
Southeast

8. PHOTOS
☒ Yes
☐ No
Original negatives not received

9. PHYSICAL EVIDENCE
☐ Yes
XX No

10. CONCLUSION
PHOTO (INSUFFICIENT DATA FOR EVALUATION, ORIGINAL PHOTOGRAPHS NOT RECEIVED) (2 witnesses)
VISUAL: INSUFFICIENT DATA FOR EVALUATION
The measurement of the image does not substantiate the description given by the witnesses.

11. BRIEF SUMMARY AND ANALYSIS

Two witnesses watched a dark gray colored, disk shaped object hover at a low altitude and finally move off very fast to the southeast. Photograph was taken of the alleged UFO; however detailed investigation of copies of the original indicated a possible hoax.

The case is being carried in Air Force files as insufficient data for evaluation since the original photographs were never analyzed by the Air Force.

FTD FORM SEP 63 0-329 (TDE) Previous editions of this form may be used.

Als die Brüder Dan und Grant Jaroslaw, beide noch Teenager, im Jahre 1967 ein an einem Draht aufgehängtes Modell eines Raumschiffs photographierten, ahnten sie nicht, welche Folgen das haben sollte. Ihre Mutter hielt die Photos für echt und benachrichtigte die Presse. Schon bald danach meldete sich das Projekt Blue Book. Eine genaue Untersuchung des Bildes führte nicht zur Identifikation des Objekts, und selbst der wissenschaftliche Berater J. Allen Hynek war ratlos. „Die Analyse hat bis jetzt keinen eindeutigen Hinweis auf einen Ulk geliefert", teilte Hynek Reportern mit.

Die Experten, die nicht zugeben wollten, daß sie überfordert waren, versahen den Fall mit der Notiz „unzureichende Daten für eine Auswertung". Neun Jahre danach wurde der Fall zu den Akten gelegt, als die Brüder Jaroslaw ihren Streich gestanden.

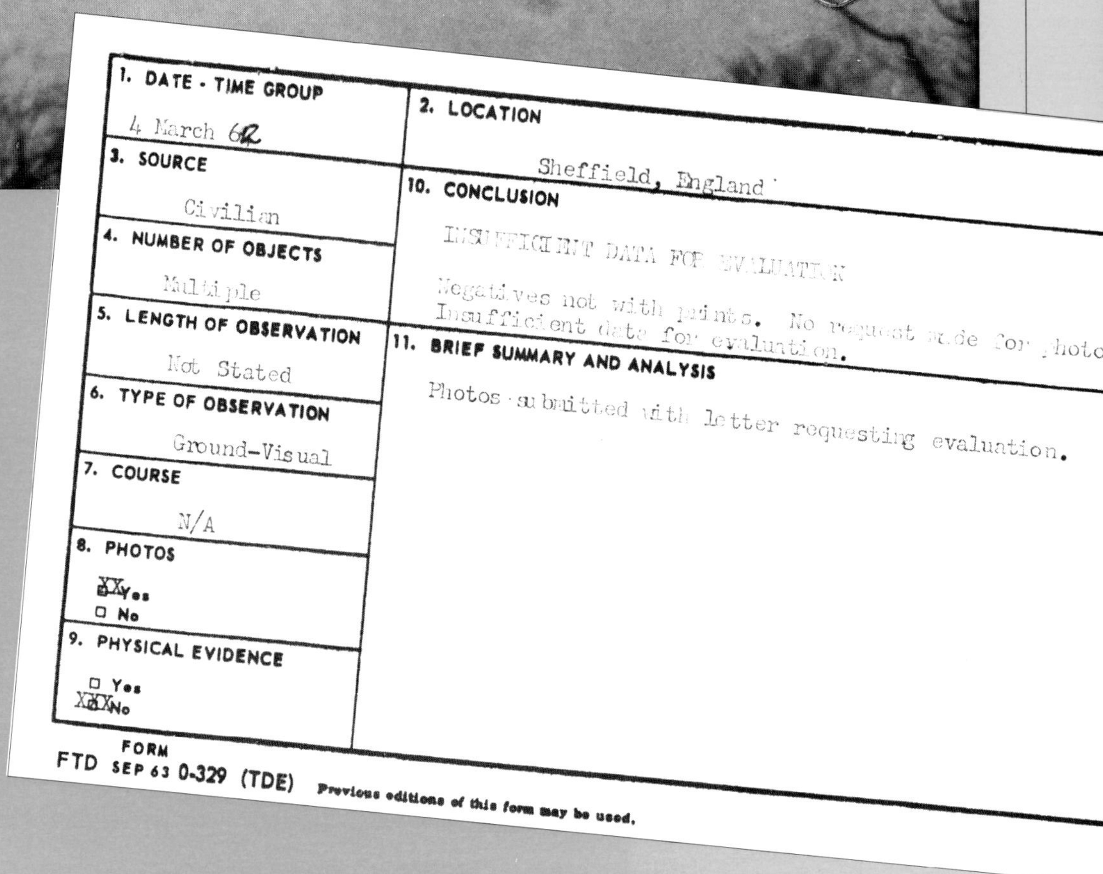

1. DATE - TIME GROUP
4 March 62

2. LOCATION
Sheffield, England

3. SOURCE
Civilian

4. NUMBER OF OBJECTS
Multiple

5. LENGTH OF OBSERVATION
Not Stated

6. TYPE OF OBSERVATION
Ground-Visual

7. COURSE
N/A

8. PHOTOS
XX Yes
☐ No

9. PHYSICAL EVIDENCE
☐ Yes
XXX No

10. CONCLUSION
INSUFFICIENT DATA FOR EVALUATION
Negatives not with prints. No request made for photo
Insufficient date for evaluation.

11. BRIEF SUMMARY AND ANALYSIS
Photos submitted with letter requesting evaluation.

FTD FORM SEP 63 0-329 (TDE) Previous editions of this form may be used.

Im Jahre 1962 wurden die Ermittler des Projekts Blue Book gebeten, einen UFO-Bericht zu prüfen, den zwei Jungen aus Sheffield in England eingereicht hatten. Die Jungen, die angeblich ihren Hund hatten photographieren wollen, behaupteten, sie hätten fünf merkwürdige Objekte am Himmel entdeckt und diese anstelle des Hundes aufgenommen. Ermittler des britischen Luftfahrtministeriums hatten keine Hinweise darauf gefunden, daß das Negativ oder die Vergrößerung verändert worden war.

Experten des Projekts Blue Book bestätigten die Authentizität des Photos und konnten keine Erklärung für das Objekt finden. Anstatt dies jedoch zuzugeben, beriefen sie sich darauf, daß die Informationen über den Fall nicht ausreichten. Zehn Jahre später gestanden die Urheber, daß es sich bei den angeblichen UFOs um Objekte handelte, die sie auf eine Fensterscheibe gemalt hatten.

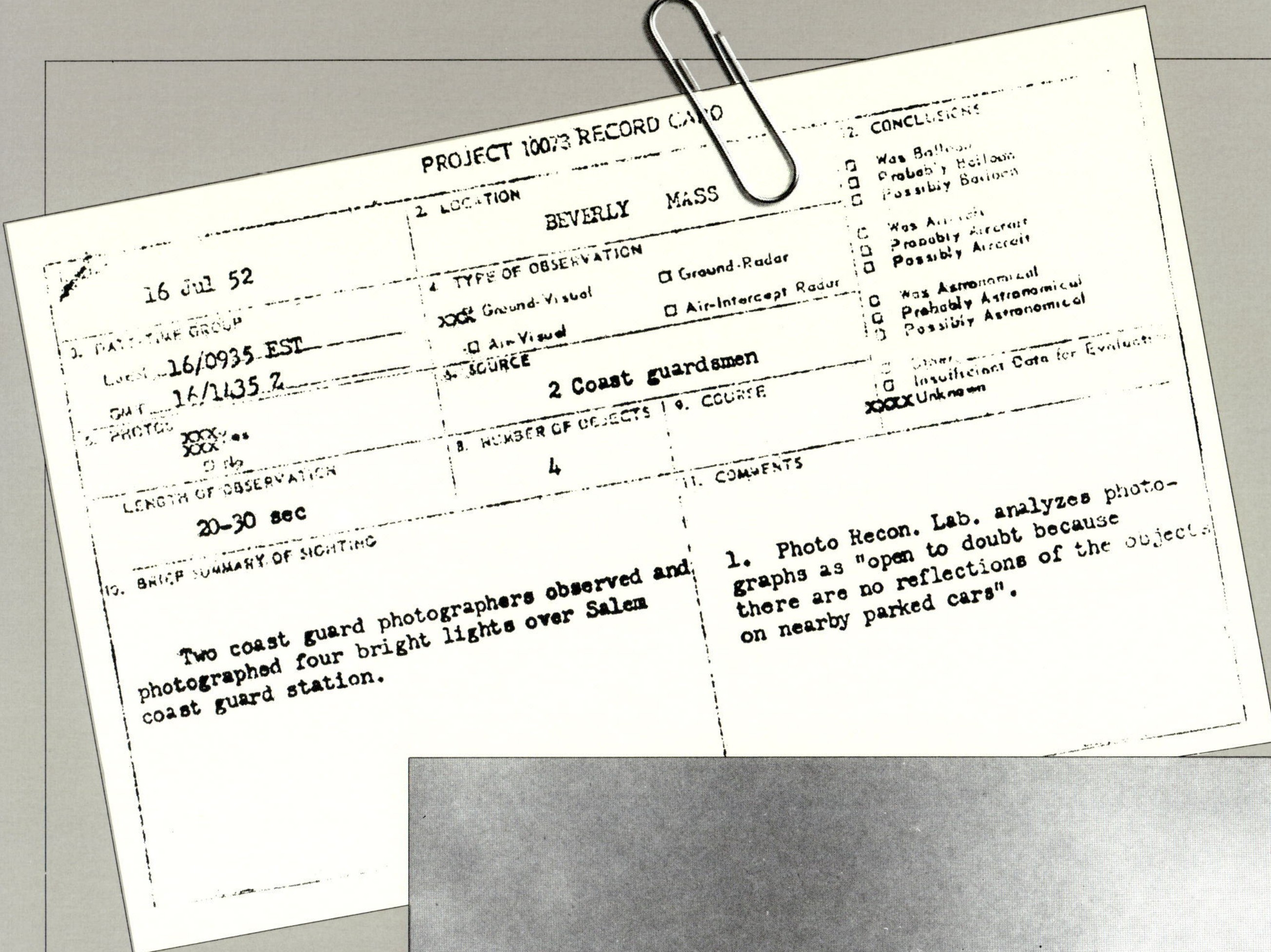

PROJECT 10073 RECORD CARD

1. DATE: 16 Jul 52	2. LOCATION: BEVERLY MASS	12. CONCLUSIONS
3. DATE-TIME GROUP: Local 16/0935 EST; GMT 16/1435 Z	4. TYPE OF OBSERVATION: XXX Ground-Visual; ☐ Ground-Radar; ☐ Air-Visual; ☐ Air-Intercept Radar	☐ Was Balloon; ☐ Probably Balloon; ☐ Possibly Balloon; ☐ Was Aircraft; ☐ Probably Aircraft; ☐ Possibly Aircraft; ☐ Was Astronomical; ☐ Probably Astronomical; ☐ Possibly Astronomical; ☐ Other; ☐ Insufficient Data for Evaluation; XXXX Unknown
5. PHOTOS: XXX Yes; ☐ No	6. SOURCE: 2 Coast guardsmen	
7. LENGTH OF OBSERVATION: 20-30 sec	8. NUMBER OF OBJECTS: 4	9. COURSE
10. BRIEF SUMMARY OF SIGHTING: Two coast guard photographers observed and photographed four bright lights over Salem coast guard station.		11. COMMENTS: 1. Photo Recon. Lab. analyzes photographs as "open to doubt because there are no reflections of the objects on nearby parked cars".

Ein Fall, der im hektischsten Monat des Projekts Blue Book, im Juli 1952, untersucht wurde, betraf einen Photographen der Küstenwache in Salem, Massachusetts. Der Mann namens Shell Alpert behauptete, vier helle Lichter durch sein Bürofenster gesehen zu haben. Als er sie photographieren wollte, seien sie plötzlich verblaßt. Er holte einen Kollegen, und als er mit diesem ins Zimmer kam, leuchteten die Lichter wieder. Albert machte dieses Photo, bevor die Lichter endgültig verschwanden.

Analytiker waren der Meinung, daß die Aufnahme wahrscheinlich durch Doppelbelichtung gefälscht wurde. Vielleicht aus Unzufriedenheit mit ihrer vorschnellen ersten Analyse nahmen sich die Ermittler den Fall elf Jahre später noch einmal vor. Sie schlossen nun einen Ulk aus und kamen zu dem Schluß, daß es sich bei den Lichtern um die Spiegelungen von Lampen in Fensterscheiben handelte.

KAPITEL 4

Eine erbitterte Kontroverse

Die 60er Jahre waren eine turbulente Zeit für die Vereinigten Staaten. Das Land erfreute sich eines nie gekannten Wohlstands – noch nie hatte ein Wirtschaftsboom so lange angehalten –, doch gleichzeitig erschütterten heftige Proteste gegen Armut und Rassentrennung so wichtige Großstädte wie Los Angeles und Detroit. Die Angst vor einem Atomkrieg mit der Sowjetunion ließ nach, aber Amerikas Verwicklung in den Vietnamkrieg verschlang mehr Geld und forderte einen höheren Blutzoll, als irgend jemand vorhergesehen hatte, und es schien unmöglich, eine entscheidende Wende herbeizuführen. Die Naturwissenschaften machten dramatische Fortschritte, als die Menschheit nach dem Mond griff, aber immer mehr führende Politiker fielen Attentaten zum Opfer. Und dann begann im Jahr 1965 auch noch eine der größten Serien von UFO-Beobachtungen. Seit 1958 waren im Durchschnitt 514 Fälle jährlich dem Projekt Blue Book gemeldet worden. Fast ebenso viele gab es nun allein im Sommer 1965.

Die Air Force hatte seit langem kein Hehl daraus gemacht, daß ihr diese Aufgabe lästig war. Das ganze landesweite Programm wurde vom Luftwaffen-Stützpunkt Wright-Patterson in Ohio durch einen Offizier, einen Sergeant und eine Sekretärin verwaltet. Die normale Reaktion auf einen Bericht von einer UFO-Sichtung bestand darin, daß sich ein Offizier vom nächstgelegenen Stützpunkt der Air Force ein bißchen umsah und dann unverzüglich eine Erklärung abgab – meist eine, die auch denen kaum plausibel oder glaubwürdig erschien, die sich nur am Rande für das Phänomen interessierten –, oder es wurde jede Stellungnahme abgelehnt. UFO-Gläubige munkelten dagegen weiter von einer großangelegten Vertuschungsaktion der amerikanischen Regierung.

Weitaus mehr Menschen waren der Ansicht, das Phänomen verdiene eine gründlichere Erforschung. Während Astronauten praktisch zwischen Erde und Weltall pendelten und der Mond zum Landeplatz für menschliche Forscher wurde, vergrößerten sich die Erwartungen der Öffentlichkeit hinsichtlich einer vollständigen Aufklärung des mysteriösen UFO-Phänomens ständig.

Diesem Druck konnte man sich nicht ewig widersetzen. In den nächsten Jahren geschah auch einiges: Der Kongreß reagierte auf die zunehmende Unzufriedenheit in der Bevölkerung mit zwei getrennten Untersuchungen; die Air Force beauftragte die University of Colorado mit einer objektiven, wissenschaftlichen Untersuchung des ganzen Komplexes, und amerikanische Journalisten, die das Thema außerordentlich attraktiv fanden, schrieben immer wieder über die Beobachtungen, die mit der Untersuchung Beauftragten und deren Ermittlungen. Sicherlich würde kein auch noch so hartnäckiges Rätsel auf die Dauer so konzentrierter Untersuchung standhalten können.

Die neue Beobachtungsserie begann am frühen Morgen des 3. September 1965 im südöstlichen Teil New Hampshires, nicht weit von der kurzen Atlantikküste dieses Staates. Der 18jährige Norman J. Muscarello wollte per Autostop aus Amesbury im Staat Massachusetts in die etwa 20 Kilometer entfernte Kleinstadt Exeter fahren. Nur wenige Autos waren nach Mitternacht auf der Route 150 unterwegs; Muscarello mußte deshalb den größten Teil der Strecke zu Fuß zurücklegen. Er hatte noch etwa drei Kilometer zu gehen, als er es sah.

Eine riesige Kugel stieg wie ein roter Mond hinter einer Baumgruppe auf. Sie kam näher, schwebte über einem Haus und beleuchtete es mit hellem, rotem Licht. Muscarello schätzte, daß das Gebilde einen Durchmesser von 25 bis 30 Metern hatte, also größer war als das Haus, und sah, daß es von einem Ring blinkender Rotlichter umgürtet war. Er hatte keine Ahnung, worum es sich handelte, wußte aber, daß es kein Flugzeug war, denn die Kugel schlingerte und gab keinerlei Motorenlärm von sich. Plötzlich schien es, als käme sie auf ihn zu, und Muscarello suchte im Straßengraben Schutz. Aber das Flugobjekt verschwand hinter den Bäumen.

Muscarello sprang auf, rannte zu dem Haus, trommelte mit beiden Fäusten an die Tür und schrie um Hilfe. Aber es rührte sich nichts. Dann sah er die Scheinwerfer eines näher kommenden Autos auf der Straße, rannte zurück und hielt den Wagen an, in dem ein Ehepaar saß. Die beiden nahmen ihn mit nach Exeter. Um 2.25 Uhr erschien Muscarello auf der Polizeiwache von Exeter und begann, in unzusammenhängenden Sätzen etwas von einem UFO zu erzählen.

Der diensthabende Streifenbeamte, Reginald Toland, hörte sich das Gestammel an und fragte den jungen Mann, ob er nicht ein bißchen zu tief ins Glas geschaut habe. „Also hören Sie", beschwor ihn Muscarello, „ich weiß, daß Sie mir nicht glauben. Aber Sie müssen jemanden mit mir zusammen da raus schikken!" Toland gab nichts auf die Story, merkte jedoch, daß der junge Mann völlig durcheinander war. Da es bis dahin eine ereignislose, ruhige Nacht gewesen war, rief er schließlich über Funk einen Streifenwagen.

Minuten später fuhr der Polizeibeamte Eugene Bertrand vor der Polizeiwache vor. Es stellte sich heraus, daß er Muscarellos Geschichte ergänzen konnte. Etwa eine Stunde zuvor hatte er außerhalb von Exeter ein am Rand einer Landstraße geparktes Auto gesehen und festgestellt, daß in dem Auto eine Frau saß, die zu verstört war, um weiterzufahren. Sie berichtete Bertrand, sie sei auf der Fahrt von Epping, New Hampshire, etwa 20 Kilometer weit von einem leuchtenden, roten Objekt verfolgt worden. Es habe über ihrem Wagen geschwebt, bis sie Exeter erreichte, und sei dann senkrecht in die Höhe geschossen. Bertrand hatte ihr die Geschichte nicht geglaubt, und deshalb nicht einmal einen Bericht durchgegeben. Als er nun Muscarellos Geschichte hörte, begann er sich doch Gedanken zu machen. Bertrand fuhr mit Muscarello an die Stelle zurück, wo der junge Mann angeblich das UFO gesehen hatte. Es war eine klare, fast windstille Nacht. Der Mond war kurz vor Mitternacht untergegangen, und die Sterne funkelten hell. Bertrand parkte den Streifenwagen schließlich neben einem Telegraphenmast und berichtete Toland über Funk, daß nichts Ungewöhnliches zu sehen sei.

Dann ging der Streifenbeamte mit Muscarello über

Ein riesiges, über einem Feld schwebendes Oval taucht diese Landschaft in New Hampshire in blutrotes Licht.

Im Jahre 1965 beobachteten viele Menschen in der Gegend von Exeter dieses UFO oder andere, ihm ähnliche.

ein Feld auf den Wald zu. Als sie an einen Pferdekorral kamen, leuchtete Bertrand alles mit seiner Taschenlampe ab und versuchte, Muscarello zu überzeugen, daß er wahrscheinlich einen Hubschrauber gesehen habe. Muscarello protestierte: Er wisse schließlich, wie Flugzeuge aussehen und wie sie fliegen, und was er gesehen habe, sei definitiv kein Hubschrauber und auch keine der Maschinen gewesen, die auf dem Luftwaffen-Stützpunkt Pease etwa 15 Kilometer weiter nordöstlich stationiert waren.

Und dann, so berichtete Bertrand später, wurden die Pferde in dem Korral unruhig und begannen zu trampeln und zu wiehern; Hunde auf den umliegenden Farmen fingen zu bellen an,

David Hunt (links) und Eugene Bertrand von der Polizei von Exeter stehen neben einem Streifenwagen auf der Route 150 im südlichen New Hampshire, wo sie im September 1965 angeblich ein UFO beobachteten.

und Muscarello schrie plötzlich: „Ich sehe es! Ich sehe es!"

Bertrand drehte sich um und sah ein leuchtendes, rundes Objekt langsam hinter den Bäumen heraufsteigen. Es schwebte lautlos auf sie zu und tauchte die Landschaft in rotes Licht. Bertrand, ein Veteran der Air Force, der auf KC-97-Tankflugzeugen Dienst getan hatte, erschrak dermaßen, daß er instinktiv nach seinem Revolver griff. Dann besann er sich und lief mit Muscarello zu seinem Streifenwagen zurück.

„Mein Gott!" schrie Bertrand in sein Funkgerät, „jetzt sehe ich das verdammte Ding auch!" Fasziniert beobachteten er und Muscarello, wie das Objekt 100 Meter von ihnen entfernt in einer Höhe von etwa 30 Metern über dem Boden verharrte. Es pendelte lautlos hin und her, und seine roten Lichter blinkten der Reihe nach auf. Sie waren so hell, daß man die genaue Form des Objekts nicht erkennen konnte; es war so, meinte Bertrand, „als wollte man ein Auto beschreiben, das mit eingeschalteten Scheinwerfern im Dunkeln auf einen zukommt".

Ein anderer Streifenbeamter, David Hunt, hatte den Funkverkehr abgehört und beschloß, selbst einmal nach dem Rechten zu sehen. Später berichtete er, was geschah, als er die Stelle erreicht hatte und ausgestiegen war: „Ich sah die pulsierenden Lichter. Ich hörte, wie die Pferde in dem Stall ganz in der Nähe auskeilten. In der ganzen Umgebung heulten die Hunde. Und dann bewegte sich das Ding langsam über die Bäume, knapp über den Wipfeln. Dabei schwankte es hin und her. Es war richtig unheimlich. Das kann kein Flugzeug gewesen sein."

Bertrand traute seinen Augen nicht. „Der Verstand sagt einem, daß es so etwas nicht gibt, und trotzdem sieht man es", meinte er später. „Ich habe immer wieder zu Dave gesagt, was ist denn das, Dave? Und er hat immer wieder gesagt, ich weiß es nicht. So ein Flugzeug habe ich noch nie gesehen." Das Objekt entfernte sich schließlich in Richtung auf das Meer. „Wir warteten noch eine Weile", sagte Hunt. „Eine B-47 flog über uns weg. Der Unterschied war nicht zu übersehen. Es war überhaupt kein Vergleich."

Kurz nach dem aufgeregten Funkspruch von Bertrand bekam der Streifenbeamte Toland auf der Polizeiwache erneut einen Anruf, diesmal von der Telephonistin, die in Exeter Nachtdienst hatte. „Irgendein Mann hatte sie gerade angerufen", berichtete Toland später. „Er war so hysterisch, daß er kaum ein klares Wort herausbrachte. Er sagte ihr, eine fliegende Untertasse sei direkt auf ihn zugekommen, aber das Gespräch war mittendrin unterbrochen worden." Der Anrufer hatte sich aus einer Telephonzelle in Hampton, etwa 10 Kilometer östlich von Exeter, gemeldet. Toland benachrichtigte die Polizei in Hampton und den Luftwaffen-Stützpunkt Pease.

Der hysterische Mann wurde nie gefunden, aber in dieser Nacht und noch mehrere Tage danach berichteten auch andere von ähnlichen Beobachtungen. Tags darauf sprachen zwei Offiziere der Air Force mit Muscarello, Bertrand und Hunt. Sie kehrten dann zum Stützpunkt zurück, ohne sich irgendwie zu den Vorfällen zu äußern. Nach den Vorschriften der Air Force war für offizielle Stellungnahmen ausschließlich das Luftwaffen-Ministerium in Washington zuständig. Niemand wußte, wann mit einer solchen Stellungnahme zu rechnen war.

Wegen der großen Zahl der Augenzeugen, ihrer Glaubwürdigkeit und der überzeugenden Details ihrer Berichte konnte man die Angelegenheit jedoch nicht totschweigen. Die Nachrichtenagenturen brachten die Meldung, und wie viele andere war auch John Fuller davon fasziniert, ein Kolumnist der Zeitschrift *Saturday Review.* Fuller veröffentlichte seine eigene, sorgfältig recherchierte Version des Exeter-Vorfalls, wie er später genannt wurde, und wollte die Sache weiter untersuchen.

Er war keineswegs der einzige. Das National Investigations Committee on Aerial Phenomena (NICAP) hatte bereits einen seiner Ermittler auf den Fall angesetzt, denn diese Organisation von Privatleuten war der Überzeugung, daß den UFO-Beobachtungen von amtlicher Seite nicht die gebührende Aufmerksamkeit zuteil wurde. Ein Untersuchungsbeauftragter des NICAP aus Massachusetts, Raymond E. Fowler, fuhr nach Exeter, sammelte unterschriebene Erklärungen von Augenzeugen und stellte einen gründlichen, achtzehnseitigen Bericht zusammen. Fowler war von der Qualität der Beobachtungen beeindruckt. Er bezeichnete Fuller gegenüber beide Polizeibeamten als „intelligent und tüchtig; sie wissen offenbar, wovon sie reden". Andere waren nicht so beeindruckt. Ein örtlicher Zeitungsreporter kannte einen Piloten, der oft mit einem beleuchteten Werbeplakat über das Gebiet von Exeter flog. Aber abgesehen davon, daß keine Ähnlichkeit zwischen dem Plakat und den Beschreibungen des Objekts bestand, wurde hinterher einwandfrei festgestellt, daß das Flugzeug und das Plakat zur Zeit der Beobachtungen am Boden gewesen waren.

Die Air Force zeigte sich auffallend uninteressiert, obwohl die Beobachtungen in der Nähe des Luftwaffen-Stützpunkts Pease, auf dem Bomber des Strategischen Luftwaffen-Kommandos stationiert waren, also Maschinen der Typen B-47 und B-52, gemacht worden waren. Mehrere Augenzeugen berichteten außerdem, sie hätten in der fraglichen Nacht neben dem großen UFO auch noch eine Anzahl Düsenjäger gesehen. Einwohner der Gegend waren zwar an den Anblick von Bombern, nicht aber von Düsenjägern gewöhnt; die Anwesenheit von Abfangjägern ließ darauf schließen, daß sie von anderen Stützpunkten losgeschickt worden waren, um den UFOs nachzuspüren, obwohl die Air Force dies ganz entschieden dementierte.

Es gab jedoch andere Hinweise darauf, daß die Air Force sich durchaus für den Vorfall bei Exeter interessierte. Noch eine ganze Zeitlang sah man Offiziere der Air Force in dem Gebiet, wo die Beobachtungen gemacht worden waren, auf den Straßen

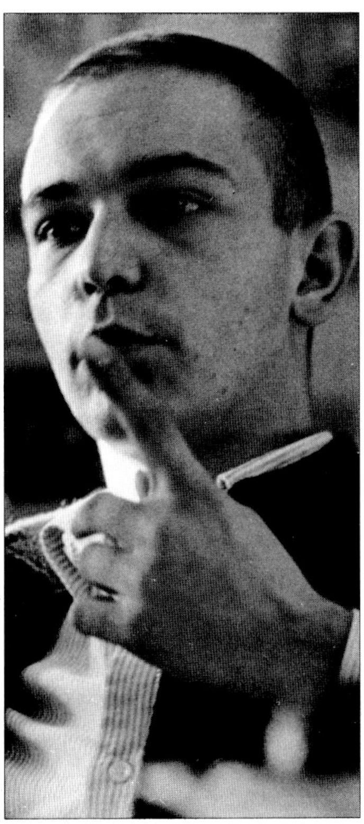

Einer der ersten, die bei Exeter ein UFO beobachteten, war Norman Muscarello. Er war am frühen Morgen des 3. September per Anhalter unterwegs, als er nach seinen Worten ein riesiges Objekt mit pulsierenden, roten Lichtern am Himmel auftauchen sah.

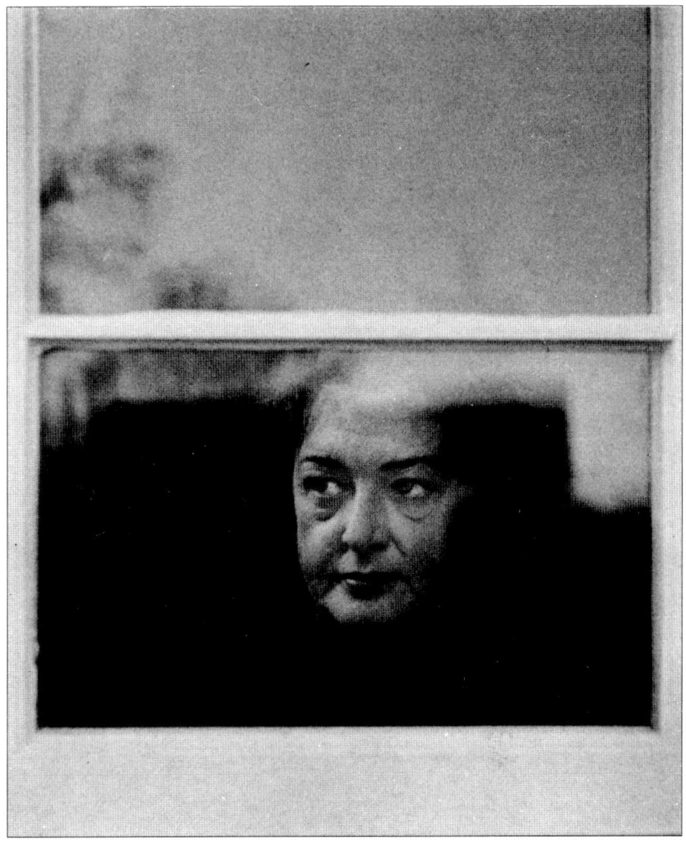

Die altgediente Reporterin Virginia Hale aus Hampton spülte eines Abends Geschirr, als sie aus dem Küchenfenster schaute und angeblich am dämmernden Himmel ein leuchtendes, untertassenförmiges Objekt erblickte.

patrouillieren. Zwei von ihnen – ein Oberst und ein Major – gerieten einmal in einen erregten Wortwechsel mit mehreren Einheimischen, als der Oberst behauptete, bei den UFOs habe es sich nur um die Landelichter des benachbarten Militärflugplatzes gehandelt. Angesichts lautstarker Proteste wies der Oberst den Major an, die Anflugbefeuerung eine Viertelstunde lang ein- und ausschalten zu lassen. Weder der Oberst noch sonst jemand sah jedoch irgend etwas. Nachdem die übliche Wartezeit verstrichen war, veröffentlichte die Air Force ihre Stellungnahme zu den Beobachtungen von Exeter. Diese Verlautbarung des Pentagons vom 27. Oktober 1965 enthielt mehrere Erklärungen, die alle auf natürlichen Erscheinungen beruhten. Zum einen, so sagte ein Sprecher, seien im Rahmen einer Übung des Strategischen Luftwaffen-Kommandos zahlreiche Militärmaschinen in dem Gebiet in der Luft gewesen. Außerdem habe zu der fraglichen Zeit eine Inversionslage geherrscht, wobei kalte Luft durch höhere warme Luftschichten am Boden eingeschlossen worden sei, was dazu führen könne, daß Sterne und Planeten „tanzen und funkeln". Die Schlußfolgerung, die der Sprecher zog, lautete: „Wir glauben, daß die Leute tatsächlich in jener Nacht Sterne und Planeten in ungewöhnlichen Formationen sahen." Darüber, worum es sich bei diesen sogenannten ungewöhnlichen Formationen gehandelt haben könnte, sagte er nichts.

Spätere Nachprüfungen ergaben, daß die Übung, die vom über 150 Kilometer von Exeter entfernten Luftwaffen-Stützpunkt Westover in Springfield, Massachusetts, aus stattgefunden hatte, um 2 Uhr morgens beendet war, also eindeutig bevor die Polizeibeamten Bertrand und Hunt das UFO gesehen hatten. Und was die tanzenden Planeten in ungewöhnlichen Formationen anging, so gab es nichts zu überprüfen. Die Streifenpolizisten Bertrand und Hunt, die über die verharmlosende offizielle Erklärung ihres furchteinflößenden Erlebnisses gekränkt waren, schrieben einen Protestbrief an die Air Force. Etwa drei Monate später erreichte sie so etwas wie eine Entschuldigung. In dem Schreiben, das von einem Oberstleutnant der Abteilung Öffentlichkeitsarbeit der Air Force unterzeichnet war, hieß es: „Trotz der ergänzenden Informationen, die Sie unserem UFO-Ermittlungsausschuß im Luftwaffen-Stützpunkt Wright-Patterson in Ohio zur Verfügung gestellt haben, waren wir nicht in der Lage, das Objekt, das von Ihnen am 3. September 1965 beobachtet wurde, zu identifizieren."

Allerdings, so hieß es dann weiter, hätte sich in der Vergangenheit bei allen ähnlichen Berichten herausgestellt, daß es sich um Objekte von Menschenhand, das Ergebnis atmosphärischer Bedingungen oder um Meteore gehandelt habe. Das Schreiben schloß mit dem Satz: „Wir danken Ihnen, daß Sie Ihre Beobachtung der Air Force gemeldet haben." John Fullers Buch *Incident at Exeter* gab den Anstoß zu einem dritten, ernsthafteren Erklärungsversuch. Ein Leser dieses Buches war auch Philip J. Klass, ein Elektroingenieur und leitender Redakteur der Fachzeitschrift *Aviation Week & Space Technology*. Er bereitete sich darauf vor, auf einem vom Institute of Electrical and Electronics Engineers 1966 veranstalteten Symposium die UFOs endgültig als Phantome zu entlarven.

Klass fiel auf, daß die Exeter-Beobachtungen mehrere Grundelemente gemeinsam hatten – die Kugelform, den unregelmäßigen Flug, das grelle Leuchten und das summende oder zischende Geräusch, das die Objekte machten. Klass kannte eine Naturerscheinung, die ebenfalls alle diese Merkmale aufwies: den Kugelblitz. Diese wenig bekannte Art des Blitzes hat im allgemeinen eine ovale Form und eine leuchtend rote Farbe, macht oft ein zischendes Geräusch und bewegt sich ganz unberechenbar; Kugelblitze hängen bald bewegungslos in der Luft, bald schießen sie mit hoher Geschwindigkeit und abrupten Richtungswechseln hin und her. Natürlich fiel es Klass nicht leicht, die UFO-Beobachtungen von Exeter in allen Einzelheiten als Kugelblitze zu erklären. Die bei Exeter beobachteten Objekte waren größer und blieben länger sichtbar als alle bekannten Kugelblitze. Und der Haupteinwand war natürlich, daß Kugelblitze nur in Gewittern vorkommen, das Wetter in der Gegend von Exeter in der fraglichen Nacht aber ruhig war. Klass wollte jedoch auf dieser vielversprechenden Fährte weiterforschen.

Der Kugelblitz ist eine Erscheinungsform eines sogenannten Plasmas – eines durch eine starke elektrische Ladung ionisierten Gases (in diesem Fall Luft). Plasmen, die sich anders verhalten als gewöhnliche Gase, gelten als vierter Aggregatzustand der Materie; ihr Studium hat sich zu einem eigenen Zweig der Physik entwickelt. Plasmen werden unter anderem für den Einsatz bei der Steuerung thermonuklearer Reaktionen und als potentieller Treibstoff für interstellare Raumfahrzeuge erforscht. Das Elmsfeuer, das man in Gewittern oft an Schiffen oder Flugzeugen beobachten kann, ist ebenfalls ein Plasma. Aber nicht nur statische Elektrizität erzeugt Plasmen; Hochspannungsleitungen sind manchmal mit beweglichen Lichtkugeln besetzt, sogenannten Korona-Entladungen, bei denen es sich um eine weitere

Philip J. Klass ist der Meinung, es gebe für alle UFO-Berichte natürliche Erklärungen. Der Autor von „UFOs – Identified" glaubt, daß bei den meisten Beobachtungen Kugelblitze und ähnliche Phänomene beteiligt sind.

Form von Plasma handelt. In vielen der UFO-Berichte aus Exeter wurde erwähnt, daß Stromleitungen in der Nähe waren.

Vielleicht, so meinte Klass, hätten Korona-Entladungen an den Hochspannungsleitungen irgendwie eine besondere, bislang unbekannte Art eines leuchtenden Plasmas erzeugt, eine größere, beständigere Form von Kugelblitz, die nicht von Gewittern, sondern von Stromleitungen ausgelöst worden sei. In einem Labor wurden noch nie solche Erscheinungen beobachtet oder erzeugt, aber zumindest Klass fand diese Theorie weitaus plausibler als die Erklärung, daß es sich bei den Objekten um außerirdische Raumschiffe gehandelt habe.

Klass dehnte seine Untersuchung auf 746 andere vom NICAP dokumentierte Beobachtungen aus. In fast allen Fällen stellte er fest, daß die angeblichen UFOs die typischen Eigenschaften von Plasmen aufgewiesen hatten: Farbe, Form, unregelmäßige Bewegung, Zischen. Die starke elektrische Ladung eines Plasmas konnte auch als Erklärung für die häufigen Berichte von Störungen bei Radios, Beleuchtungsgeräten und der elektrischen Anlage von Autos in der Nachbarschaft von UFOs dienen. Da ein Plasma nur wenig Masse hat und auf elektromagnetische Felder reagiert, stellten der unberechenbare Flug und die plötzlichen Richtungsänderungen zumindest für die theoretische Erklärung kein Problem dar. Überdies reflektieren Plasmen Radiowellen und können deshalb nicht als mögliche Ursache ausgeschlossen werden, wenn UFOs auf Radarschirmen erscheinen. Klass verteidigte seine Hypothese zurückhaltend, aber beharrlich. Sie könne, so schrieb er, „viele Beobachtungen in geringer Höhe fliegender ‚unidentifizierter Flugobjekte' erklären". Ein anderer Autor berichtete von der Überzeugung des Forschers, seine Erklärung sei „einer Bestätigung durch wissenschaftliche Versuche zugänglich". Nachdem er die NICAP-Literatur gesichtet hatte, formulierte Klass seine Überzeugung prägnanter: „Hunderte ‚unidentifizierter Flugobjekte' zeigen Merkmale, durch die sie sich eindeutig als Plasmen erweisen."

Klass erfuhr nur wenig Ermunterung. Konventionelle Naturwissenschaftler hatten kaum einen Grund, sich mit seiner Hypothese zu befassen; diejenigen, die sich bereits ihre Meinung über die UFOs gebildet hatten, waren sogar desinteressiert oder unverhohlen feindselig. *Newsweek* bezeichnete seine Theorie als „eine der überzeugendsten Erklärungen überhaupt", fügte jedoch hinzu, daß die Air Force sich „unverbindlich" verhalte und daß UFO-Fans „unbeeindruckt" seien. Ein Skeptiker beschrieb Klass' Theorie sarkastisch als „eine Laune der Natur, die der Wissenschaft bisher unbekannt war: Ein bei klarem Wetter er-

scheinendes Plasma, dem ‚Kugelblitz' verwandt, verursacht durch eine elektrische Entladung von benachbarten Hochspannungsleitungen, das sich auf geheimnisvolle Weise lösen, zu gewaltiger Größe anwachsen und aus eigenem Antrieb in der Gegend herumhopsen konnte".

Klass war es nicht gelungen, alle Fragen im Zusammenhang mit dem Exeter-Vorfall zu beantworten, der weiterhin als ungeklärt eingestuft werden mußte. Unterdessen gab es neue Beobachtungen rätselhafter Objekte am Himmel, die zu einer weiteren, nicht gänzlich überzeugenden Erklärung Anlaß gaben.

Die nächste größere Serie von UFO-Sichtungen – im März 1966 in der Gegend von Ann Arbor in Michigan – wurde als „Sumpfgas-Affäre" bekannt und zog auch den amerikanischen Kongreß in die UFO-Kontroverse hinein.

Die erste Episode, die überregionale Beachtung fand, ereignete sich am 14. März, als Bürger und Polizeibeamte in drei Kreisen berichteten, sie hätten kurz vor Tagesanbruch beleuchtete Objekte am Himmel gesehen. Einem Hilfsheriff zufolge „konnten diese Objekte sich mit unvorstellbarer Geschwindigkeit bewegen, völlig unvermittelt die Richtung ändern und mit großer Wendigkeit herabstoßen und in die Höhe steigen". Drei Tage später kamen aus demselben Gebiet zahlreiche Berichte über ähnliche Flugkunststücke. Am Sonntag, dem 20. März, ging in der Stadt Dexter, knapp 20 Kilometer von Ann Arbor entfernt, der 47 Jahre alte Lastwagenfahrer Frank Mannor um 19.30 Uhr hinaus, um seine Hunde zu beruhigen. „Als ich mich umdrehte, sah ich diesen Meteor", sagte er später. „Er blieb stehen und legte sich auf den Boden, dann stieg er wieder in die Höhe. Er war ungefähr 800 Meter entfernt. Ich rief meine Frau und die Kinder heraus, und wir beobachteten ihn eine Viertelstunde lang."

Mannor und sein Sohn Ronnie gingen auf das Objekt zu. „Wir näherten uns dem Ding ungefähr bis auf 500 Meter. Es hatte etwa die Form einer Pyramide und ein blaugrünes Licht auf der rechten und ein weißes auf der linken Seite. Eine Antenne oder ein Bullauge konnte ich nicht sehen. Der Rumpf sah wie ein gelbliches Korallenriff aus und hatte anscheinend Löcher – so

Studentinnen des Hillsdale College in Michigan posieren an einem Fenster ihres Wohnheims, von dem aus sie am 21. März 1966 angeblich stundenlang ein UFO bebobachteten. Der Vorfall, für den es über 140 Augenzeugen gab, fand starke Beachtung bei den Nachrichtenmedien.

ähnlich, wie wenn man Löcher in einen Karton stößt. Man konnte es nicht gut sehen, weil es von Hitzewellen umgeben war, wie man sie in der Wüste beobachten kann. Das weiße Licht wurde blutrot, als wir näher kamen, und Ron sagte: ‚Sieh dir doch bloß dieses schreckliche Ding an.'" Dann verschwand es.

Inzwischen hatte Mannors Frau über den Gruppenanschluß der Familie die Polizei angerufen. „Wir haben hier ein Objekt, das wie eine sogenannte fliegende Untertasse aussieht", berichtete sie, während mehrere Nachbarn mithörten. „Es ist unten im Sumpf, und es hat Lichter." Als sechs Streifenwagen eintrafen, war die Straße vor dem Haus der Mannors bereits mit Autos von Schaulustigen verstopft. Über 50 Personen berichteten übereinstimmend, daß sie das Objekt im Sumpf an diesem Sonntagabend ebenfalls gesehen hatten, unter ihnen mehrere Polizisten. Und später, auf dem Rückweg nach Ann Arbor, sahen die Beamten in einem der Streifenwagen ein UFO am Himmel.

Tags darauf sichteten weitere 50 Menschen, unter ihnen zwölf Polizisten, in der Nähe von Ann Arbor ein Objekt, das dem von den Mannors beschriebenen ähnelte. Am Abend desselben Tages beobachteten 87 Studentinnen des Hillsdale College, 100 Kilometer südwestlich von Ann Arbor, etwa vier Stunden lang ein Objekt, das über einem Sumpfgebiet umherflog und helle Blinklichter hatte. Ebenfalls anwesend waren der Leiter der örtlichen Zivilverteidigung und ein Dekan des Colleges. Die beiden Männer sagten hinterher aus, das Objekt habe die Form eines Rugby-Balles gehabt, sein Flug sei torkelnd gewesen, und es sei einmal direkt auf ein Schlafsaalfenster zugerast, um dann jedoch unvermittelt stehenzubleiben. Das ganze Gebiet, ja große Teile des Staates Michigan gerieten in helle Aufregung, um so mehr, als die überregionalen Nachrichtenmedien über den Vorfall be-

Auf einer kurzfristig anberaumten Pressekonferenz im März 1966 zeigt J. Allen Hynek eine Skizze, die ein UFO-Beobachter in Michigan angefertigt hatte. Hyneks Theorie, es könne sich bei dem UFO um Sumpfgas gehandelt haben, löste einen Proteststurm aus, den er später als „den Tiefpunkt meiner Beschäftigung mit UFOs" bezeichnete.

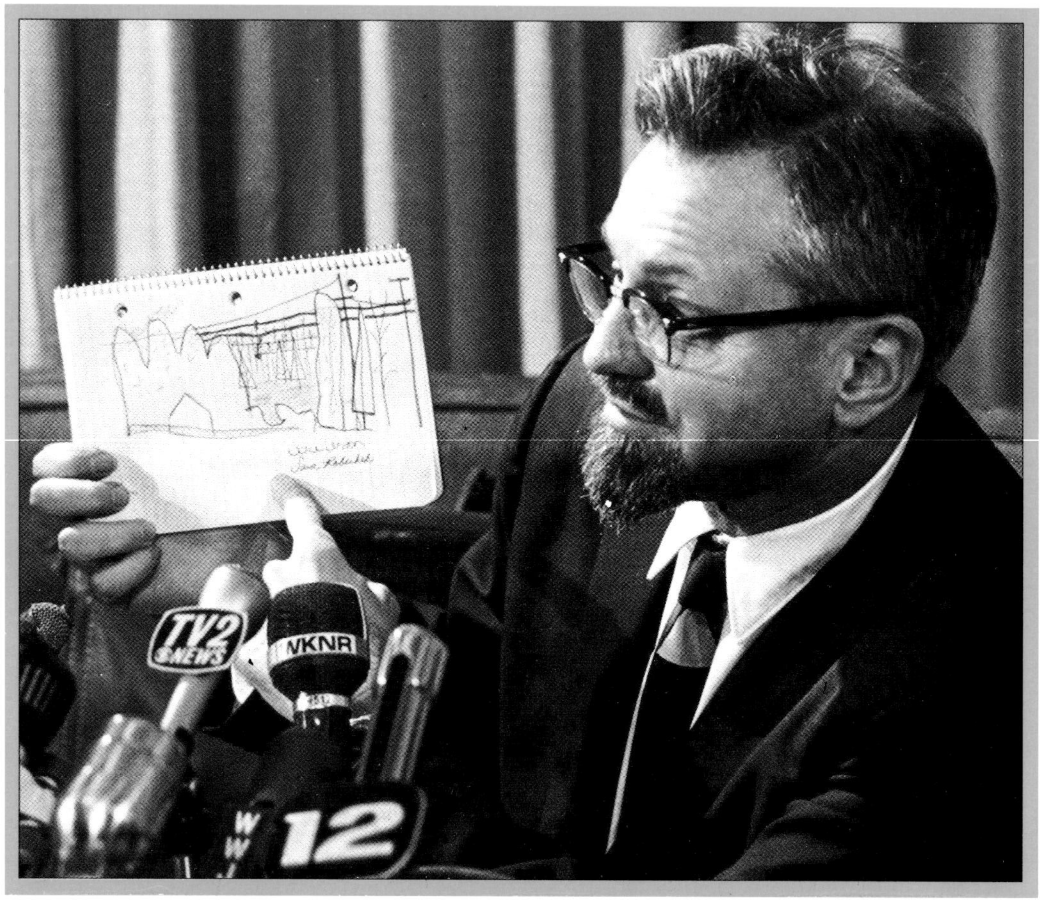

richteten. Von Staats- und Lokalpolitikern gedrängt, etwas zu unternehmen, schickte die Air Force den Berater des Projekts Blue Book, J. Allen Hynek, zu Ermittlungen nach Ann Arbor.

„Die Situation war so emotionsgeladen", sagte Hynek, „daß es mir unmöglich war, eine ernsthafte Untersuchung durchzuführen." Selbst als er beschloß, sich auf die Beobachtungen vom 20. und 21. März zu beschränken, stellte Hynek fest, daß er bei seiner Arbeit von „ganzen Schwärmen von Reportern" behindert wurde, und von der Air Force erhielt er keinerlei Unterstützung.

Obwohl er Naturwissenschaftler und Skeptiker war, wurde Hynek auch von der „an Hysterie grenzenden" Stimmung erfaßt, die sich der Menschen in dem Gebiet bemächtigt hatte. Er war eines Abends auf der Polizeistation, als eine Beobachtung gemeldet wurde; mehrere Streifenwagen fuhren konzentrisch zu der bezeichneten Stelle, und in den Funkgeräten hörte man immer wieder erregte Ausrufe wie „Ich sehe es!" oder „Da ist es!" oder „Es ist östlich vom Fluß, in der Nähe von Dexter!" Hynek gestand später, gelegentlich habe sogar er geglaubt, „es" gesehen zu haben. Die Streifenwagen trafen schließlich an einer Kreuzung zusammen, und die Beamten stiegen aus, zeigten aufgeregt zum Himmel und sagten: „Seht, da ist es! Es bewegt sich." Aber, so schrieb Hynek später, „es bewegte sich nicht. ‚Es' war der Stern Arcturus, der einwandfrei anhand seiner Stellung zur Deichsel des Großen Wagens identifiziert werden konnte. Für mich ein ernüchterndes Erlebnis."

Wie um die ohnehin schon chaotische Situation noch zu verschlimmern, erteilte die Air Force nun anmaßende Befehle: Hynek müsse sich am 25. März – ganze vier Tage nach der Beobachtung – auf einer Pressekonferenz äußern. Wie er sich erinnerte, lautete seine Anweisung, „eine Erklärung über die Ursache der Beobachtungen abzugeben. Es nützte mir nichts, daß ich einwandte, ich hätte keine Ahnung, was die beobachteten Erscheinungen in den Sümpfen verursacht haben könnte. Ob ich wollte oder nicht, ich mußte eine Pressekonferenz abhalten."

Hynek hatte keinerlei Anhaltspunkte, bis ihn ein Botaniker der University of Michigan anrief und „auf die Erscheinung brennenden ‚Sumpfgases' hinwies". Dabei handelte es sich um ein Phänomen, das der Volkskunde als „Irrlicht" vertrauter war als der Wissenschaft. Sumpfgas wird durch verfaulende Pflanzen erzeugt und besteht vorwiegend aus Methan; unter bestimmten Umständen kann es sich spontan entzünden und ein kurzes, flackerndes Licht erzeugen. Mehr wußte man kaum darüber, aber Hynek war zufrieden: „Nachdem ich von anderen Wissenschaftlern in Michigan mehr über das Sumpfgas erfahren hatte, kam ich zu dem Schluß, daß es sich um eine ,mögliche' Erklärung handelte, die ich den Reportern anbieten konnte."

Zu Hyneks Ehren muß gesagt werden, daß er in seiner Erklärung wiederholt deutliche Einschränkungen machte. „Ich stelle hier keine pauschale Behauptung auf, die das ganze UFO-Phänomen umfassen würde", schrieb er. „Ich betone, daß ich vor Gericht nicht beweisen könnte, daß es sich dabei um eine erschöpfende Erklärung dieser Beobachtungen handelt."

Im wesentlichen versuchte er in seiner Erklärung jedoch darzulegen, daß Sumpfgas die wahrscheinliche Ursache der Beobachtungen in Dexter und Hillsdale gewesen sei: „Die Flammen treten an einer Stelle auf und erscheinen dann plötzlich an einer anderen, wodurch die Illusion einer Bewegung entsteht. Man spürt keine Wärme, und die Lichter verursachen keine Verbrennungen am Boden. Sie können stundenlang hintereinander und manchmal eine ganze Nacht hindurch auftreten. Ein Geruch wird im allgemeinen nicht wahrgenommen, desgleichen kein Geräusch, abgesehen von einem schwachen Knallgeräusch wie von kleinen Explosionen." Zu Hyneks Kummer erwies sich die Pressekonferenz jedoch „nicht als ein Ort für gelehrte Erörterungen – sie war ein Zirkus. Die Kameraleute des Fernsehens und die Zeitungsreporter rissen sich buchstäblich um mich. Jeder wollte partout eine einzige, spektakuläre Erklärung für die Erscheinungen. Sie wollten was von kleinen grünen Männern hören. Als ich ein Papier über Entstehung und Eigenschaften des Sumpfgases verteilte, überhörten viele der Männer einfach, daß ich es als eine ,mögliche' Ursache bezeichnete. Entgeistert sah ich zu, wie ein Reporter das Blatt überflog, den Ausdruck ,Sumpfgas' fand, ihn unterstrich und zum Telephon rannte.

„Am nächsten Tag stand in allzu vielen Zeitungen nicht nur zu lesen, Sumpfgas sei definitiv die Ursache der Michigan-Lichter gewesen, sondern es wurde zudem angedeutet, daß es auch die Ursache anderer UFO-Beobachtungen gewesen sei. Ich räumte das Feld, so schnell und so lautlos es ging."

Trotz Hyneks Enttäuschung, die er erst später äußerte, wurde seine Sumpfgas-Hypothese schon bald so berühmt wie die Michigan-Beobachtungen selbst; über beide wurde in überregionalen Medien in einem Ausmaß berichtet, wie es in der langen Geschichte der UFO-Kontroverse ohne Beispiel war. Die nüchterne *New York Times,* die schon immer anzüglich über UFOs berichtet hatte, brachte mehrere Artikel über die Beobachtungen von Michigan, druckte eine Skizze von Frank Mannor ab und riskierte sogar einen vorsichtigen Leitartikel. Die Schlußfolgerung des Blattes lautete: „Die Leute, die sich für fliegende Untertassen begeistern, zeigen menschliche Schwächen, die es wohl immer geben wird." Die Zeitschrift *New Yorker* veröffentlichte im April einen längeren Artikel, in dem die „UFO-Panik" mit zurückhaltendem Spott kommentiert wurde.

Newsweek brachte eine umfassende Übersicht, und die Zeitschrift *Life* meldete sich mit einem etwas reißerisch aufgemachten, aber ebenso vorsichtigen Artikel mit dem Titel „Von vielen beobachtete Invasion – durch irgend etwas". Die Autoren kamen zu folgendem Resümee: „Man kann sie nennen, wie man will: fliegende Untertassen, unbekannte oder unidentifizierte Flugobjekte (UFOs), optische Täuschungen oder die ersten Symptome der verrückten Jahreszeit. Sie sind wieder da – und werden von mehr Leuten denn je gesehen. Letzte Woche hatten die Erscheinungen offenbar fast die Ausmaße einer Invasion angenommen." Aber die amüsierte Distanz, mit der viele Reporter die Erscheinungen betrachteten, wurde nicht von den Hunderten von Menschen geteilt, die die UFOs in Ann Arbor gesehen hatten oder solche Augenzeugen kannten. Sie fühlten sich gekränkt durch die Art, wie Hyneks Erklärung aufgenommen und weitergegeben wurde, und diese Einstellung verbreitete sich allmählich bei den Bewohnern von ganz Michigan.

Einer der Repräsentanten des Staates im Kongreß, Oppositionsführer Gerald Ford, kehrte Ende März nach Washington zurück, um eine „umfassende" Untersuchung durch den Kongreß zu fordern. Ungefähr zur selben Zeit kamen Aufforderungen zum Handeln auch von angesehenen Publikationsorganen und Beobachtern, die sich bis dahin noch nicht zu dem Thema geäußert hatten. So schrieb etwa der *Christian Science Monitor* in einem Leitartikel, die Michigan-Beobachtungen hätten „das Mysterium der UFOs vertieft", und fügte hinzu: „Es ist an der Zeit, daß die Wissenschaftler eine gründliche und objektive Studie des ,Unerklärlichen' durchführen." Der Kolumnist Roscoe Drummond forderte den Kongreß auf, „die Initiative zu ergreifen" und eine Untersuchung anzuordnen.

So kam es, daß am 5. April 1966 die erste Anhörung zum Thema UFO im Kongreß als geschlossene Sitzung des Kongreßausschusses für die Streitkräfte begann, unter Vorsitz des Abgeordneten L. Mendel Rivers von South Carolina. In der Woche zuvor hatte Rivers einen Brief des Kongreßabgeordneten Ford erhalten, der, wie Rivers bemerkte, im Kongreß einiges zu sagen

In den 60er Jahren waren viele Augenzeugen bereit, über ihre UFO-Beobachtungen zu berichten. Hier sind Skizzen wiedergegeben, die entweder von den Zeugen selbst oder nach ihren Angaben angefertigt wurden. Es handelt sich um einige Beispiele von Hunderten von Zeichnungen, die in diesem Jahrzehnt gesammelt wurden, teils von staatlichen, teils von privaten UFO-Forschungsgruppen. Auf den meisten dieser Skizzen sind die Flugobjekte mit elliptischer oder runder Form dargestellt.

Mehrere Einwohner Oklahomas beschrieben 1967 dieses Objekt mit rotierenden „Bullaugen".

hatte. Ford führte die verbreitete Unzufriedenheit mit der Reaktion offizieller Kreise auf die Beobachtungen von Ann Arbor an und schloß: „In der festen Überzeugung, daß die amerikanische Öffentlichkeit eine bessere Erklärung verdient als diejenige, die sie bis jetzt von der Air Force erhalten hat, empfehle ich nachdrücklich eine Ausschuß-Untersuchung des UFO-Phänomens." Ford gelang es nicht, die umfassende Untersuchung durchzusetzen, auf die er gehofft hatte. Er hatte angeregt, daß Vertreter der Exekutive und Bürger, die UFOs gesehen hatten, zum Thema gehört werden sollten; statt dessen lud Rivers nur drei Männer vor den Ausschuß: den Luftwaffenminister Harold Brown, den Leiter des Projekts Blue Book, Major Hector Quintanilla jr., und den wissenschaftlichen Berater von Blue Book, J. Allen Hynek. „Sehen Sie mal zu, ob Sie ein bißchen Licht in diese leuchtenden Objekte bringen können", witzelte Rivers. „Wir können sie nicht einfach abschreiben. Es gibt schon zu viele verantwortungsbewußte Leute, die sich Sorgen machen." Minister Brown erwiderte stolz, daß von den 10 147 UFOs, die seit 1947 von der Air Force untersucht worden seien, 9501 sich als „helle Sterne und Planeten, Kometen und Meteore" und ähnliches entpuppt hätten; dies sei dadurch gelungen, daß man „hochqualifizierte Wissenschaftler, Ingenieure, Techniker und Berater" eingesetzt und ihnen „die besten Laboratorien, Testzentren sowie wissenschaftlichen und technischen Geräte" der Air Force zur Verfügung gestellt habe. In den übrigen 646 Fällen, so sagte er, „reichen die vorhandenen Informationen nicht als Grundlage für eine Analyse aus".

Dieses UFO, das 1967 in Illinois beobachtet wurde, war angeblich gelborange und hatte rote Lichter.

Er war zu einer zuversichtlichen Schlußfolgerung gelangt: „Die UFO-Untersuchungen der letzten 18 Jahre haben bislang noch keine Hinweise auf eine Bedrohung unserer nationalen Sicherheit und auch keine Anhaltspunkte dafür geliefert, daß die unbekannten Objekte Entwicklungen oder Prinzipien repräsentieren, die über unseren heutigen Wissensstand hinausgehen; ebensowenig wurden irgendwelche Beweise für außerirdische Fahrzeuge gefunden." Trotz des Fehlens irgendwelcher greifbarer Ergebnisse werde die Air Force „derlei Phänomene weiterhin mit großer Aufgeschlossenheit untersuchen". Der Kongreßabgeordnete Rivers ließ sich durch Browns Erklärung offenbar beruhigen; plötzlich sah er keinen Grund mehr, hinter verschlossenen Türen zu tagen, und ließ die Schar der Reporter ein, die sich auf den Gängen versammelt hatten. Brown wiederholte ihnen zuliebe seine Ausführungen; dann fragte Rivers Hynek nach seiner Meinung. Hynek hatte viel stärkere Zweifel als Brown, zu dieser Zeit noch mehr als in der Vergangenheit. Im Jahre 1948, als er zum erstenmal mit dem Projekt Blue Book befaßt war, hatte er erklärt, das ganze Thema komme ihm „absolut lächerlich" vor, und hatte erwartet, daß die Aufregung sich bald legen werde. Statt dessen waren UFO-Beobachtungen immer häufiger geworden. „Die grundlegende Besorgnis über die UFOs, die durch die ständig eingehenden Berichte geschürt wird, nimmt tatsächlich in der Öffentlichkeit immer ernstere Formen an", sagte Hynek. Es sei Zeit für eine gründliche, wissenschaftliche Untersuchung des „UFO-Problems",

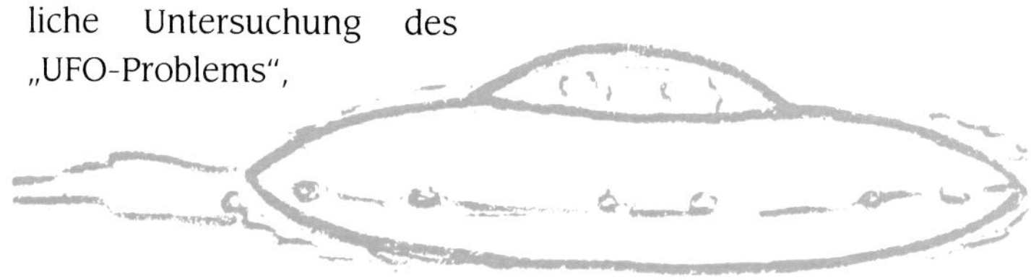

Eine Familie aus Texas sah im Februar 1967 angeblich dieses mit einer Kuppel versehene Objekt.

wie er es nannte. Die Air Force, so fuhr er fort, sei allen UFO-Berichten mit der Annahme begegnet, „daß es eine konventionelle Erklärung geben müsse, daß also entweder eine Fehldeutung eines an sich bekannten Objekts oder Phänomens, eine Halluzination oder ein Jux vorliege. Dies war eine sehr erfolgreiche und ergiebige Hypothese." Dennoch gab es Vorfälle, bei denen man mit diesem Ansatz nicht weiterkam; Hynek hatte insgesamt 20 gesammelt, für die er keine Erklärung wußte.

„Bei den wirklich rätselhaften Fällen sagten wir meistens, entweder hätte das Objekt erkannt werden können, wenn man lange genug geforscht hätte, oder die Beobachtung sei von Anfang an nicht ernst zu nehmen gewesen." Hynek gestand ein, daß ihm die Zuversicht der Air Force mit der Zeit immer weniger geheuer war. „Als Wissenschaftler muß ich an die Lektionen der Vergangenheit denken; es ist nur allzu oft geschehen, daß Dinge, die für die Naturwissenschaft von großem Wert gewesen wären, übersehen wurden, weil das neue Phänomen einfach nicht in das Schema der herrschenden wissenschaftlichen Grundauffassung paßte." Während einer kurzen, mit Witzen über Marsmenschen durchsetzten Diskussion erkundigten

Ein brasilianischer Junge behauptete, dieses Flugobjekt sei am 1. Juli 1968 in der Nähe der Stadt Botucatu gelandet.

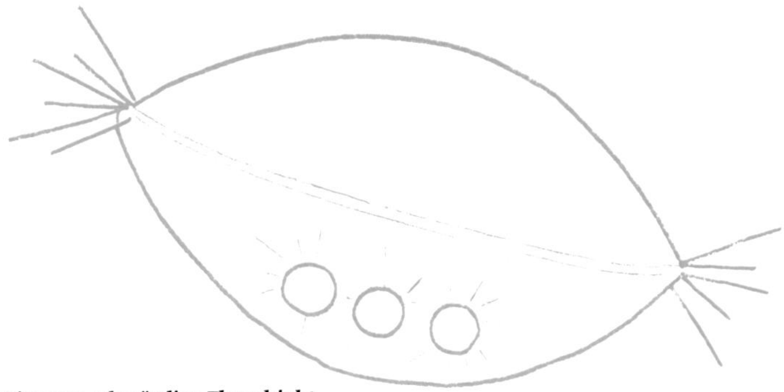

Dieses merkwürdige Flugobjekt soll 1966 bei Hillside in Michigan beobachtet worden sein.

sich Ausschußmitglieder nach einer besonders spektakulären Beobachtung, über die in der Zeitschrift *Life* berichtet worden war. Major Quintanilla, der nur etwas sagte, wenn er direkt angesprochen wurde, teilte mit, das Projekt Blue Book habe diesen Fall nicht untersucht. Nach einer Stunde und 20 Minuten war dann die Untersuchung des Kongresses zu Ende.

Es war so gut wie nichts erreicht worden, außer daß ein Vorschlag für eine andere Art der Ermittlung einen gewissen Auftrieb erhalten hatte. In dem Versuch, ihre schwer erschütterte Glaubwürdigkeit in dieser Angelegenheit wiederherzustellen, hatte die Air Force bereits einen wissenschaftlichen Beraterausschuß zur Überprüfung des Projekts Blue Book eingesetzt. Nachdem der Ausschuß sich einen Tag lang mit Blue Book befaßt hatte, legte er im Februar 1966 seinen Bericht vor; Minister Brown verwendete einige der Ergebnisse in seiner Erklärung vor Rivers' Kongreßausschuß. Der vollständige Bericht des Beraterausschusses widersprach jedoch Brown in einem Punkt direkt. Während er behauptet hatte, hochqualifizierte Fachleute und technisch hochentwickelte Geräte seien bei den UFO-Untersuchungen eingesetzt worden, kam der Beraterausschuß zu dem Schluß, das Projekt Blue Book sei „mit sehr begrenzten Mitteln" ausgestattet worden. Der Ausschuß empfahl, man solle Teams von Fachleuten, darunter klinische Psychologen und Physiker, von verschiedenen Universitäten zur Untersuchung ausgewählter UFO-Fälle engagieren. Das war ein reizvoller Gedanke, der angesichts der Reaktion der Air Force auf eine spektakuläre Beobachtung, die sich kaum zwei Wochen nach der Anhörung ereignete, nur um so vernünftiger erschien.

Ein Zeuge aus Oklahoma sah im Jahre 1965 angeblich dieses tieffliegende UFO vor einem Baum.

Am 17. April 1966, kurz vor Tagesanbruch, beendeten die beiden Hilfssheriffs Dale Spaur und Wilbur L. Neff die Aufnahme eines Unfalls bei Ravenna im östlichen Teil des Staates Ohio. Um 4.50 Uhr teilte ihnen der Einsatzleiter des Kreises Portage mit, sie sollten auf ein tieffliegendes UFO achten, das sich ihnen angeblich von Westen her nähere. Die beiden fuhren in diese Richtung, entdeckten ein abgestelltes Auto und hielten an. Sie stiegen aus und gingen auf den leeren Wagen zu. In diesem Augenblick bemerkte Spaur ein leuchtendes Objekt etwa 300 Meter über den Bäumen in Richtung Westen. Die beiden Männer sahen zu, wie es größer wurde und sich südwärts bewegte. Dann kam es auf sie zu und beleuchtete die Felder neben der Straße. „So etwas Helles hatte ich in meinem ganzen Leben noch nicht gesehen", sagte Spaur später. Sie liefen zum Streifenwagen. Spaur nahm das Mikrophon und gab dem Einsatzleiter eine Beschreibung von dem, was sie sahen:

„Es hat ungefähr 15 Meter Durchmesser und obendrauf eine Kuppel oder so was ähnliches, aber es ist sehr dunkel. Unten ist es ganz hell; es sendet einen Lichtstrahl aus, der einen großen, hellen Fleck auf der Erde macht. Es sieht aus, als ob das Ding auf dem Strahl sitzt. Vor einer Minute war es noch über uns, und da war es hier taghell: Das Licht von unseren Scheinwerfern war kaum noch zu sehen. Und es ist auch kein Hubschrauber oder so was; es steht völlig still und summt bloß."

Ein aluminiumfarbenes UFO schwebte nach einem Bericht eines Kaufmanns aus West Virginia 1967 über einer Straße.

Der Einsatzleiter schickte einen Wagen mit einer Kamera-Ausrüstung los und wies Spaur und Neff an, das UFO im Auge zu behalten. Das Objekt bewegte sich; sie nahmen die Verfolgung auf und fuhren schon bald mit 140 Stundenkilometern. Wegen der hohen Geschwindigkeit und eines Mißverständnisses hinsichtlich der genauen Stelle – sie befanden sich auf Route 14, aber der Einsatzleiter hatte 14 A verstanden – fanden die Kollegen mit der Kamera sie nicht.

Während Spaur und Neff in Richtung Pennsylvania fuhren, hörte ein anderer Polizist, Wayne Huston in East Palestine, Ohio, den Funkverkehr ab. Er hielt an einer Kreuzung, an der sie vorbeikommen mußten, und sah schon bald das UFO vorüberfliegen, in einer Höhe

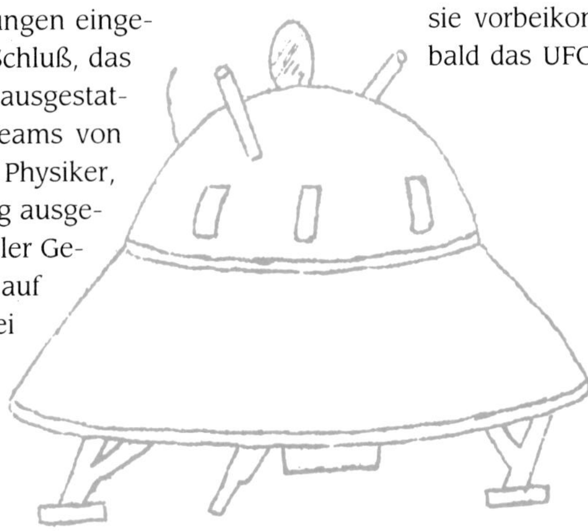

Dieses helmförmige Objekt wollen mehrere englische Jungen im Jahre 1963 bei Parr in Merseyside beobachtet haben.

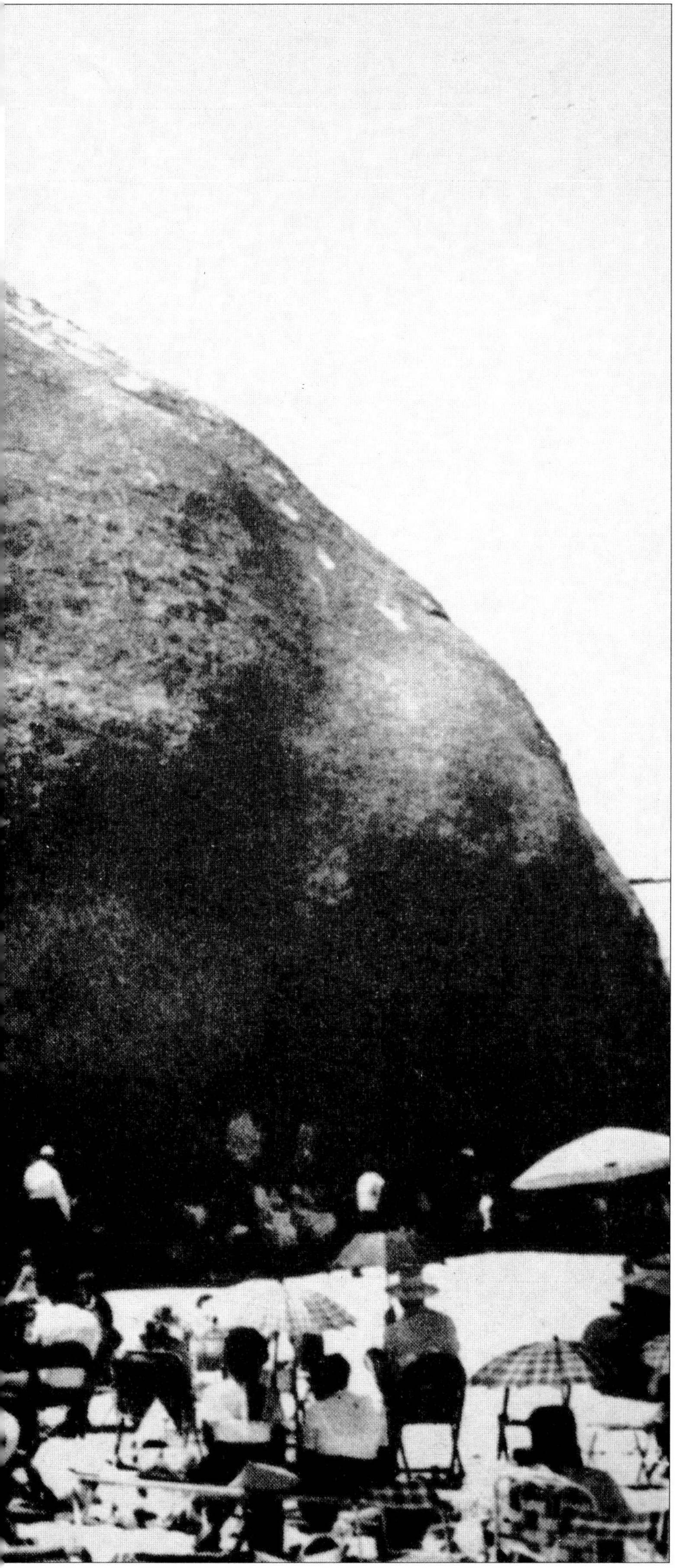

UFO-Fans versammelten sich 1966 am Giant Rock in der südkalifornischen Wüste zur Thirteenth Annual Spacecraft Convention. Solche Kongresse waren auf dem Höhepunkt der UFO-Beobachtungen nicht selten; die Teilnehmer tauschten Berichte über ihre Erlebnisse mit außerirdischen Flugobjekten aus.

von 300 Metern und mit einer Geschwindigkeit von mindestens 130 Stundenkilometern. Huston nahm ebenfalls die Verfolgung auf. „Es war komisch", erinnerte er sich später, „aber mir schien wirklich, daß das Objekt immer dann, wenn es zuviel Vorsprung hatte, stehenblieb und auf uns wartete." Das UFO überquerte die Staatsgrenze nach Pennsylvania, und Huston benachrichtigte die dortige Polizei. Einer der Beamten erkundigte sich beim Flughafen von Greater Pittsburgh, ob das UFO auf den Radarschirmen aufgetaucht war, aber die Fluglotsen verneinten.

Die verfolgenden Wagen waren jetzt in der Nähe von Conway, 135 Kilometer von der Stelle entfernt, an der die Jagd begonnen hatte. Spaur hatte kaum noch Benzin im Tank. Vor einer Tankstelle sah er einen anderen Streifenwagen und hielt, ebenso Huston, der dicht hinter ihm war. Sie trafen dort den Streifenbeamten Frank Panzanella von der Polizei Conway, der das UFO ebenfalls verfolgt hatte. Die vier Polizeibeamten standen beieinander und beobachteten das Objekt, das in östlicher Richtung entschwebte. Rechts daneben war der Mond, und rechts vom Mond der Planet Venus. Als das Objekt höher stieg, flog eine Passagiermaschine (die später als Flug 454 der United Airlines identifiziert wurde) unter ihm hindurch. Panzanella ließ eine Anfrage an den Tower des Flughafens von Pittsburgh richten: Ob man die Crew der Maschine anweisen könne, nach dem rätselhaften Objekt Ausschau zu halten?

Der Beamte, der dort anrief, teilte den vier Polizeibeamten über Sprechfunk mit, das UFO sei auf den Radarschirmen im Flughafen aufgetaucht, doch wurde dieser Bericht später dementiert. In diesem Augenblick schoß das Objekt mit hoher Geschwindigkeit senkrecht nach oben und verschwand. Ein anderer diensttuender Polizist berichtete später, er habe zwei Düsenjäger in der Luft gesehen, die von einem hellen, eiförmigen Objekt verfolgt worden seien.

Bevor Spaur und Neff nach Ohio zurückkehrten, wurden sie gebeten, einen Reserveoffizier der Air Force im Flughafen Pittsburgh anzurufen, der dann kurz mit ihnen sprach und einen Bericht an das Projekt Blue Book ankündigte. Bei ihrer Rückkehr nach Ravenna fanden die Sheriffs wartende Reporter vor; die Nachrichtenagenturen hatten den Polizeifunk abgehört. Da das Interesse der Öffentlichkeit an den UFOs immer noch groß war, wurde die Story überall gedruckt, und ein paar Stunden später war der Vorfall Tagesgespräch im ganzen Land. Spaur war bereit, darüber zu sprechen; Neff schrieb seinen Bericht, fuhr nach Hause und wollte mit niemandem reden.

Major Hector Quintanilla jr. vom Projekt Blue Book rief Spaur am nächsten Tag an und sprach ein paar Minuten mit ihm. Wie schon sooft hatte die Air Force auch diesmal eine Erklärung, die sie fünf Tage später veröffentlichte. Die Polizisten, so hieß es in der Verlautbarung, hätten zunächst den Nachrichtensatelliten Echo und dann den Planeten Venus verfolgt.

Wieder löste der Bericht der Air Force Entrüstung aus; ein Richter und ehemaliger Kongreßabgeordneter fand ihn „lächerlich" und fügte hinzu: „Die Air Force hat in unserer Stadt sehr viel an Ansehen eingebüßt." Ebenso unmißverständlich äußerte sich der Kongreßabgeordnete William Stanton aus Ohio. „Die Air Force ist ihrer Verantwortung nicht gerecht geworden", sagte er. „Wenn Leute, denen das Wohl der Öffentlichkeit anvertraut ist, nicht mehr glauben, daß die Bevölkerung die Wahrheit verträgt, dann kann die Bevölkerung ihrerseits der Regierung nicht mehr vertrauen."

Daraufhin fuhr Major Quintanilla nach Ravenna und führte ein kurzes, persönliches Gespräch mit Spaur. Quintanilla wußte offenbar nichts von den anderen Beamten, die ebenfalls an der dramatischen Verfolgungsjagd beteiligt gewesen waren, und verzichtete darauf, mit den anderen Augenzeugen zu sprechen. Er bestritt auch, daß die Air Force während des Vorfalls Düsenjäger habe aufsteigen lassen. Die offizielle Erklärung blieb unverändert: Spaur und die anderen hätten den Satelliten und den Planeten Venus verfolgt.

Weitere Bemühungen des Kongreßabgeordneten Stanton und anderer, die Air Force dazu zu bringen, in ihrer Erklärung „Satellit und Venus" in „Unbestimmtes" abzuändern, blieben er-

Sheriff Dale Spaur (Mitte) aus dem Kreis Portage in Ohio verfolgte in den frühen Morgenstunden des 17. April 1966 ein vermeintliches UFO über eine Strecke von rund 150 Kilometern. Hier vergleicht er seine Aufzeichnungen mit denen seines Funkers Robert Wilson (rechts); Gerald Buchert, der Polizeichef von Mantua, Ohio, sieht den beiden zu. Buchert behauptete, das Objekt photographiert zu haben, doch die Air Force habe ihm Anweisung gegeben, die Aufnahme nicht zu veröffentlichen.

folglos. Mehrere Monate später gab der Berater des Projekts Blue Book, J. Allen Hynek, öffentlich bekannt, daß er mit der offiziellen Version nicht einverstanden sei. Aber die Air Force ließ sich nicht erweichen; wollte man ihr glauben, waren mindestens fünf erfahrene Polizeibeamte, einer von ihnen ein ehemaliger Angehöriger der Air Force, stundenlang mit hoher Geschwindigkeit hinter dem Morgenstern hergefahren. Die Folgen dieses Schlusses waren für einige der beteiligten Beamten verheerend. Spaur quittierte bald danach den Dienst und ließ sich von seiner Frau scheiden. Im Oktober stöberte ihn ein Reporter in einem schäbigen Motel auf, wo er in Armut lebte und sich notdürftig als Anstreicher durchbrachte. „Wenn ich alles, was ich in meinem Leben getan habe, ändern könnte", sagte er, „würde ich nur eine einzige Sache ändern, nämlich die Nacht, in der wir diese verdammte fliegende Untertasse verfolgt haben."

Neff weigerte sich beharrlich, über den Vorfall zu sprechen. „Wenn dieses Ding heute bei uns im Garten landen würde", äußerte er seiner Frau gegenüber, „ich würde keiner Menschenseele etwas davon sagen." Ein anderer Polizist, der sich an der Verfolgungsjagd beteiligt hatte, übersiedelte, wie es hieß, nach Seattle im Staat Washington, wo er eine Stelle als Busfahrer fand. „Natürlich habe ich wegen dieser Sache meinen Dienst quittiert", soll er gesagt haben. „Die Leute haben mich ausgelacht – und es wurde Druck ausgeübt. Man konnte zwar nicht den Finger drauflegen, aber der Druck war da."

Auch auf die Regierung war Druck ausgeübt worden. Einen Monat nach der Verfolgungsjagd in Ohio und der Anhörung im Kongreß kündigte die Air Force an, sie werde nun doch bei einer amerikanischen Universität eine UFO-Untersuchung in Auftrag geben. Diese sollte völlig außerhalb der Jurisdiktion der Air Force stattfinden; die beteiligten Wissenschaftler sollten Zugang zu den Unterlagen des Projekts Blue Book bekommen und völlig unbehindert recherchieren können. Auf den ersten Blick schien es, als sei damit erreicht, was die UFO-Enthusiasten seit Jahren gefordert hatten. Es schloß sich eine lange Zeit des Schweigens an, in der die Air Force versuchte, eine Universität zu finden, die diese „undankbare und umstrittene" Aufgabe übernehmen würde, wie es ein Universitätsrektor ausdrückte. Mehrere angesehene Hochschulen winkten ab. Hynek hätte es am liebsten gesehen, wenn die Northwestern University, an die er 1961 gegangen war, den Auftrag erhalten hätte; James E. McDonald, ein Physiker an der University of Arizona, hätte den Auftrag gern für seine Hochschule bekommen. Beide Universitäten kamen jedoch nicht in Betracht, da sowohl Hynek als auch McDonald öffentlich Stellung zu dem Thema UFOs genommen hatten, der erstere als Skeptiker, der zweite als überzeugter Verfechter ihres außerirdischen Ursprungs. Fünf Monate später erklärte die University of Colorado, sie habe das Projekt übernommen, und Edward U. Condon, Physikprofessor und Mitglied des Joint Institute for Laboratory Astrophysics, werde mit der Leitung der Forschungsgruppe betraut.

Dale Spaurs Skizze von dem UFO, das er verfolgt hatte (oben), zeigt ein diskusförmiges Objekt mit einem ruderähnlichen Anhängsel auf der Ober- und einem Lichtkegel auf der Unterseite. Die Karte unten zeigt die Route der Verfolgungsjagd.

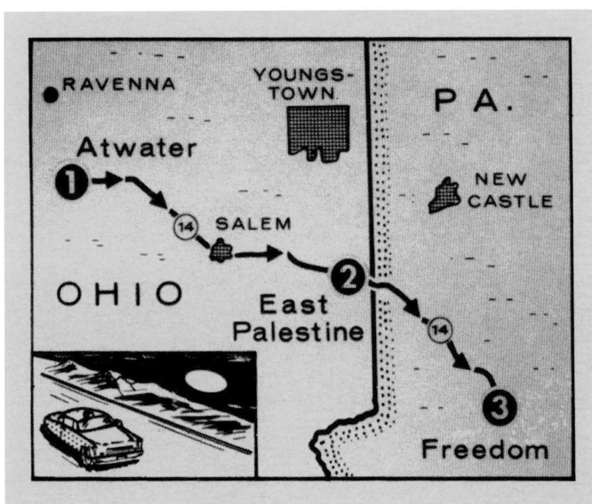

Der 64 Jahre alte Condon war kein Unbekannter. Ende der 20er Jahre hatte er, nachdem er an der University of California promoviert worden war, zwei Jahre in Deutschland bei einigen der führenden Physiker der Welt gearbeitet. Er hatte in Princeton und an der University von Minnesota gelehrt und war dann stell-

vertretender Leiter der Westinghouse Research Laboratories geworden; hohes Ansehen hatte er sich durch seine Beiträge zur Entwicklung des Radars und der Atombombe erworben. Nach dem Zweiten Weltkrieg war Condon Leiter des U. S. Bureau of Standards geworden.

Alle Seiten hatten also anscheinend Grund zum Optimismus, als der Condon-Ausschuß daranging, die Geheimnisse der UFOs zu klären. Angesichts der Tatsache, daß die zwölf Mitglieder Fachleute auf verschiedenen Gebieten waren und der Ausschuß eng mit zivilen Organisationen wie dem NICAP zusammenarbeitete, schien die Arbeit gut voranzukommen. Der Ausschuß trug eine Bibliothek zusammen, bildete Ermittlungsteams und entwickelte eine Methode zur Untersuchung gemeldeter UFO-Beobachtungen. Doch schon bald lösten sich die Hoffnungen auf eine objektive Untersuchung in Luft auf, zumindest in den Augen der UFO-Enthusiasten.

Die Erwartungen wurden zum großen Teil von Condon selbst zunichte gemacht. Am Tag seiner Ernennung wurde er mit der Äußerung zitiert, es gebe „keine Beweise für fortgeschrittenes Leben auf anderen Planeten". Und schon drei Monate später irritierte er seine Ausschußkollegen und seine Kritiker gleichermaßen, indem er auf einer öffentlichen Zusammenkunft sagte: „Im Augenblick neige ich dazu, der Regierung zu empfehlen, sich aus dieser Geschichte zurückzuziehen. Mein Eindruck ist gegenwärtig, daß an der ganzen Sache nichts dran ist, aber eine endgültige Schlußfolgerung wird erst in einem Jahr von mir erwartet." Viele entdeckten darin nicht die Unparteilichkeit, die ursprünglich das wichtigste Kriterium für die Mitgliedschaft in dem Ausschuß hatte sein sollen.

Als nächstes kam die Enthüllung, die in den Augen vieler UFO-Forscher höchst verräterisch war – eine Aktennotiz, die verfaßt worden war, als die University of Colorado den Vorschlag der Air Force überprüft hatte. In diesem Memorandum erörterte Robert Low – ein Dekan der Universität, der Projektkoordinator des Condon-Ausschusses werden sollte – die Frage, ob die Universität den Auftrag annehmen könne, ohne ihrem Ruf in der akademischen Welt nachhaltig zu schaden.

Edward U. Condon sitzt hier hinter einem UFO-Modell und dem Bericht seines Ausschusses, der UFOs praktisch als nichtexistent bezeichnete.

„Der Trick würde meiner Meinung nach darin bestehen", schrieb Low, „daß wir das Projekt vor der Öffentlichkeit so darstellen, daß es als absolut objektive Untersuchung erscheint, uns der Wissenschaft jedoch als Skeptiker präsentieren, die sich um Objektivität bemühen, aber so gut wie keine Hoffnung haben, jemals eine fliegende Untertasse zu finden." Durch die Veröffentlichung dieses Dokuments wurde die ohnehin schon angeschlagene Glaubwürdigkeit des Ausschusses weiter untergraben und seine Arbeit gestört. Das NICAP zog formell seine Unterstützung zurück. Sein Leiter, Donald Keyhoe, verlangte indigniert nach einer neuen amtlichen Untersuchung und kündigte an, daß das NICAP seine eigenen Nachforschungen intensivieren würde.

Während die Condon-Untersuchung zum Zankapfel wurde, beschloß der Kongreß, das Thema UFOs noch einer anderen, umfassenderen Überprüfung zu unterziehen. Dies sollte in Form eines Symposiums geschehen, das der Kongreßausschuß für Naturwissenschaften und Astronautik veranstalten sollte. Eines der Ausschußmitglieder, der Abgeordnete J. Edward Roush aus Indiana, war von den Argumenten James McDonalds aus Arizona beeindruckt, der sich zum wichtigsten Befürworter der Hypothese von den außerirdischen Raumfahrzeugen entwickelte.

McDonald war ein unermüdlicher UFO-Forscher, der ständig Vorträge über seine Erkenntnisse hielt. Nachdem er Tausende von Fällen untersucht und Hunderte von Zeugen befragt hatte, war er, wie er schrieb, zu dem Schluß gekommen, daß „die extraterrestrische Hypothese die am wenigsten unwahrscheinliche Hypothese zur Erklärung der UFOs" sei. Beeinflußt von McDonalds Qualifikation und von seinen Argumenten setzte der Kongreßabgeordnete Roush das Symposium für den 29. Juli 1968 an und bat McDonald, die Zeugen auszusuchen.

Aus diesem Grunde herrschte auf diesem Symposium ein ganz anderer Ton als bei der Anhörung von 1966. Sechs renommierte Naturwissenschaftler und andere Akademiker von bedeutenden Universitäten hielten Referate: der Astronom J. Allen Hynek, der Physiker James McDonald, der Soziologe Robert L. Hall, die Ingenieure James A. Harder und Robert M. Baker und der Astrophysiker Carl Sagan.

Hynek, der einstige UFO-Skeptiker und Verteidiger des Projekts Blue Book, eröffnete die Veranstaltung mit der Erklärung, daß er nach wie vor schwanke und keine eindeutige Antwort parat habe. Das UFO-Problem, sagte er, „ist durch die Einstellung der Mehrheit der Wissenschaftler in unabsehbarem Ausmaß zusätzlich kompliziert worden; diese gehen, obwohl ihnen nur unzulängliche Daten zur Verfügung stehen, davon aus, daß erstens an den UFO-Berichten von vornherein nichts sein kann und daß es deshalb zweitens keinen Sinn hat, Zeit oder Geld in eine Untersuchung dieses Phänomens zu stecken". Das war natürlich genau die Ansicht, die in den letzten 20 Jahren die Air Force und Hynek selbst vertreten hatten.

Diese Einstellung, so meinte Hynek jetzt, sei jedoch nicht mehr akzeptabel: „Können wir es uns leisten, nicht zu einem UFO-Himmel aufzublicken? Können wir es uns leisten, einen potentiellen Durchbruch von unabsehbarer Bedeutung zu übersehen? Doch davon abgesehen wird die Öffentlichkeit immer ungeduldiger. Die Öffentlichkeit will nicht noch weitere 20 Jahre UFO-Konfusion. Sie will wissen, ob irgend etwas hinter all diesen UFO-Geschichten steckt – und ich kann Ihnen definitiv sagen, daß sie mit den Antworten, die sie bis jetzt bekommen hat, nicht zufrieden ist." Und Hynek war es auch nicht. Er gestand, daß er gegen seinen Willen zu dieser Schlußfolgerung getrieben worden sei, und zwar durch „das wachsende Gewicht der ständig eingehenden Berichte von Gruppen von Menschen in aller Welt, deren Tüchtigkeit und gesunden Menschenverstand anzuzweifeln ich keinen Grund habe – Berichte, in denen von unerklärlichen Flugobjekten mit physischen Auswirkungen auf Tiere, Kraftfahrzeuge, Pflanzen und den Erdboden die Rede ist". Seiner Meinung nach sei die Alternative ganz klar: „Entweder gibt es eine wissenschaftlich wertvolle Gruppe von Berichten über das UFO-Phänomen, oder es gibt auf der Welt zahlreiche Menschen, die vernünftig, ehrenwert und einer klaren Ausdrucksweise fähig sind – auf allen Gebieten außer auf dem der UFO-Berichte."

McDonald schloß sich Hyneks Ruf nach ernsthaften Untersuchungen an: „Mein Standpunkt ist, daß die UFOs durchaus real sind und wir nur nicht wissen, worum es sich bei ihnen handelt, weil wir sie einfach nicht ernst nehmen. Die Möglichkeit, daß es sich um außerirdische Geräte handelt, daß wir es mit einer Überwachung durch irgendeine fortgeschrittene Technologie zu tun haben könnten, nehme ich persönlich sehr ernst." McDonald plädierte für eine gründlichere wissenschaftliche Untersuchung des Themas, unter Beteiligung der National Aeronautics and Space Administration (NASA).

James Harder, Professor der Ingenieurwissenschaften an

Skepsis auf seiten der Öffentlichkeit machte Condon zur Zielscheibe mehrerer Karikaturen, darunter auch dieser von Pat Oliphant, auf der ein Kollege dem von Außerirdischen Entführten zuruft, er solle ruhig bleiben und den Wesen einfach sagen, daß er nicht an sie glaube.

"STAY CALM, DR. CONDON—JUST TELL THEM YOU DON'T BELIEVE IN THEM!"

der University of California, drückte sich noch unmißverständlicher aus: „Aufgrund der Daten und der normalen Regeln für die Beweiserhebung, wie sie an Zivil- oder Strafgerichten in Anwendung kommen, ist die physische Realität von UFOs über jeden Zweifel hinaus bewiesen worden."

Es gab natürlich auch gegenteilige Meinungen. Der renommierte Astronom Donald H. Menzel, früher Direktor des Harvard College Observatory und ein eingefleischter UFO-Skeptiker, legte eine schriftliche Stellungnahme vor, die nur so von Hohn triefte. „Die UFO-Gläubigen", erklärte er, „sind zu sehr darauf aus, eine Entscheidung herbeizuführen. Da sie keine wirklich logischen Argumente auf ihrer Seite haben, greifen sie zur Waffe der Andeutung und versuchen, diejenigen zu diskreditieren, die sich ihrer Ansicht nicht anschließen."

Vor Major Hector Quintanilla jr. vom Projekt Blue Book liegt eine Sammlung angeblich außerirdischer Gegenstände, die sich alle als durchaus irdisch erwiesen. In der Hand hält er eine Kupferschale mit Bauteilen eines Radios. Bei den Scheiben im Vordergrund handelt es sich um Pfannkuchen.

Menzels Hauptargument war folgendes: Falls uns außerirdische Piloten tatsächlich schon „seit Jahrhunderten belästigen, warum ist dann noch nie einer gelandet und hat sich dem Präsidenten der Vereinigten Staaten, einem Mitglied der National Academy of Sciences oder zumindest einem Kongreßabgeordneten vorgestellt?" Menzels Schlußfolgerung über unbekannte Flugobjekte war eindeutig: „Es gibt auch für die bislang ungeklärten Beobachtungen natürliche Erklärungen."

Die überwiegende Meinung ging jedoch eindeutig dahin, daß die UFOs ernsthafte Untersuchung verdienten und gründlicher und objektiver erforscht werden sollten. Das Symposium war allerdings nur ein Diskussionsforum und bewirkte wenig. Es geriet fünf Monate später noch mehr in Vergessenheit, als die Öffentlichkeit ihr Augenmerk auf den Bericht des Condon-Ausschusses richtete.

Trotz der Kontroverse, von der seine Entstehung begleitet gewesen war, schien der Bericht eine umfassende Darstellung des Themas aus der Hand erstklassiger Wissenschaftler zu sein. Er war schon rein äußerlich eindrucksvoll: 1465 Seiten vollgestopft mit Tabellen, Photos und enggedruckten akademischen Ausführungen. Offensichtlich war keine Mühe gescheut worden; 36 Autoren hatten Analysen und Erläuterungen beigesteuert, und die Kosten waren inzwischen auf über eine halbe Million Dollar gestiegen.

Die National Academy of Sciences hatte den Bericht geprüft und gebilligt. Walter Sullivan, der angesehene Wissenschaftsreporter der *New York Times,* schrieb eine Einführung, in der er sagte: „Der Bericht ist ein denkwürdiges Dokument. Die Fallbeispiele lesen sich wie Kriminalromane, aber es ist auch eine wissenschaftliche Studie." Allerdings lasen nur wenige den ganzen Wälzer. Die meisten beschränkten sich auf den ersten Abschnitt mit dem Titel: „Schlußfolgerungen und Empfehlungen" sowie den zweiten, der eine „Zusammenfassung" enthielt. Beide stammten von Condon selbst.

„Unsere allgemeine Schlußfolgerung", erklärte Condon, „ist die, daß in den vergangenen 21 Jahren die UFO-Forschung keine Früchte für die Wissenschaft getragen hat. Die Analyse der

NEWS RELEASE

OFFICE OF ASSISTANT SECRETARY OF DEFENSE (PUBLIC AFFAIRS)

WASHINGTON, D.C. - 20301

PLEASE NOTE DATE

IMMEDIATE RELEASE December 17, 1969 NO. 1077-69
OXford 7-5131 (Info.)
OXford 7-3189 (Copies)

AIR FORCE TO TERMINATE
PROJECT "BLUE BOOK"

Secretary of the Air Force Robert C. Seamans, Jr., announced today the termination of Project Blue Book, the Air Force program for the investigation of unidentified flying objects (UFOs).

In a memorandum to Air Force Chief of Staff General John D. Ryan, Secretary Seamans stated that "the continuation of Project Blue Book cannot be justified either on the ground of national security or in the interest of science," and concluded that the project does not merit future expenditures of resources.

The decision to discontinue UFO investigations was based on:

- An evaluation of a report prepared by the University of Colorado entitled, "Scientific Study of Unidentified Flying Objects."

- A review of the University of Colorado's report by the National Academy of Sciences.

- Past UFO studies.

- Air Force experience investigating UFO reports during the past two decades.

Under the direction of Dr. Edward U. Condon, the University of Colorado completed an 18-month contracted study of UFOs and its report was released to the public in January, 1969. The report concluded that little if anything has come from the study of UFOs in the past 21 years that has added to scientific knowledge, and that further extensive study of UFO sightings is not justified in the expectation that science will be advanced.

The University of Colorado report also states that, "It seems that only so much attention to the subject (UFOs) should be give as the Department of Defense deems to be necessary strictly from a defense point of view....It is our impression that the defense function could be performed within the framework established for intelligence and surveillance operations without the continuance of a special unit such as Project Blue Book, but this is a question for defense specialists rather than research scientists."

A panel of the National Academy of Sciences made an independent assessment of the scope, methodology, and findings of the University of Colorado study. The panel concurred in the University of Colorado's recommendation that "no high priority in UFO investigations is warranted by data of the past two decades." It concluded by stating that, "On the basis of present knowledge, the least likely explanation of UFOs is the hypothesis of extraterrestrial visitations by intelligent beings."

Past UFO studies include one conducted by a Scientific Advisory Panel of UFOs in January, 1953 (Robertson Panel); and, a review of Project Blue Book by the Air Force Scientific Advisory Board Ad Hoc Committee, February-March, 1966 (Dr. Brian O'Brien, Chairman). These studies concluded that no evidence has been found that any of the UFO reports reflect a threat to our national security.

As a result of investigating UFO reports since 1948, the conclusions of Project Blue Book are: (1) no UFO reported, investigated, and evaluated by the Air Force has ever given any indication of threat to our national security; (2) there has been no evidence submitted or discovered by the Air Force that sightings categorized as "unidentified" represent technological developments or principles beyond the range of present-day scientific knowledge; and (3) there has been no evidence indicating that sightings categorized as "unidentified" are extraterrestrial vehicles.

Project Blue Book records will be retired to the USAF Archives, Maxwell Air Force Base, Alabama. Requests for information will continue to be handled by the Secretary of the Air Force, Office of Information (SAFOI), Washington, D.C. 20330.

END

Im Dezember 1969 gab das Verteidigungsministerium eine Pressemitteilung mit der Ankündigung heraus, daß die Air Force das Projekt Blue Book auflösen werde. Das Dokument markierte den Rückzug der Regierung aus der Erforschung unbekannter Flugobjekte.

Unterlagen führt uns zu dem Schluß, daß sich weitere umfangreiche Untersuchungen über UFOs wahrscheinlich nicht mit der Aussicht darauf rechtfertigen lassen, daß es die Wissenschaft fördere."

Die Air Force, so fuhr Condon fort, habe sich bei ihrer Behandlung der UFO-Berichte keine Versäumnisse zuschulden kommen lassen und nie versucht, ihre Erkenntnisse geheimzuhalten. „Es ist behauptet worden, das Thema sei von amtlicher Seite vertuscht worden. Wir kommen zum gegenteiligen Schluß. Wir haben keine Beweise für Heimlichtuerei in bezug auf UFO-Berichte. Was fälschlich Geheimhaltung genannt wurde, ist und war nicht mehr als vernünftige Zurückhaltung hinsichtlich des Zeitpunkts der Veröffentlichung der Daten, mit dem Ziel, die Öffentlichkeit nicht voreilig durch unvollständige Untersuchungen oder Berichte zu verwirren."

Der Bericht oder – genauer gesagt – Condons Zusammenfassung des Berichts wurde überwiegend als letztes Wort zur gesamten UFO-Kontroverse gewertet. In den Schlagzeilen hieß es „Fliegende Untertassen gibt es nicht – Amtlich" oder, knapper, „UFOs sind Quatsch". Aber es sollte sich bald Widerspruch regen. Schon am Tag der Veröffentlichung des Berichts brachte David R. Saunders, ein ehemaliger Mitarbeiter des Condon-Ausschusses, ein Buch mit dem Titel *UFOs? YES! Where the Condon Committee Went Wrong* heraus. Dem Ausschuß wurden also – wie schon der Titel sagt – Irrtümer vorgeworfen.

Saunders und andere Kritiker wiesen darauf hin, daß Condon keine Zusammenfassung der Erkenntnisse des Ausschusses, sondern seiner eigenen Vorurteile geschrieben hatte. Unter anderem hatte Condon die Tatsache ignoriert, daß rund 30 Prozent der 91 Fälle, die sein Ausschuß untersuchte, nach wie vor ungeklärt waren. Dies war eine unerfreuliche Statistik angesichts der Tatsache, daß das Projekt Blue Book nur etwa 5 Prozent der gemeldeten Beobachtungen als „unidentifiziert" eingestuft hatte. Überdies waren die 91 Fälle aus Tausenden von Möglichkeiten ausgewählt worden.

So lieferte die umfangreiche „Scientific Study of Unidentified Flying Objects" letzten Endes Skeptikern die Munition, die sie brauchten, um UFO-Berichte in Bausch und Bogen abzuqualifizieren. Gleichzeitig ließ sie so viele Fragen und Rätsel offen, daß UFO-Enthusiasten weiterhin behaupten konnten, es hätten günstigstenfalls Vorurteile geherrscht und schlimmstenfalls eine Vertuschungsaktion stattgefunden.

Auch die Air Force – die schließlich die Studie bezahlt hatte – bekam offenbar, was sie wollte. Im Dezember 1969 erklärte sie, daß sie das Projekt Blue Book auflösen und sich künftig nicht mehr mit UFOs befassen werde. Ganz Hartnäckige sollten später erfahren, daß das Verteidigungsministerium die Zuständigkeit für künftige UFO-Berichte zu einer Institution mit dem Namen Aerospace Defense Command übertragen hatte; die breite Öffentlichkeit bekam jedoch den Eindruck, daß die Regierung nichts mehr mit UFO-Berichten zu tun haben wollte.

KAPITEL 5

Das ungelöste Rätsel

Es geschah am 20. Juli 1969. Ein silbriges Objekt, das sich glitzernd von tiefschwarzer Finsternis abhob, bewegte sich mit erstaunlicher Geschwindigkeit durch den Weltraum. Ein kleines Fahrzeug löste sich von dem Objekt, sank langsam herab und landete in einer Wolke feinen, hellen Staubs. Eine Falltür ging auf, eine Leiter wurde ausgefahren, und zwei menschenähnliche, weiß gekleidete Gestalten stiegen herab. Schwerfällig über die Oberfläche stapfend, spähten sie mit einem riesigen Auge, in dem sich alles spiegelte, bald hierhin und bald dorthin.

Diese Wesen, sie hießen Neil Armstrong und Edwin (Buzz) Aldrin, waren die ersten Menschen, die ihren blaugrünen Heimatplaneten verließen und zum Mond flogen. Die Raumfahrt, die so lange nur in der Phantasie von Utopisten und Science-fiction-Autoren existiert hatte, war Wirklichkeit geworden. Zum erstenmal konnten Flugobjekte fremde Welten besuchen. Von nun an galt man nicht mehr als hemmungsloser Phantast, wenn man behauptete, daß Berichte von merkwürdigen Flugobjekten ernsthafte wissenschaftliche Untersuchung verdienten.

Doch gerade mit dem Anbruch des Raumfahrtzeitalters schien die Ära der UFOs zu Ende zu gehen. Im Condon-Report hatte es geheißen, die immer wieder auftauchenden Berichte über UFO-Beobachtungen entbehrten jeder faktischen Grundlage; im Jahre 1969 stellte die amerikanische Air Force das Projekt Blue Book endgültig ein. Die Anzahl der Beobachtungen war unterdessen stark zurückgegangen. Viele waren bereit, das Thema UFO zu den Akten zu legen.

Im Laufe der folgenden zwei Jahrzehnte sollten jedoch nur zwölf Männer auf dem Mond landen, aber Tausende von Menschen in aller Welt UFOs beobachten. In den Vereinigten Staaten mußten diese Menschen sich fragen, wo sie ihre Beobachtungen melden sollten. Von Air Force, Regierung und wissenschaftlichen Einrichtungen ignoriert, mußten sie Vereinigungen interessierter privater Forscher ausfindig machen, um diesen zu berichten, was sie gesehen hatten.

Ironischerweise sollten die sich daraus ergebenden Nachforschungen in vielen Fällen gründlicher und wissenschaftlich strenger sein als alle, die jemals von der Air Force durchgeführt worden waren. Die 70er und 80er Jahre waren gekennzeichnet durch neue Themen und Richtungen in der UFO-Forschung, durchdachte neue Methoden der Datensammlung, faszinierende neue Spekulationen über das Wesen dieses Phänomens, eine geringere Bereitschaft, alle Berichte dieser Art von vornherein für stichhaltig anzusehen – oder von vornherein zu verwerfen – sowie einige der am gründlichsten dokumentierten und rätselhaftesten Beobachtungen und angeblichen Begegnungen mit Außerirdischen.

Daß der Condon-Ausschuß und die Air Force es auch mit vereinten Kräften nicht geschafft hatten, das wissenschaftliche Interesse an UFOs zu unterdrücken, war zum großen Teil auf die beharrliche Neugier von J. Allen Hynek zurückzuführen. In seiner 21 Jahre währenden Tätigkeit im Zusammenhang mit den UFO-Untersuchungen der Air Force hatte seine Unzufriedenheit mit deren Methoden ständig zugenommen.

Solange er in den Diensten der Air Force stand, hatte er sich jedoch loyal verhalten, sich intern für bessere Leistungen eingesetzt und gleichzeitig Fälle gesammelt, die sich einer plausiblen Erklärung entzogen. Die guten Fälle verlangten geradezu nach einer ernsthaften Untersuchung, behauptete er. Die auf diese Weise gesammelten Informationen müßten standardisiert, allgemein verfügbar gemacht und für die Verarbeitung in Computern aufbereitet werden, damit gemeinsame Merkmale analysiert werden könnten.

Als er nicht mehr an die Air Force gebunden war und eine sichere Position als Direktor der Astronomie-Abteilung an der Northwestern University innehatte, setzte sich Hynek in den 70er Jahren immer entschiedener für eine gründlichere Untersuchung der UFO-Berichte ein. In seinem 1972 erschienenen Buch *The UFO Experience* skizzierte er eine Methode zur systematischen Klassifizierung der UFO-Berichte. Kurz darauf gründete er eine Organisation, das Center for UFO Studies (CUFOS), die seine Vorstellungen in die Praxis umsetzen sollte.

Nach Hyneks Plan sollten die Beobachtungen in sechs Kategorien eingeteilt werden. Von geringerer Bedeutung waren demnach drei Arten von Beobachtungen aus der Ferne: nächtliche Lichter, bei Tageslicht beobachtete Objekte und durch Radar bestätigte visuelle Wahrnehmungen. Ein Beispiel der letzteren Art ereignete sich Ende 1986 bei Fairbanks in Alaska, als ein Pilot der Japan Air Lines ein merkwürdiges, beleuchtetes Flugobjekt, das sich seiner Maschine näherte, nicht nur sah, sondern auch auf seinem Radarschirm entdeckte. Spätere Berichte zeigten, daß auch die Radargeräte der Flugkontrolle am Boden das UFO in der Nähe der japanischen Linienmaschine registriert hatten. Hynek definierte außerdem drei Arten von Beobachtungen aus der Nähe, für die er einen Ausdruck prägte, der sich bald allgemein durchsetzte: *close encounters* (nahe Begegnungen). Eine nahe Begegnung der ersten Art sollte eine Beobachtung aus einem Abstand von bis zu 150 Metern vom Objekt sein. Zur zweiten Art sollte nach Hyneks Vorstellungen eine Beobachtung gezählt werden, deren Untersuchung irgendeine „meßbare physische Auswirkung" auf die Erde oder irgendwelche Objekte ergeben würde – beispielsweise versengtes Gras, scheuende Tiere, Funktionsstörungen in elektrischen Systemen oder bei Motoren. Eine solche Begegnung ereignete sich im Januar 1981 in Südfrankreich. Ein Rentner namens Renato Nicolai berichtete, eines Abends gegen 17 Uhr sei ein metallenes Objekt mit einem Durchmesser von rund zweieinhalb Metern in seinem Garten gelandet. Es sei bald wieder gestartet, sagte er, und habe einen Kreis von ungefähr zwei Meter Durchmesser auf dem Boden hinterlassen. Wissenschaftler der staatlich geförderten französischen UFO-Untersuchungsorganisation berichteten, die Gartenerde sei „durch Masse, mechanische Einwirkung, Hitzeentwicklung und möglicherweise gewisse Umwandlungen und Ablagerungen von Spurenmineralien" deformiert worden. Am erstaunlichsten war wohl, daß die jungen Pflanzen in der Nähe des

Kreises alle nur noch etwa 50 Prozent ihres normalen Chlorophyllgehalts aufwiesen.

Eine nahe Begegnung der dritten Art sollte eine Beobachtung sein, bei der auch Insassen in einem UFO oder in seiner Nähe gesehen wurden. Ereignisse, bei denen angeblich ein physischer Kontakt zwischen dem Zeugen und den UFO-Insassen bestand, blieben weitgehend unberücksichtigt.

Hynek legte großen Wert darauf, Begegnungen der dritten Art von Berichten sogenannter Kontaktpersonen zu unterscheiden, die behaupten, daß sie regelmäßig mit außerirdischen Wesen umgehen und sie auf langen Fahrten in ihrem Raumfahrzeug begleiten. Als Naturwissenschaftler hielt Hynek solche Geschichten für unglaubwürdig und wollte sie nicht dadurch aufwerten, daß er sie in eine eigene Klasse einstufte.

Er entwarf außerdem eine Merkwürdigkeits-Wahrscheinlichkeits-Skala, um festzustellen, welche UFO-Berichte eine gründlichere Untersuchung verdienten. So phantasievoll viele dieser Beobachtungen auch scheinen mögen, sie enthalten doch nur eine relativ begrenzte Anzahl von Variablen. Ja, sie weisen sogar, wie Hynek bemerkte, „eine gewisse Eintönigkeit" auf. Berichte von hellen Lichtern, die sich auf ungewohnte Art am Himmel bewegen, sind verbreitet; nur die berichteten Geschwindigkeiten und Manöver sind ungewöhnlich. Dagegen hat ein Bericht von einem unheimlichen Flugobjekt, das neben einem Auto landet, bei dem daraufhin der Motor stehenbleibt und die Lichter ausgehen, mehrere ungewöhnliche Merkmale. UFO-Berichte lassen sich daher, wie Hynek zeigte, hinsichtlich ihres Merkwürdigkeitsgrads in ein recht starres Schema einordnen.

Auch die Wahrscheinlichkeit lasse sich einstufen, meint Hynek, und zwar überwiegend aufgrund einer Beurteilung des Augenzeugen. Ein Ereignis, das drei Zeugen von gutem Charakter und normalem Verhalten unabhängig voneinander beobachtet haben, hat einen höheren Wahrscheinlichkeitswert als eines, das nur ein einziger Augenzeuge beobachtet hat, zumal wenn es sich dabei um eine Person von eher unberechenbarem Verhalten handelt. Wenn Zeugen Lügendetektor- und psychologische Tests bestehen, steigt der Wahrscheinlichkeitswert ihres Berichts noch zusätzlich. Je höher der Merkwürdigkeits-Wahrscheinlichkeits-Grad eines UFO-Berichts ist, um so eher sind weitere kostspielige Untersuchungen zu rechtfertigen.

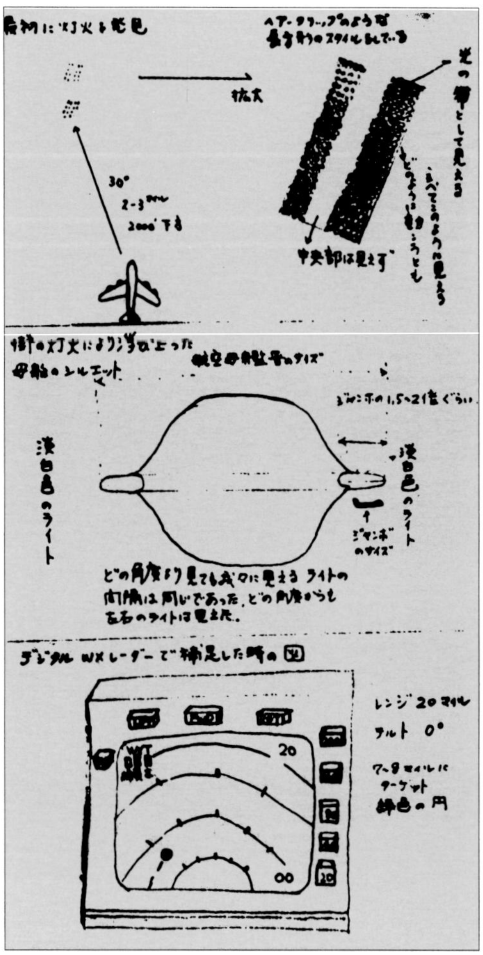

Hyneks Buch hat vielleicht die UFO-Berichterstattung auf eine höhere Ebene gebracht, aber das Interesse an den Objekten nahm weiter ab. Nach wie vor war die übliche Reaktion der etablierten Naturwissenschaftler (und der etablierten Presse) auf UFO-Beobachtungen unverhohlener Spott. Der Harvard-Astronom Donald Menzel beispielsweise erklärte nach wie vor, alle Berichte dieser Art seien Schwachsinn. Aber es gab auch Ansätze für eine neue, bedachtsamere Behandlung des Themas.

Im Jahre 1972, dem Erscheinungsjahr von Hyneks Buch, veröffentlichte die Cornell University die Protokolle eines Symposiums über das UFO-Phänomen. Das Symposium, das im Jahre 1969 unter der Schirmherrschaft der American Association for the Advancement of Science stattgefunden hatte, war von den Astronomen Carl Sagan und Thornton Page organisiert worden. Es verlief kontrovers, denn viele Mitglieder der Vereinigung waren der Ansicht, daß bereits eine formelle Diskussion über UFOs diesen einen Grad der Glaubwürdigkeit verleihe, der ihnen nicht zukomme. Die Protokolle, die den Titel *UFO's – Scientific Debate* trugen, enthielten die Beiträge, die man von den Hauptkontrahenten erwarten konnte: Hynek plädierte für ernsthafte wissenschaftliche Untersuchungen, und Menzel antwortete mit Spott. Aber es kamen auch andere Gesichtspunkte zur Sprache.

Beispielsweise erörterte Robert L. Hall, ein Soziologe von der University of Chicago, die Rolle, die die sogenannte hysterische Ansteckung bei den Berichten über UFOs spielen könnte. Diese Theorie besagt, daß UFO-Beobachtungen sich selbst vermehren, weil sie andere Menschen dazu verleiten, sich ähnliche Erlebnisse einzubilden. Dies, so meinte Hall, könne zwar bei vielen Beobachtungen eine Rolle spielen, doch hätten „dokumentierte Fälle von hysterischer Ansteckung“ – wie beispielsweise die nach der Ausstrahlung von Orson Welles' Hörspiel über eine fiktive Invasion durch Marsbewohner im Jahre 1938 – im allgemeinen nur eine Dauer von wenigen Tagen. Hall führte aus: „Das fortgesetzte Auftauchen von UFO-Berichten in den letzten Jahrzehnten und ihre Verbreitung über alle Teile der Welt wären als Fall von hysterischer Ansteckung ohne Beispiel.“ Außerdem wies er darauf hin, daß die meisten Menschen sich scheuen, über Erlebnisse zu sprechen, die dem sogenannten gesunden Menschenverstand widersprechen, weil sie fürchten, sie könnten sich lächerlich machen. Nach einem Überblick über die Berichte, die auch nach gründlicher Untersuchung unerklärlich blieben, kam Hall zu dem Schluß, daß es entweder etwas gibt, was die Physiker zur Zeit noch nicht erklären können, oder etwas, wofür die Psychologen und Sozialwissenschaftler zur Zeit noch keine Erklärung haben.

Carl Sagans Beitrag zu dem Symposium war eine Attacke gegen die Vorstellung, UFOs würden von außerirdischen Wesen gesteuert. Ausgehend von mehreren logischen Annahmen, errechnete Sagan die mögliche Anzahl fortgeschrittener Kulturen, die zur interstellaren Raumfahrt fähig wären, auf etwa eine Million. Dann setzte er sein mathematisches „Unterhaltungsspiel“, wie er sich ausdrückte, mit der Behauptung fort, daß jede Kultur, die regelmäßig alle anderen etwa in Abständen von jeweils einem Jahr überprüfen wollte, alljährlich nicht weniger als 10 000 Raumfahrzeuge losschicken müßte. Eine solche hohe Anzahl von Starts sei aber allein schon schwer vorstellbar.

Daß ausgerechnet die Erde für regelmäßige Besuche ausgewählt werde, meinte Sagan, würde die Annahme voraussetzen, daß unser Planet aus irgendwelchen Gründen einzigartig im ganzen Universum sei. Und diese Annahme, so fuhr er fort, „widerspricht exakt der Vorstellung, daß es viele hochentwickelte Kulturen gibt. Wenn es nämlich viele Kulturen gibt, dann kann die Entwicklung unserer eigenen Kultur nichts Besonderes sein. Falls wir aber doch etwas Besonderes sind, dann kann es nicht viele Kulturen geben, die einen so hohen Stand erreicht haben, daß sie Besucher zu uns schicken können.“

Dieses Argument, das manche als „Sagans Paradox“ bezeichneten, trug zur Entstehung einer neuen naturwissenschaftlichen Denkweise bei; sie geht von der Annahme aus, daß es außerirdisches Leben gibt, daß dieses jedoch nichts mit den UFOs zu tun hat. Nach Sagans Überzeugung wie auch der anderer besteht angesichts der Anzahl der Sterne im Universum – „Milliarden und Abermilliarden“, wie er zu sagen pflegte – eine hohe Wahrscheinlichkeit, daß es auf anderen Welten nicht nur Leben, sondern auch hochentwickelte Kulturen gibt. Er bezweifelte allerdings, daß Abgesandte dieser Kulturen Interesse hätten, mit ihren Raumfahrzeugen über abgelegenen irdischen Bauernhöfen zu kreisen oder auf Straßen in der Wüste zu landen.

Diese neue Grundeinstellung wirkte sich auf die UFO-Forschung positiv aus. Sie trug dazu bei, diejenigen Forscher, denen es darum ging, unbekannte Flugobjekte zu identifizieren, von

Kenju Terauchi, ein Pilot der Japan Air Lines, beschreibt eine angebliche Begegnung mit drei UFOs über Alaska während eines JAL-Fluges 1986. Terauchis Skizze (links) zeigt, daß das größte Flugobjekt im Vergleich zu seiner Maschine riesig war. Sie gibt auch die geschätzten Positionen der UFOs im Verhältnis zu dem Flugzeug und die Positionen auf dessen Radarschirm an.

denen zu unterscheiden, die die Piloten identifizieren wollten. Und sie gab den Wissenschaftlern Gelegenheit, das Universum nach intelligenten Lebewesen abzusuchen, ohne sich wie die UFO-Forscher dem Verdacht mangelnder Seriosität aussetzen zu müssen. Tatsächlich wurde in den 70er Jahren mit zunehmender Energie auf einem Gebiet geforscht, das schließlich die Bezeichnung SETI (Search for Extraterrestrial Intelligence – Suche nach außerirdischer Intelligenz) erhalten sollte.

Das wachsende Bewußtsein für die Möglichkeit außerirdischen Lebens irgendwo im Universum fand symbolische Anerkennung im Jahre 1972, als die Vereinigten Staaten sich zu einer einzigartigen Geste an die hypothetischen Nachbarn der Erde in unserer Galaxis entschlossen. Sie schickten ihnen eine verschlüsselte Botschaft auf einer 15 mal 22,5 cm großen, mit Gold eloxierten Aluminiumplatte, die an den Antennenstützstreben der Raumsonde *Pioneer 10* angebracht wurde. Eine weitere Platte wurde im Jahr darauf mit *Pioneer 11* ins All geschickt. Die von Carl und Linda Sagan entworfenen Botschaften enthielten Angaben, denen intelligente Wesen einer außerirdischen Kultur entnehmen könnten, woher die Botschaft kommt und wer sie ausgesandt hat.

Bis Ende der 80er Jahre werden die Sonden unser Sonnensystem verlassen haben, vorbei an der dunklen, eisigen Region, in der Pluto herrscht. Es besteht praktisch nicht die geringste Aussicht, daß diese Botschaften den Weg zu irgendeiner Kultur draußen im All finden könnten, aber es war eine romantische Geste, die nicht viel kostete und auch die nüchternsten Naturwissenschaftler entzückte. Im Jahre 1980 wurde eine weitere Raumsonde gestartet; sie hat eine goldene Schallplatte an Bord, auf der Grüße von der Erde in 54 Sprachen aufgezeichnet sind.

Andere wählten einen systematischeren Ansatz für die Suche nach außerirdischer Intelligenz. Ein Versuch dieser Art war sogar schon 1960 von dem Astronomen Frank Drake unternommen worden, der damals am National Radio Astronomy Observatory beschäftigt war. Drake sollte für mehr als ein Vierteljahrhundert die führende Rolle bei der Suche nach den von ihm so genannten „Diamanten der Zivilisation" spielen, die seiner Meinung nach über die Galaxien verstreut sein mußten. Um sie zu finden, so meinte er, müsse man Radiosignale abhören.

Das Universum ist voll von Radiosignalen, die ständig von Sternen, Galaxien und sogar vom kosmischen Staub im interstellaren Raum ausgesandt werden. Diese Signale entstehen durch physikalische Prozesse, stammen also nicht von irgendwelchen Sendern; die Radioastronomen haben aus diesen Signalen zwar viel über deren Quellen erfahren, jedoch keinerlei Hinweise auf bewußte Aussendung entdeckt. Dennoch, da Radiowellen sich mit Lichtgeschwindigkeit fortpflanzen und sich leicht zur Übermittlung von Botschaften modulieren lassen, liegt die Annahme nahe, daß ein Kontakt zwischen verschiedenen Kulturen zuerst auf dem Funkweg stattfinden könnte.

Aber das Rauschen im All hat keine Unterbrechungen, kommt aus allen Richtungen gleichzeitig und deckt das gesamte Spektrum der Radiofrequenzen ab. Da Zeit, Geräte und Geld zum Abhören nur in begrenztem Umfang zur Verfügung standen, mußte eine Auswahl getroffen werden. Drake und seine Kollegen hielten es für vernünftig, ihre Suche auf diejenigen Radiofrequenzen zu beschränken, die von Wasserstoff und Wasser abgegeben werden, da Wasserstoff das verbreitetste Element im Universum und Wasser der Stoff ist, der für das Leben, wie wir es kennen, am unentbehrlichsten ist. Das Frequenzband dieser Emissionen – 1000 bis 40 000 Megahertz – erhielt den Spitznamen „Wasserloch".

Drake schränkte seine ursprüngliche Suche noch weiter ein, und zwar auf die Nachbarschaft zweier Sterne, die der irdischen Sonne relativ nahe und ihrer Masse nach ziemlich ähnlich sind. Er verbrachte 200 Stunden damit, Signale zu sammeln – die Emissionen sind so schwach, daß es eine gewisse Zeit dauert, bis sich so viel Energie angesammelt hat, daß die Signale unterscheidbar werden – und durchkämmte dann das Rauschen nach einem möglichen Merkmal für intelligente Botschaften. Er fand nichts dergleichen.

Modernere Geräte – wie das riesige Radioteleskop in Arecibo, Puerto Rico, mit seinen acht Hektar Empfangsfläche – können Drakes 200stündige Suche innerhalb von Sekunden nachvollziehen. Seit 1960 haben Drake und seine Nachfolger über eine Million Suchaktionen durchgeführt – Sondierungen in eine bestimmte Richtung und auf so vielen Frequenzen, wie der Empfänger registrieren kann –, jedoch ohne Erfolg. Dennoch kann man die Suche nicht als Mißerfolg werten. Angesichts der gewaltigen Anzahl von Möglichkeiten ist das, was bis jetzt geprüft wurde, nur mit wenigen Halmen in einem Heuhaufen zu vergleichen. Die Teleskope standen und stehen schließlich immer nur dann zur Verfügung, wenn sie nicht für mehr Erfolg versprechende Projekte gebraucht werden.

Die Wissenschaftler, die sich mit der Suche nach außerirdi-

Manche Ufologen glauben, daß diese topographischen Merkwürdigkeiten UFO-Landeplätze markieren: rätselhafte Kreise (links), die in einem Getreidefeld in Hampshire, England, im Juli 1986 in einem Gebiet auftauchten, das als „des Teufels Punschbowle" bezeichnet wird; ein hufeisenförmiger Ring (unten links) aus weißlicher, kristalliner Erde, der 1971 nach einem Bericht über eine UFO-Beobachtung in Delphos, Kansas, gefunden wurde; ein kreisförmiger Fleck abgestorbener Sojabohnenpflanzen (unten rechts), der 1969 nach einer Beobachtung in Iowa entdeckt wurde; und ein Oval aus niedergedrücktem Schilfrohr (ganz unten) in einem Sumpf bei Nishikawacho in Nordjapan, das 1986 nach einer Nacht mit ungewöhnlichen elektrischen Störungen entdeckt wurde.

scher Intelligenz befassen, hoffen auf mehr finanzielle Mittel und noch bessere Geräte. In den 60er Jahren schlugen sie ein ehrgeiziges Unternehmen vor, das Projekt „Cyclops" (nach Zyklop, einem einäugigen Riesen der griechischen Sage), für das ein Arsenal von 1000 Radioteleskopen gebaut werden sollte, jedes mit einem Durchmesser von über 100 Metern. Zusammen hätten diese Teleskope eine normale Fernsehsendung über eine Entfernung von Hunderten von Lichtjahren entdecken können. Die Kosten für eine solche Anlage wurden seinerzeit auf 10 Milliarden Dollar geschätzt, und sie ist bis heute noch nicht gebaut.

Eine künstlerische Darstellung zeigt das Projekt Cyclops, eine Gruppe riesiger Radioteleskop-Antennen. Dieses Projekt zur Erforschung intelligenten außerirdischen Lebens wurde nie verwirklicht.

Unterdessen wurden bei der technischen Ausstattung jedoch einige bescheidene Fortschritte erzielt, und immer noch hoffen Wissenschaftler, eines Tages in dem unverständlichen Rauschen eine Botschaft zu entdecken, die beweisen würde, daß die Menschheit nicht alleine im Universum ist. Orthodoxe Wissenschaftler reagieren auf solche Bemühungen und Hoffnungen zwar skeptisch, jedoch längst nicht mit dem beißenden Spott, mit dem sie Leute überschütten, die sich für UFOs interessieren.

Die erste größere Welle von UFO-Beobachtungen in den Vereinigten Staaten seit 1965 setzte 1973 ein – also interessanterweise in dem Jahr nach dem Erscheinen von Hyneks Buch und Sagans Bericht sowie dem Start von *Pioneer 10.* Tausende von Berichten jeder erdenklichen Art von Beobachtungen kamen aus allen Teilen des Landes; trotz des Condon-Reports und der ablehnenden Haltung der Air Force war das Interesse an UFOs nicht erloschen. Zu den berühmtesten Fällen dieser Serie gehörte eine angebliche Begegnung der dritten Art, die sich in Pascagoula im Staat Mississippi zutrug; zwei verstörte Werftarbeiter behaupteten, sie seien von den Wesen an Bord eines UFOs entführt und untersucht worden. Die Air Force prüfte den Fall und stufte das Ergebnis prompt als geheim ein.

Sieben Tage später, am 18. Oktober, wurde über eine nahe Begegnung berichtet, die ebenso berühmt wurde und wegen der technischen Ausbildung der Augenzeugen nicht so leicht von der Hand zu weisen war. Eine Besatzung unter dem Kommando von Lawrence J. Coyne, Hauptmann des Reserve-Heeres, war mit einem Hubschrauber des Typs Bell UH-IH auf einem Routineflug zwischen Columbus und Cleveland in Ohio unterwegs. Gegen 22.30 Uhr entdeckte einer der Männer in östlicher Richtung ein rotes Licht, das scheinbar in derselben Höhe und mit derselben Geschwindigkeit flog wie der Helikopter. Er machte Coyne auf das Licht aufmerksam, und dieser sagte: „Behalten Sie es im Auge." Die Besatzung versuchte, Funkverbindung mit der Flugverkehrskontrolle aufzunehmen, aber das Funkgerät funktionierte nicht. Plötzlich näherte sich das Licht mit „wahnsinniger Geschwindigkeit", schätzungsweise 1100 Stundenkilometern. „Es wird uns rammen", dachte Coyne. „Mein Gott, jetzt ist es aus!" Er versuchte, mit dem Hubschrauber tiefer zu gehen. Rasch sank die Maschine unter das Objekt, das plötzlich stehengeblieben war und jetzt über ihr am klaren, sternenbeschienenen Himmel schwebte.

„Es hatte die Form einer dicken Zigarre", sagte Coyne später, und „einen großen, grauen, metallisch aussehenden Rumpf von rund 20 Metern Länge". Vorne hatte es ein Rotlicht, im Mittelteil eine Kuppel und am Heck ein weißes und ein grünes Licht. Auf einmal begann das grüne Licht am Heck wie ein Suchscheinwerfer zu schwenken. „Es schien direkt in unsere Kanzel ... so daß alles grün aussah", erinnerte sich Coyne.

Dann drehte das Objekt plötzlich ab und entfernte sich mit zunehmender Geschwindigkeit zum Horizont hin. Coyne versicherte, er habe die Steuerung auf Sinkflug eingestellt, doch in Wirklichkeit stieg der Hubschrauber, und zwar 100 Sekunden lang mit einer Geschwindigkeit von 300 Metern pro Minute. Außerdem habe der Kompaß verrückt gespielt (und mußte hinterher ersetzt werden). Als die Besatzung den Helikopter wieder unter Kontrolle hatte, funktionierte auch das Funkgerät wieder, und sie flogen weiter, um in Cleveland zu landen. Jeder der drei Männer reichte einen eigenen Bericht über den Zwischenfall bei der Pilotenvereinigung ein.

Die anschließend eingeleiteten Untersuchungen erbrachten keine konventionelle Erklärung für die Beobachtung. Coyne blieb bei seiner Darstellung, sagte aber auch: „Ich glaube nicht an UFOs." Einige Kommentatoren stellten die Theorie auf, es habe sich bei dem UFO möglicherweise um ein Raumschiff gehandelt, das irgendwie in einem begrenzten Bereich die Schwerkraft aufgehoben habe, so daß der Hubschrauber stieg, anstatt zu sinken.

Der stets skeptische Philip Klass mutmaßte, die Besatzung des Hubschraubers habe sich von einer Feuerkugel hypnotisieren lassen, die im Zusammenhang mit den Orioniden aufgetreten sei, einem Meteorstrom, der um diese Jahreszeit sichtbar ist und 1973 am 21. Oktober, dem Tag nach dem Zwischenfall, seinen Höhepunkt erreichte; das ganze Ereignis habe wohl nur Sekunden statt der angegebenen vier Minuten gedauert.

Der Air Force gelang es, sich aus der Diskussion herauszuhalten, und 1974 legte sich die Aufregung allmählich. Mit den rätselhaften Lichterscheinungen am Himmel mußte sie sich jedoch weiter auseinandersetzen; die nächste UFO-Kontroverse konzentrierte sich sogar auf Stützpunkte der Air Force.

Am 27. Oktober 1975 hatte Feldwebel Danny Lewis Wachdienst auf dem Stützpunkt Loring in Maine nahe der kanadischen Grenze. Seine Aufgabe war es, Patrouille auf dem Munitionsgelände zu gehen, auf dem Kernwaffen gelagert wurden. Um 19.45 Uhr erblickte Lewis ein Flugzeug, das im Tiefflug am Nordrand des Stützpunkts entlangflog. Die Flughöhe betrug etwa 100 Meter. Während er beobachtete, wie die Maschine in das Sperrgebiet einflog, fiel ihm auf, daß sie ein Rotlicht und ein weißes Blinklicht hatte. Ungefähr zur selben Zeit tauchte auf den Radarschirmen im Kontrollturm ein Flugzeug auf, das sich gut 15 Kilometer nordöstlich des Stützpunkts befand. Versuche, Funkkontakt mit der Maschine aufzunehmen, schlugen fehl. Das Flugzeug kreiste in geringer Höhe über dem Bunker, in dem atomare Sprengköpfe gelagert waren. Es wurde Alarm ausgelöst, und

Das Radioteleskop in Arecibo, Puerto Rico, wurde 1974 mit einer Botschaft an 24 000 Lichtjahre entfernte Sterne in Betrieb genommen.

Sicherheitspolizisten begannen, das Munitionslager nach Eindringlingen abzusuchen, während der Tower das Flugzeug – vermutlich einen Hubschrauber – weiter per Radar überwachte. Dann plötzlich verschwand die Maschine.

Am nächsten Abend wurde ein Flugzeug mit einem weißen Blinklicht und einem bernsteinfarbenen Licht 35 Minuten lang nördlich des Stützpunkts von Lewis und mehreren anderen Wachoffizieren beobachtet. Auch diese Maschine tauchte auf den Radarschirmen auf. Als sie in nur knapp 50 Meter Höhe über der Rollbahn schwebte, gingen ihre Lichter plötzlich aus, und dann tauchte sie 50 Meter über dem Munitionsbunker auf. Die Männer einer B-52-Besatzung, die sich am Boden aufhielten, berichteten hinterher, sie hätten ganz in der Nähe ein rot- und orangefarbenes Objekt in der Luft beobachtet. Es habe eine längliche Eiform gehabt, sei in der Luft stillgestanden, verschwunden und dann wieder aufgetaucht und habe sich ruckartig bewegt. Die Männer fuhren in ihrem Transporter bis auf 100 Meter an das Objekt heran; zu diesem Zeitpunkt schien es nur noch eineinhalb Meter über dem Boden zu schweben und etwa so lang zu sein wie vier Autos. Einer der Männer sagte später: „Vor dem Objekt waren solche Wellen, und die Farben verschwammen alle. Es war massiv, aber machte keinerlei Geräusche."

Plötzlich heulten auf dem Stützpunkt die Sirenen auf, und die Scheinwerfer gingen an. Die Lichter des Objekts verloschen; es entfernte sich mit hoher Geschwindigkeit in Richtung Kanada und konnte noch kurze Zeit auf den Radarschirmen verfolgt werden. Am nächsten Abend wurden Hubschrauber der Nationalgarde eingesetzt, die jedes eindringende Flugzeug abfangen sollten, aber in den folgenden Wochen gab es kaum Berichte und Radar-Beobachtungen. Immer wenn die Helikopter an eine angebliche Beobachtungsstelle kamen, fanden sie nichts vor.

Über einige dieser Ereignisse wurde in der Lokalpresse berichtet, die auch Meldungen über eine Anzahl von UFO-Beobachtungen durch zivile Einwohner in der Gegend brachte. Aber der größte Teil des offiziellen Berichts blieb der Öffentlichkeit vorenthalten, bis in den 80er Jahren zwei UFO-Forscher, Lawrence Fawcett und Barry Greenwood, der Air Force einige Dokumente entlockten, indem sie sich auf die Freedom of Information Act beriefen, ein Gesetz, das der Öffentlichkeit Zugang zu staatlichen Unterlagen garantiert. Außerdem fanden sie heraus, daß am 27. Oktober, dem Abend, an dem das Objekt in Loring von Feldwebel Lewis zum erstenmal gesichtet worden war, ein noch bizarreres Ereignis stattgefunden hatte.

Beobachtung auf hoher Ebene

An einem Herbstabend des Jahres 1969 war der Gouverneur von Georgia, Jimmy Carter, in der Kleinstadt Leary im Freien und bereitete eine Rede vor, als er und etwa ein Dutzend andere Personen am Westhimmel ein helles Objekt wahrnahmen. Carter beschrieb es als selbstleuchtend und etwa so groß wie der Mond; es sei zeitweise stehengeblieben und habe sich dann wieder hin und her bewegt. Er hielt das Objekt für ein UFO und meldete die Beobachtung dem National Investigations Committee on Aerial Phenomena (NICAP).

Mehrere Jahre danach, als Carter Präsident der Vereinigten Staaten war, schlugen seine wissenschaftlichen Berater der NASA vor, eine neue UFO-Untersuchung einzuleiten. Die Raumfahrtbehörde lehnte ab.

An jenem Abend fuhren zwei junge Männer, David Stephens und Glen Gray, auf einer Straße etwa 60 Kilometer von Loring entfernt, als – so ihr Bericht – ihr Auto von einer „unbekannten Kraft" erfaßt und mit einer Geschwindigkeit von über 160 Stundenkilometern auf ein 18 Kilometer entferntes Feld bei dem Ort Poland in Maine geschleudert wurde. Dort sahen die entsetzten Männer zwei helle Lichter, die sie für die Scheinwerfer eines Lastwagens hielten. Dann stieg ein etwa 100 Meter langes, zigarrenförmiges Objekt mit roten, blauen und grünen Lichtern von dem Feld in die Luft auf, und die zwei Männer fuhren in Panik davon. Als sie aber noch einmal zurückschauten, habe ein helles Licht ihren Wagen getroffen; sie seien ohnmächtig geworden und erst Stunden später wieder zu sich gekommen.

Sie versuchten zu fliehen, verloren jedoch abermals die Kontrolle über das Auto. Das UFO versetzte sie nun in die Nähe eines Teiches, wo dann noch zwei weitere Flugobjekte auftauchten. Nach wenigen Augenblicken verschwanden alle drei Objekte. Das war kurz vor Tagesanbruch. Die beiden Männer bemerkten, daß ihre Hände und Füße geschwollen waren und ihre Zähne wackelten. Außerdem hatten sie Schüttelfrost und rote, ringförmige Verfärbungen am Hals. Ein Arzt, Herbert Hopkins aus Old Orchard Beach, Maine, behandelte Stephens später unter Hypnose, um herauszufinden, was die Männer in den Stunden erlebt hatten, die ihnen in der Erinnerung fehlten. Stephens berichtete, daß er sich in einem kuppelförmigen Raum befunden hatte, in den ein menschenähnliches Wesen eintrat.

„Es war ungefähr 1,40 groß und trug ein dunkles Gewand", sagte Stephens. „Sein Kopf hatte die Form einer großen Glühbirne. Es hatte schrägsitzende Augen, keine Haare und keinen Mund." Nach einer Weile legten fünf solche Wesen Stephens auf einen Tisch und untersuchten ihn, wofür sie eine Maschine mit einem Teleskoparm verwendeten. Sie entnahmen Haut-, Blut- und Haarproben und injizierten ihm eine braune Flüssigkeit, ein Beruhigungsmittel, wie sie behaupteten. Als Stephens erwachte, fand er sich neben seinem Freund im Auto wieder.

Abgesehen von den Symptomen, von denen die beiden Männer berichteten, fanden sich keine Beweise, die ihre phantastische Geschichte bestätigt hätten, doch sollte sich zeigen, daß ihre Erzählung in ein Muster paßte, das sich mit der Zeit durch ähnliche Berichte von nahen Begegnungen der dritten Art abzeichnete. Eine ganz ähnliche Begegnung ereignete sich angeblich schon eine Woche später, diesmal allerdings auf der anderen Seite des amerikanischen Kontinents.

Am 5. November 1975 fuhren sieben Männer bei Herber in Arizona mit einem Pritschenwagen nach Hause, als sie neben der Straße ein leuchtendes Objekt etwa fünf Meter über der Erde schweben sahen. Neugierig hielten sie an. Der 22 Jahre alte Travis Walton stieg aus und ging auf das Objekt zu. Plötzlich, so berichteten die anderen, sandte das UFO einen Lichtblitz aus, der Walton an der Brust traf und ihn drei Meter zurückschleuderte. In Panik fuhren seine Begleiter weg, kehrten aber kurz darauf zurück. Sie beobachteten, wie das UFO abhob und verschwand, aber Walton war nicht mehr zu sehen.

Erst am 10. November, fünf Tage nach den geschilderten Ereignissen, tauchte Walton wieder auf; er behauptete, er sei an Bord des Fahrzeugs gebracht worden, wo er zweimal von kleinen, menschenähnlichen Wesen mit großem, kahlem Kopf, weißlicher Haut und ovalen Augen untersucht worden sei. Etwas später habe er sich auf einer Straße wiedergefunden – 20 Kilometer von der Entführungsstelle entfernt. Das UFO sei in den Himmel verschwunden.

Den Forschern fielen schon bald die Ähnlichkeiten in den Beschreibungen von Außerirdischen auf, die von verschiedenen Beobachtern an verschiedenen Orten angeblich gesehen worden waren. Gleichzeitig wurde auch ein weiteres Muster erkennbar – eines, das die Erscheinung von UFOs über Anlagen des Strategischen Luftwaffen-Kommandos betraf.

Drei Tage nach der ersten Beobachtung in Loring ereignete sich beispielsweise ein ganz ähnlicher Vorfall über dem Stützpunkt der Air Force in Wurtsmith, Michigan. Unbekannte Flugobjekte mit weißen und roten Lichtern näherten sich. Alarm wurde ausgelöst, und ein Pilot erhielt den Befehl, nach einem angeblich über dem Munitionslager aufgetauchten UFO zu sehen. Er sichtete das Objekt, verfolgte es in einem Abstand von nur rund eineinhalb Kilometern und bekam es auch auf seinen Radarschirm, bevor es über den Huron-See entschwand. „Ich weiß, das hört sich vielleicht verrückt an", berichtete er (in einem Memorandum, das er vier Jahre später, also 1979, diktierte), „aber ich schätze, daß das UFO sich mit rund 1000 Knoten [1800 Stundenkilometern] von uns entfernte."

Eine Woche später wurde im Luftwaffen-Stützpunkt in Malmstrom im Staat Montana, dem Standort der Abschußrampen für Minuteman-Raketen, Alarm ausgelöst. Die elektronische Warnanlage bezeichnete eine der Abschußstellen. Ein Sabotage-Abwehrtrupp begab sich unverzüglich an die Abschußstelle und

meldete über Funk, eine leuchtende, orangefarbene Scheibe von der Größe eines Sportplatzes schwebe über dem Gebiet. Sie begann zu steigen und wurde vom Radar des Nordamerikanischen Luftverteidigungs-Kommandos erfaßt, als sie eine Höhe von 300 Metern erreicht hatte. Zwei Düsenjäger vom Typ F-106 stiegen von Great Falls in Montana auf, um das Flugobjekt abzufangen, doch dieses verschwand vom Radarschirm.

Am 8. November gab es weitere Beobachtungen – visuell und elektronisch – über dem Stützpunkt. Nach Darstellung der Sabotage-Abwehrtrupps schalteten die UFOs jedesmal, wenn die F-106-Düsenjäger auftauchten, ihre Lichter aus, und diese gingen erst wieder an, wenn sich die Düsenjäger entfernt hatten. In den nächsten acht Monaten wurden in dem Stützpunkt und in der näheren Umgebung 130 ähnliche Berichte registriert.

Von der Air Force kam eine harmlose Erklärung für die Vorkommnisse: Bei den Eindringlingen habe es sich um Hubschrauber gehandelt. Nicht erklärt wurde jedoch, wie und warum die Maschinen in das militärische Sperrgebiet eingedrungen waren, und es gab auch keine Diskussion darüber, wie sich so viele erfahrene Angehörige der Air Force von gewöhnlichen Hubschraubern hatten narren lassen.

Wie nicht anders zu erwarten, zeigten sich manche von denen, die Augenzeugen der Ereignisse gewesen waren, mit der offiziellen Erklärung keineswegs zufrieden. Ein Hubschrauberpilot, der in Malmstrom Bereitschaftsdienst gehabt hatte, sagte später: „Wir bekamen einen Bericht über ein tieffliegendes Flugobjekt, bei dem es sich wahrscheinlich um einen Helikopter handle ... dabei war aber zu der Zeit, als der Bericht einging, das Wetter so schlecht, daß es unmöglich gewesen wäre, einen Hubschrauber zu fliegen, wegen der Vereisung und so weiter. Wir konnten nicht aufsteigen, aber die beobachtete Maschine hatte offenbar keine Schwierigkeiten, bei diesem Wetter zu fliegen."

Die Zwischenfälle auf den Stützpunkten des Strategischen Luftwaffen-Kommandos endeten wie schon so viele vorher damit, daß niemand genau wußte, was eigentlich geschehen war. Schon bald sollten jedoch neue Daten verfügbar sein und weitere Forscher herangezogen werden.

Mitte der 70er Jahre gaben verschiedene staatliche Stellen, meist erst aufgrund von Gerichtsurteilen, die von kleinen, privaten UFO-Gruppen unter Berufung auf die Freedom of Information Act erwirkt wurden, Informationen über frühere Beobachtungen und Nachforschungen frei.

Zahlreiche Dokumente gelangten so an die Öffentlichkeit, aus den Archiven der CIA, des Außenministeriums, der Küstenwache sowie der Army, der Navy und der Air Force. Aus diesen Unterlagen ging hervor, daß die Regierung die Vorfälle ernster genommen und wesentlich gründlicher untersucht hatte, als bis dahin zugegeben worden war. Die Informationen erregten die Aufmerksamkeit einiger Neulinge auf dem Gebiet der Untersuchung von UFO-Erscheinungen.

Einer von denen, deren Interesse geweckt wurde, war

Manche irdischen Flugobjekte können durchaus fremdartig wirken. Das phantastisch anmutende Objekt links ist in Wirklichkeit ein unbemanntes NASA-Forschungsflugzeug. Und der in England hergestellte ferngesteuerte Helikopter unten könnte ähnliche Landespuren hinterlassen, wie sie von manchen UFO-Beobachtern beschrieben wurden.

Bruce Maccabee, ein Physiker an der American University in Washington, D.C. Maccabee, der im Jahre 1979 eine Organisation mit dem Namen Fund for UFO Research gründete, war empört über die anscheinend oberflächliche Haltung, die Wissenschaftler den UFOs gegenüber eingenommen hatten. „Obwohl die Unterlagen über die Beobachtungen jetzt verfügbar sind", bemerkte er, „sind sie von der Wissenschaft weitgehend ignoriert worden. Offenbar geht die allgemeine Auffassung dahin, daß das ‚UFO-Problem' schon vor langer Zeit sanft entschlafen ist."

Um nachzuholen, was seiner Meinung nach die Wissenschaft versäumt hatte, nahm Maccabee die UFO-Ungläubigen aufs Korn. Eine seiner bevorzugten Zielscheiben war der Skeptiker Donald Menzel, der für jede UFO-Beobachtung, die ihm bekannt geworden war, natürliche Erklärungen vorgebracht hatte, mochten sie auch noch so bizarr sein. Für manche Ereignisse hatte er sogar mehrere mögliche Erklärungen – so etwa für die berühmte Beobachtung von Kenneth Arnold im Jahre 1947.

Nach Menzels Ansicht hatte es sich bei den fliegenden Untertassen, die Arnold gesehen haben wollte, um eine optische Täuschung gehandelt, hervorgerufen durch „Wolken von aufgewirbeltem Schnee über den Graten" des Mount Rainier, die wie ein Spiegel die Sonne reflektiert hätten. Maccabee, Experte auf dem Gebiet atmosphärischer Optik, wandte jedoch ein, daß solche Schneewolken die Sonne längst nicht so hell reflektieren könnten wie ein Spiegel. Außerdem wies er darauf hin, daß es keinen Wind gebe, der die Wolken mit der geschätzten Geschwindigkeit der Objekte – zwischen 1900 und 2700 Stundenkilometern – über den Himmel treiben könnte.

Für den Fall, daß seine Schneewolkenhypothese nicht standhalten würde, hatte Menzel noch sechs weitere atmosphärische Erklärungen für die Beobachtung angeführt. Maccabee widerlegte jedoch jede einzelne davon. „Das UFO-Phänomen", schrieb er als Schlußfolgerung, „gilt als triviales wissenschaftliches Problem, und deshalb gibt sich das wissenschaftliche Establishment mit jeder beliebigen Erklärung zufrieden."

Während Männer wie J. Allen Hynek und Maccabee auf eine ernsthaftere Erforschung unbekannter Flugobjekte drangen, brachten andere Wissenschaftler neue Hypothesen zur Erklärung des Phänomens vor. Einige meinten, es handle sich um ein psychologisches Problem; beispielsweise heißt es, daß die meisten Menschen, die UFOs beobachten, vermutlich mit ihrer sozialen Stellung nicht zufrieden seien und sich durch Berichte über angebliche UFO-Beobachtungen mehr Geltung verschaffen wollten. Andere hielten dagegen, die Bedeutung dieses Syndroms werde stark überschätzt und die Verbindung zu UFO-Beobachtungen mehr als fragwürdig.

Während Wissenschaftler nach einer akzeptablen, natürlichen Erklärung für das UFO-Phänomen suchten, bemühten sich die überzeugteren UFO-Enthusiasten, die Herkunft der vermeintlichen Piloten der rätselhaften Raumschiffe zu klären. Einige Gläubige, die auf die alten Sagen vom untergegangenen Atlantis zurückgriffen – und damit weit von den Ansichten orthodoxer Ufologen abwichen –, äußerten die Überzeugung, die UFOs gehörten zu einer unterseeischen Kultur, die von der ozeanographischen Forschung bis jetzt noch nicht entdeckt worden sei. Andere mutmaßten, die Fahrzeuge kämen aus einem hohlen Teil der Erde, der jedoch nach Überzeugung der Geophysiker gar nicht existiert. Wieder andere meinten, die UFOs würden von Wesen gesteuert, die ganz in unserer Nähe im Weltraum lebten, sich jedoch unsichtbar machen oder, modern ausgedrückt, im Hyperraum – im unausgekundschafteten vierdimensionalen Raum – verbergen könnten.

In anderen Erklärungen wurde nach Verbindungen zwischen UFOs und der internationalen Politik gesucht. Jacques Vallee, ein französischer Informatiker, der sich Anfang der 60er Jahre für UFOs zu interessieren begann, hat eine phantasievolle Verschwörungstheorie aufgestellt, die das ganze Phänomen einer internationalen, seit dem Ende des Zweiten Weltkriegs im geheimen operierenden Organisation in die Schuhe schiebt. Vallees ausführlichem Szenario zufolge arbeitet diese einzigartige Gesellschaft mit einer Kombination aus Hypnose und Suggestion, um empfängliche Menschen auf UFO-Erlebnisse zu programmieren. (Gleichzeitig behauptet Vallee jedoch, UFOs seien real.) Zweck der Übung sei es, gesellschaftliche Umwälzungen herbeizuführen und einen dritten Weltkrieg zu verhindern.

Vallees vermeintliche Verschwörung ist eine Variante der nüchterneren und älteren Theorie, UFOs seien modernste Superwaffen, die von einer der Großmächte unter strengster Geheimhaltung entwickelt würden. Der Cash-Landrum-Vorfall von 1980 – bei dem das UFO angeblich von normalen amerikanischen Militärhubschraubern umringt wurde – gab Spekulationen dieser Art neuen Auftrieb. Das gleiche gilt für einen scheinbar rätselhaften Vorfall, der sich etwa zur selben Zeit in einem Wald in England ereignete. Diese Begebenheit, entwickelte sich allmählich zu einem der besser dokumentierten Fälle einer angeblichen Begegnung der zweiten – und vielleicht sogar der dritten – Art.

Rendlesham Forest bei Ipswich in East Anglia ist ein 35 Quadratkilometer großer Kiefernforst, der sich im Staatsbesitz befindet. Es ist ein feuchtes Terrain; den Waldboden bedecken üppige Farne. Die Umgebung ist für britische Verhältnisse dünn besiedelt; die größten Orte sind die Kleinstadt Woodbridge westlich des Waldes, der Stützpunkt Woodbridge der Royal Air Force am westlichen Rand des Waldes, dessen Hauptlandebahn sich bis ins Herz von Rendlesham erstreckt, und der Stützpunkt Bentwaters sechs Kilometer nördlich des Forstes.

Die Stützpunkte Bentwaters und Woodbridge waren als Teil des Verteidigungsnetzes der NATO an die U.S. Air Force verpachtet. Der britische Stützpunkt-Kommandant war für die Verwaltung zuständig; die Operationen unterstanden einem amerikanischen Oberst und dessen Stellvertreter.

Die Berichte über die Ereignisse in der Nacht des 27. Dezember 1980 – wenn dies tatsächlich die Nacht war, in der sich die Vorfälle abspielten – wurden später von mehreren Forschern aus Bruchstücken zusammengefügt. Die Geschichte ist nach wie vor dunkel, und die Zeugenaussagen widersprachen einander.

Ein Memorandum, das über zwei Wochen nach dem Ereignis vom stellvertretenden Stützpunkt-Kommandanten Charles I. Halt abgefaßt (und von der Air Force erst viel später aufgrund einer Anforderung nach der Freedom of Information Act herausgegeben) wurde, führt detailliert die Teile der Geschichte auf, die kaum umstritten sind. Am 27. Dezember gegen 3 Uhr morgens, so schrieb Halt, „sahen zwei Patrouille gehende Sicherheitspolizisten der USAF ungewöhnliche Lichter außerhalb des Hintertors von RAF Woodbridge. In der Annahme, ein Flugzeug könne abgestürzt oder zur Landung gezwungen worden sein, holten sie die Erlaubnis ein, durch das Tor hinauszugehen, um sich Klarheit zu verschaffen." Die Erlaubnis wurde gewährt.

Offenbar sah auch ein Bauer zur selben Zeit ein helles Licht über dem Gebiet niedergehen. In der Annahme, es handle sich um ein Flugzeug, rief er die Sicherheitspolizei in Bentwaters an. Eine dreiköpfige Patrouille rückte aus, um die seltsame Lichterscheinung zu überprüfen, die noch immer sichtbar war. Als die Männer sich dem Licht näherten, fanden sie ein UFO. Dies wurde von einem amerikanischen Flieger bestätigt, der später sagte, er sei zugegen gewesen, und darauf bestand, anonym zu bleiben, sich jedoch als diensthabenden Wachführer auf dem Stützpunkt bezeichnete.

„Das Ding hatte ein pulsierendes Rotlicht oben drauf und mehrere Blaulichter auf der Unterseite", erzählte der Informant einem zivilen Untersucher. „Jedesmal, wenn wir uns ihm näherten, entfernte es sich von uns durch die Bäume, und dann versuchten wir, wieder näher an es heranzukommen." Oberst Halt, der über Funk benachrichtigt worden war, erschien bald darauf mit weiteren Leuten.

Angehörige der Wachmannschaft brachten tragbare Scheinwerfer herbei, die von benzingetriebenen Generatoren gespeist werden sollten; die Motoren sprangen jedoch nicht an. Die Suche wurde im Dunkeln fortgesetzt, und die Männer stießen schließlich auf etwas, was der anonyme Informant als „einen gelben Bodennebel, wie ich ihn noch nie zuvor gesehen hatte" bezeichnete. Außerdem hörten sie, daß auf einem benachbarten Bauernhof das Vieh unruhig wurde. Und dann sahen sie das UFO.

„Ganz plötzlich war das Objekt einfach da", erinnerte sich der Informant. „Es war aus dunklem, silberfarbenem Metall und mit vielen bunten Lichtern besetzt. Es war riesig. Wir erhielten

Wache an den Fenstern

Nach einer Legende der Yakima-Indianer kam vor langer Zeit ein rotäugiger Mann mit großen Heilkräften und lebte fortan in ihrem Stamm. Als er alt geworden war, bat er eines Tages die Indianer, ihn an einen bestimmten Ort zu bringen, an dem er sterben wollte. Bald nach seinem Tode kam ein Objekt vom Himmel herab, landete auf der Erde, nahm seinen Leichnam an Bord und flog wieder in den Himmel hinauf.

Vielleicht ist diese Geschichte nur eine Volkssage, aber manche Ufologen sind anderer Meinung. Sie behaupten, das Yakima-Indianer-Reservat, ein rund 4000 Quadratkilometer großes Gebiet im Staate Washington, sei ein sogenanntes Fenster – ein Gebiet, in dem häufig unbekannte Flugobjekte landen. In den letzten Jahren haben mehrere Forscher Untersuchungen in Yakima und in anderen Fenster-Gebieten durchgeführt, in der Hoffnung, die dort offenbar wiederholt auftauchenden seltsamen Lichter und fliegenden Scheiben dokumentieren und erklären zu können.

Das Yakima-Reservat liegt acht Kilometer südlich des Mount Rainier, über dem Kenneth Arnold 1947 fliegende Untertassen beobachtet hatte, was die moderne UFO-Kontroverse auslöste. Zwischen 1964 und 1984 gab es in dem Reservat 186 Berichte über UFOs. Die meisten kamen von Brandwächtern, also von Männern, die riesige Waldgebiete beobachten, um einen Waldbrand sofort entdecken und melden zu können. In den meisten Berichten war von rötlichen oder weißen nächtlichen Lichtern die Rede, die sich unberechenbar verhielten und bald schwebend stillstanden, bald mit unirdisch anmutender Wendigkeit über den Himmel flitzten.

Fasziniert vom Geheimnis des Reservats, beschaffte der bekannte Astronom und UFO-Forscher J. Allen Hynek öffentliche Mittel für eine Untersuchung des Yakima-Phänomens. Zum Leiter des Projekts wurde ein Elektroingenieur und Hobby-UFO-Forscher namens David Akers bestimmt. Seine Ausrüstung umfaßte verschiedene Film- und Photokameras, von denen eine mit einem Beugungsgitter zur Analyse von Lichtwellenlängen versehen

Leif Havik, der Leiter einer Fenster-Wache in Norwegen, sitzt hier vor einem Wohnwagen, der von Feldforschern im schneebedeckten Hessdalen als Unterkunft benutzt wird. Er ist umgeben von Kameras, die für Aufnahmen von den merkwürdigen Lichterscheinungen dienen.

war. Außerdem hatte er ein Magnetometer zur Aufzeichnung von Veränderungen in Magnetfeldern und Meßgeräte für radioaktive und infrarote Strahlung sowie Ultraschallfrequenzen. Akers begann am 19. August 1972 eine vierzehntägige Beobachtungsperiode in dem Reservat. In dieser Zeit gelangen ihm mehrere Aufnahmen von fernen, ungewöhnlichen Lichtern, aber die Bilder waren unscharf. Trotz aller Begeisterung führte die Arbeit im Yakima-Reservat zu keinen greifbaren Resultaten.

Das gleiche läßt sich über das Projekt „Identification" sagen, eine sehr viel gründlichere Fensterwache in der Gegend der Stadt Piedmont in Missouri. Das Projekt ging auf eine Initiative des Physikprofessors Harley D. Rutledge von der Southeast Missouri State University zurück. Durch UFO-Beobachtungen in Piedmont Anfang 1973 neugierig geworden, besuchte Rutledge die Stadt und sah selbst zwölf der geheimnisvollen Himmelslichter. Dieses Erlebnis führte schließlich zu einer sieben Jahre dauernden Untersuchung, die 1973 begann und an der insgesamt 40 Naturwissenschaftler, Ingenieure, Studenten und Laien beteiligt waren. Ihnen stand eine Ausrüstung im Wert von nahezu 40 000 Dollar – alle Geräte, die David Akers im Yakima-Reservat benutzt hatte, und noch einige mehr – zur Verfügung.

Neben außerordentlich leistungfähigen Kameras umfaßte die Ausrüstung, die in Piedmont eingesetzt wurde, vier Teleskope, einen Spektrum-Analysator und ein Gravimeter für die Messung von Veränderungen der Gravitations-Feldstärke. Im Rahmen des Projekts Identification wurden 157 Beobachtungen registriert, die 178 UFOs betrafen. Professor Rutledge machte persönlich allein 160 Beobachtungen. Aber auch diesmal hatten die Forscher trotz aller Bemühungen am Schluß zwar eine Menge von Fernaufnahmen, wußten aber nach wie vor so gut wie nichts über Wesen und Herkunft der unbekannten Flugobjekte.

Auch Fenster in anderen Ländern wollten ihre Geheimnisse nicht preisgeben. In einer zweiteiligen Untersuchung, die in den Jahren 1984 und 1985 jeweils eine Woche lang durchgeführt wurde, trotzten robuste skandinavische Forscher den Unbilden der arktischen Nächte, um Berichten von UFO-Erscheinungen über Hessdalen, ein acht Kilometer südlich des nördlichen Polarkreises gelegenes Tal in Norwegen, auf den Grund zu gehen. Von Dezember 1981 an sahen dort Dorfbewohner immer wieder einmal seltsame Objekte am Himmel. Während einer Periode von fünf Wochen im Januar und Februar 1984 berichteten sie von insgesamt 188 Beobachtungen unregelmäßig geformter Lichter sowie ovaler und zigarrenförmiger Objekte.

Wie die Forscher in Piedmont waren auch die Wissenschaftler des Projekts „Hessdalen" bestens ausgerüstet, unter anderem mit Radargeräten und seismographischen Apparaten. Es gelang ihnen, mehrere UFOs auf ihrem Radarschirm sichtbar zu machen, auch wenn die Objekte selbst auf keine andere Weise wahrzunehmen waren, und sie machten mehrere photographische Fernaufnahmen. Das Team berichtete auch von seltsamen Lichtern, die keine erkennbare Quelle gehabt hätten. Beispielsweise gab es da einen roten Lichtstrahl, so dünn wie ein Laser, der sich über die Schneedekke am Boden bewegte und die Füße eines Dorfbewohners, der den Wissenschaftlern geholfen hatte, umspielte, um dann plötzlich zu verlöschen. Aber auch hier gelang es nicht, die örtlichen Erscheinungen zu identifizieren oder eine Erklärung dafür zu finden, warum unbekannte Flugobjekte scheinbar an bestimmten Orten gehäuft auftreten. Während alle diese Forschungen stattfanden, wurde eine Theorie entwickelt, die nicht allein die Fenster, sondern die UFOs überhaupt zu deuten versuchte.

Zwei Jahre bevor das Projekt Hessdalen offiziell anlief, wurden diese geheimnisvollen Lichter von Leif Havik in Hessdalen aufgenommen.

Diese Theorie ging im wesentlichen auf den kanadischen Psychophysiologen Michael A. Persinger zurück und besagte, daß geophysikalische Prozesse im Zusammenhang mit Brüchen – unter der Oberfläche liegenden Spalten in der Erdkruste – sogenannte „Erdlichter" hervorriefen, die von manchen Leuten fälschlich für Raumfahrzeuge gehalten würden. Persinger postulierte, daß tektonische Aktivität – unterirdische Verschiebungen des Krustenmaterials an solchen Brüchen (Yakima als auch Piedmont und Hessdalen liegen in Bruchzonen) – Quarzkristalle im Gestein komprimiert und dadurch eine Form von Energie freisetzt, die man als Piezoelektrizität bezeichnet. Diese, so argumentierte Persinger weiter, könne Lichtkugeln erzeugen, die lange bestehen bleiben und sich unberechenbar verhalten könnten. Außerdem könne eben diese Energie Interferenzen mit elektrischen Impulsen im menschlichen Gehirn auslösen, was manche dazu veranlasse, Erdlichter fälschlich als UFOs zu deuten. Viele Naturwissenschaftler bezweifeln jedoch, daß Quarz unter Druck genügend Energie abgeben kann, um Erscheinungen hervorzurufen, die als unbekannte Flugobjekte zu mißdeuten wären. Fraglich ist auch, ob die Elektrizität menschliche Denkprozesse nennenswert beeinflussen kann.

Auch die Beobachter an den Fenstern weisen Persingers Theorie zurück. Rutledge sagte dazu, die Erdlichter hätten nicht einmal ein Prozent der in Piedmont verzeichneten Beobachtungen ausmachen können. Hessdalen ist ein Gebiet mit zahlreichen Brüchen, aber die Forscher registrierten dort während ihrer Beobachtungen keine seismische Aktivität.

Faszinierenderweise hatten die Forscher aller drei Fenster-Projekte das Gefühl, daß sie die UFOs nicht nur beobachteten, sondern auch mit ihnen in Verbindung traten. Es gab Berichte von Objekten, die scheinbar darauf reagierten, wenn sie mit Feldstechern oder Teleskopen beobachtet oder mit Scheinwerfern angestrahlt wurden. Manchmal ließen die geheimnisvollen Objekte angeblich wie zur Antwort ihre eigenen Lichter aufblitzen oder verschwanden plötzlich, als wollten sie sich einer näheren Betrachtung entziehen. Es hieß sogar, einige der UFOs hätten, vielleicht durch Abhören von Funksprüchen oder durch Telepathie, Kenntnis von den Arbeitsplänen der Wissenschaftler erlangt.

Professor Rutledge erklärte in seinem Abschlußbericht über das Piedmont-Experiment: „Es ging da um mehr als die Messung physikalischer Merkmale von UFOs durch objektive Beobachter. Es entwickelte sich eine Beziehung, ein gegenseitiges Erkennen zwischen uns und der UFO-Intelligenz. Ein Spiel wurde gespielt."

Diese Aufnahme, die mit einer Belichtung von 60 Sekunden im Yakima-Reservat entstand (rechts), zeigt ein und dasselbe UFO in kurzen Bewegungsschüben von links nach rechts; das Licht unten, das über Piedmont, Missouri, beobachtet wurde, schwebte angeblich 30 Minuten am Himmel, bevor es sich entfernte.

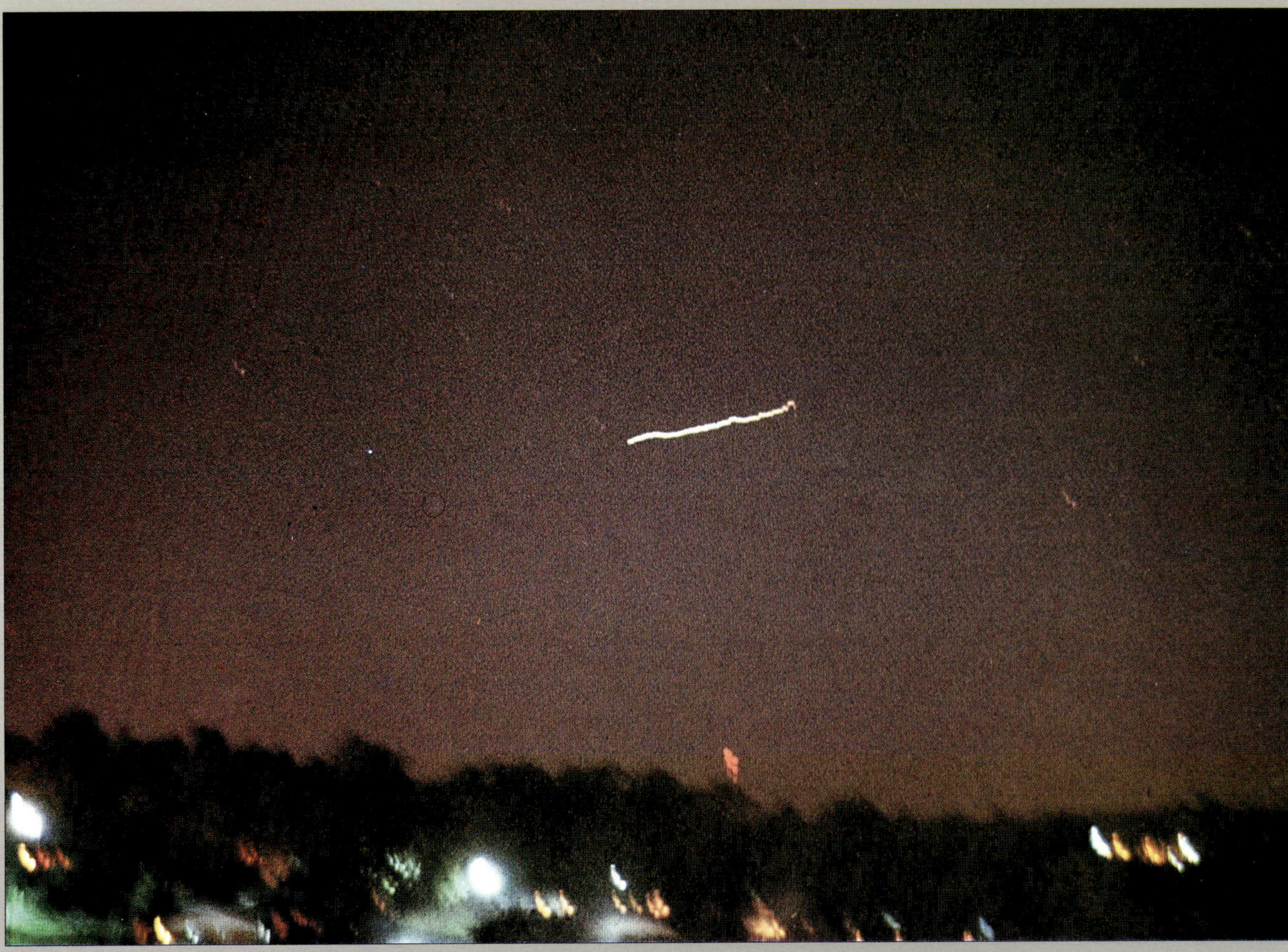

den Befehl, einen Ring um das Objekt zu bilden, in Abständen von knapp fünf Metern von Mann zu Mann." Zwei britische Polizeibeamte, die offenbar die seltsamen Lichter untersuchen wollten, standen etwas abseits und photographierten. Wie der Informant berichtete, hätten er und ein anderer Flieger auf Befehl von Oberst Halt die Filme konfisziert. Zwei Offiziere der Air Force hätten aber ebenfalls ständig photographiert, sagte er.

Etwa nach einer halben Stunde verschwand das Fahrzeug. „Es war blitzartig weg", berichtete der angebliche Augenzeuge, „fast als hätte es sich in Luft aufgelöst. Als es verschwand, wehte uns ein kalter Windstoß entgegen, der etwa fünf oder zehn Sekunden dauerte. Es war wirklich zum Fürchten. Ich sah tatsächlich mein ganzes Leben vor meinem inneren Auge ablaufen."

„Am nächsten Tag", so fuhr Oberst Halt später im zweiten Absatz seines Memorandums fort, „wurden drei in den Boden gedrückte Vertiefungen von vier Zentimeter Tiefe und 17 Zentimeter Durchmesser an der Stelle gefunden, wo das Objekt am Boden gesichtet worden war." Andere Beobachter berichteten auch von verbrannten Baumwipfeln in dem Gebiet und beschädigten Lichtern am Ende der nahe gelegenen Rollbahn. „Später in der Nacht", fuhr Oberst Halt fort, „sah man durch die Bäume ein rotes, sonnenähnliches Licht. Es bewegte sich und pulsierte. Einmal versprühte es anscheinend glühende Teilchen und zerbrach in fünf weiße Objekte, und dann verschwand es. Zahlreiche Personen, einschließlich des Unterzeichneten, wurden Zeugen der in den Absätzen 2 und 3 beschriebenen Vorgänge."

Oberst Halt stellte somit nicht fest, daß er selbst das UFO gesehen habe. Auch wurde dementiert, daß der Stützpunkt-Kommandant, Oberst Gordon Williams, überhaupt zugegen gewesen sei. Später hielten sich jedoch hartnäckige Gerüchte, wonach Oberst Halt nicht nur befohlen habe, das UFO zu bewachen und photographische Aufnahmen zu verhindern, sondern auch Oberst Williams mit den drei Insassen des Objekts gesprochen habe, die vor ihm im Licht von Scheinwerfern gestanden hätten. Die Insassen seien knapp einen Meter groß gewesen. Als sich solche überraschenden Einzelheiten herumsprachen, suchten Forscher nach Erklärungen für die ungewöhnlichen Berichte – während die amtlichen Stellen Dementis herausgaben oder Stillschweigen bewahrten. Eine Vermutung ging dahin, daß das unbekannte Flugobjekt abgestürzt sei, daß Leute von der Air Force zugegen gewesen seien, während das Fahrzeug repariert wurde, und es so lange beobachtet hätten, bis es wieder abflog. Nach einer anderen Version war das Flugobjekt von der Air Force beschlagnahmt und heimlich in die Vereinigten Staaten verfrachtet worden.

Viel später gelangten Unterlagen über den Vorfall in die Hand eines amerikanischen UFO-Forschers namens Raymond Boeche, der mit dem privaten Mutual UFO Network (MUFON) zusammenarbeitete. Er legte das Material, darunter auch Halts Memorandum, dem Senator J. James Exon von Nebraska vor, der zu der Zeit Mitglied des Senats-Ausschusses für die Streitkräfte war. Der Senator erklärte sich – wenn auch etwas widerstrebend – bereit, sich mit der Angelegenheit zu befassen.

Später, so Boeche, hätten Mitarbeiter von Senator Exon ihm mitgeteilt, der Senator habe sehr viel Zeit damit zugebracht, Personen anzurufen oder anzuschreiben, die mit der Sache zu tun hatten. Einer dieser Mitarbeiter habe ihm gesagt: „Ich glaube, er hat so ziemlich mit jedem im Verteidigungsministerium gesprochen, der auch nur im entferntesten als Gesprächspartner in Frage kam. Ich habe noch nie erlebt, daß er wie in diesem Fall eine Angelegenheit ganz im Alleingang bearbeitete – das ist höchst ungewöhnlich." Was immer der Senator herausgefunden haben mag, offenbar sprach er nie mit seinem Stab oder mit irgend jemand anderem darüber. Er teilte Boeche lediglich mit, es handle sich nicht um eine „Vertuschung von Regierungsseite".

Gab es etwas, das hätte vertuscht werden können? Was geschah tatsächlich in Rendlesham Forest? Für manche Ufologen war es natürlich eine amtlich bestätigte UFO-Landung einschließlich eines Kontakts mit Außerirdischen. Nachdem im Herbst 1983 zum erstenmal Meldungen über den Vorfall in einer britischen Boulevardzeitung erschienen waren, führte der britische Wissenschaftsautor Ian Ridpath Untersuchungen an Ort und Stelle durch, die eine normalere Erklärung nahelegen.

Ridpath zufolge, der von einem einheimischen Förster herumgeführt wurde, haben die Männer, die von einem UFO mit Blinklichtern berichteten, in Wirklichkeit in den hellen Strahl eines Leuchtturms geblickt, der acht Kilometer entfernt an der Küste von Suffolk steht. Vom Ort der angeblichen Landung aus gesehen, so bemerkte Ridpath, schien der Strahl sich zu bewegen und nur etwa einen Meter über dem Boden zu schweben, und sein Licht schien nur wenige hundert Meter entfernt zu sein. Was die Vertiefungen anging, die das UFO angeblich im Boden hinterlassen hatte, so erzählte der Förster – der die Eindrücke gesehen hatte –, er habe sie als Kaninchenlöcher erkannt. Die vermeintlichen Brandspuren an Bäumen entpuppten sich als verharzte

Diese dramatischen Aufnahmen wurden von einem Schweizer Arbeiter namens Eduard Meier gemacht, der in den 70er Jahren zu einer der umstrittensten Gestalten der Ufologie wurde. Er lebte in dem Dorf Hinwil südöstlich von Zürich. Meier, der wegen seiner häufigen Wanderungen im Wald als Sonderling galt, erklärte schließlich, er stehe dort in Verbindung mit Außerirdischen vom Sternhaufen der Plejaden. Er machte Hunderte von Photos von Objekten, bei denen es sich angeblich um ihre Raumschiffe handelte. Weitere Bilder wollte er auf Ausflügen mit seinen außerirdischen Freunden im All gemacht haben. Meier konnte viele Leute überzeugen, und selbst Skeptiker räumen ein, daß seine Bilder, falls es sich um Fälschungen handelt, äußerst raffiniert gemacht sind.

Prüfung durch Computer

Mrs. Trent fütterte in ihrem Garten die Kaninchen, als die fliegende Untertasse auftauchte. Wie die Frau aus McMinnville in Oregon berichtete, schaute sie am Abend des 11. Mai 1950 von ihrer Arbeit auf und erblickte eine riesige, runde Scheibe aus Metall, die lautlos am bedeckten Himmel dahinglitt. Sie rief ihren Mann Paul, holte eine Kamera und sah zu, wie er zwei Aufnahmen von dem Flugobjekt machte, bevor dieses mit hoher Geschwindigkeit in westlicher Richtung entschwand.

Diese beiden Photos erlangten Berühmtheit in den Annalen der Ufologie. Die verschiedensten Fachleute, von Angehörigen der Air Force bis hin zu Photographen der Zeitschrift *Life,* nahmen sie in den folgenden Jahrzehnten immer wieder unter die Lupe. Die meisten derer, die diese Photos prüften, stimmten mit den Schlußfolgerungen des skeptischen Condon-Reports aus dem Jahre 1969 überein: „Die einfachste, unmittelbarste Interpretation der Photos bestätigt genau das, was die Zeugen nach ihren eigenen Worten gesehen haben."

In jüngerer Zeit hat William H. Spaulding von der Ground Saucer Watch Inc., einer mit der wissenschaftlichen Untersuchung von UFOs befaßten Vereinigung, die Bilder einer Computer-Analyse unterzogen, die noch weitere Aufschlüsse über die bereits durch viele Hände gegangenen Photos erbrachte – Aufschlüsse, die darauf hinweisen, daß es sich bei den Bildern nicht um Fälschungen handeln kann.

Spaulding und seine Mitarbeiter haben mit ihrem Computer über 1000 UFO-Photos analysiert, darunter auch die Trent-Bilder. Zunächst tasten sie jedes Photo mit einer Kamera – ähnlich wie mit einer Fernsehkamera – ab, die das Bild in fast eine Viertelmillion Pixel, also Bildpunkte, zerlegt. Der Scanner mißt die Helligkeit jedes Pixels und weist ihr einen Zahlenwert zu. Diese Werte werden in den Arbeitsspeicher des Computers eingegeben; das Originalbild kann dann auf einem Bildschirm ausgegeben und manipuliert werden.

Der Computer macht zum Kinderspiel, was früher äußerst schwierig war. So kann man zwei Punkte auf dem Bildschirm bezeichnen und den Computer anweisen, den genauen Abstand zwischen ihnen zu berechnen; dies geschieht mit einem Programm, das bekannte Bezugspunkte in dem Photo analysiert. Es ist auch möglich, winzige Details zu vergrößern, wobei in manchen Fällen der verräterische Frisbee-Schriftzug auf einem angeblichen UFO zum Vorschein kommt. Am nützlichsten ist wahrscheinlich die Fähigkeit des Computers, Farbwerte zu

Einer von Paul Trents Schnappschüssen aus dem Jahre 1950 (links) läßt ein Türmchen auf dem UFO erkennen. Konturenverstärkung (unten) macht die seltsame Form (und Kratzer im Negativ) sichtbar; Farbkonturierung (ganz unten) bestätigt die Dreidimensionalität.

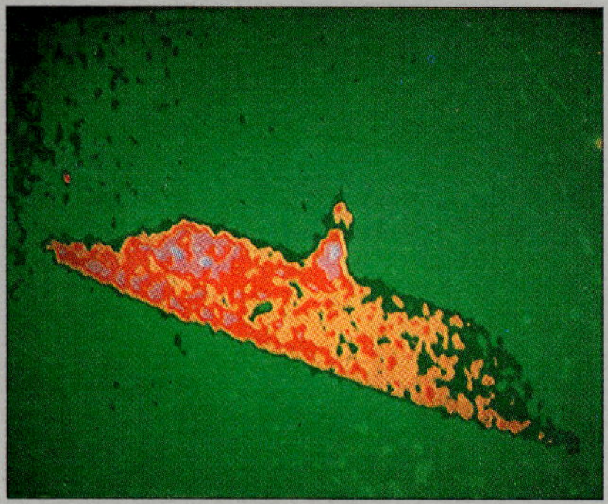

Das zweite Trent-Photo (oben) zeigt die klassische Diskusform eines UFOs, enthält jedoch wenig Einzelheiten. Computergestützte Konturenverstärkung (rechts) zeigt, daß das Objekt nicht an Drähten aufgehängt war, und Farbkonturierung (ganz rechts) läßt die flache beleuchtete Unterseite erkennen.

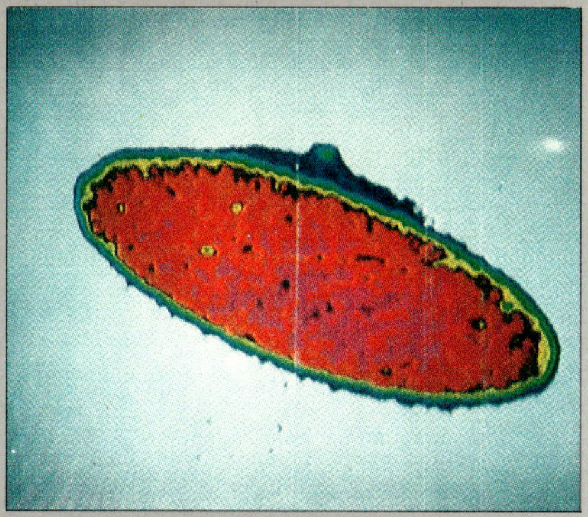

verstärken, so daß einzelne Pixel zur Verdeutlichung von Details aufgehellt oder abgedunkelt werden können.

Zu den vielen Tests, denen die Forscher die Trent-Photos unterzogen, gehörten zwei Spezialverfahren. Das erste war die Konturenverstärkung, die feinste Details in einem Bild durch Steigerung des Kontrats in benachbarten Pixeln verdeutlicht. Diese Technik bringt oft Aufhängedrähte und andere versteckte Vorrichtungen auf gefälschten UFO-Photos an den Tag: So kann der Computer zum Beispiel eine Schnur mit einem Durchmesser von einem Fünftel Millimeter noch aus einer Entfernung von drei Metern erkennen.

Beim zweiten Verfahren, der Farbkonturierung, werden den Grautönen des Originalphotos 30 verschiedene Farben zugeordnet. Die undeutlichen Muster von Licht und Schatten, in denen sich ein Objekt abbildet, können – durch dieses Verfahren überhöht – den Forschern viel über Form, Material und Dichte des Objekts verraten. Auf diese Weise kann man beispielsweise eine Wolke von einem massiven Flugkörper und einen flachen von einem dreidimensionalen Körper unterscheiden.

Die Trent-Photos bestanden Spauldings Test mit Auszeichnung. Die Konturenverstärkung ergab, daß das UFO nicht an Schnüren aufgehängt war, wie Skeptiker geargwöhnt hatten. Die Farbkonturierung ließ ein dreidimensionales Flugobjekt mit ebener, gleichmäßig beleuchteter Unterseite erkennen.

Weitere Vergleiche des UFOs mit Objekten im Vordergrund der Aufnahmen schienen ebenfalls zu bestätigen, daß es mindestens einen Kilometer entfernt gewesen war und einen Durchmesser von etwa 20 bis 30 Metern gehabt hatte.

Obwohl einige Fragen hinsichtlich der Tageszeit (die Schatten weisen eher auf eine Morgen- als eine Abendstunde hin) und der Glaubwürdigkeit der Zeugen (die schon vorher UFOs beobachtet haben wollten) offenblieben, glaubten Spaulding und seine Mitarbeiter, daß die Photos der Trents tatsächlich Seltenheitswert haben könnten – als echte UFO-Aufnahmen.

Als Fälschung entlarvt

Paul Villas reizvolle Photos von fliegenden Untertassen, die schon lange Verdacht erregten *(S. 89)*, sind wahrscheinlich durch William Spaulding und die Gruppe Ground Saucer Watch endgültig als Fälschungen entlarvt worden. Villa behauptete, ein Raumschiff mit einem Durchmesser von rund 20 Metern viele Male in der Nähe von Albuquerque in New Mexico beobachtet und mit seinen attraktiven, über zwei Meter großen Insassen gesprochen zu haben. Sie hätten ihm erzählt, sie seien in friedlicher Mission vom Sternbild Coma Berenices unterwegs, und die irdischen Menschen hätten sie nicht entdeckt, weil ihre Raumschiffe Anti-Radar-Einrichtungen besäßen. 1963, so behauptete Villa, sei er dann auf so vertrautem Fuß mit den Außerirdischen gestanden, daß sie ihr Raumschiff von ihm hätten photographieren lassen.

Die Computer-Analyse erzählte eine andere Geschichte. Auf mindestens einem der Photos wurde ein Draht oder eine Schnur sichtbar, woran das angebliche Raumschiff befestigt war. Die Bildschärfe ließ außerdem darauf schließen, daß sich das Objekt nahe an der Kamera befunden hatte und nicht größer als 50 Zentimeter im Durchmesser gewesen war. Villas Photos sind typisch für die Aufnahmen, die von Ground Saucer Watch analysiert wurden. Von den über 1000 angeblichen UFO-Photos, die von den Computern geprüft wurden, erwiesen sich 605 als Ulk, und bei den meisten anderen schien es sich um Bilder von Ballonen und ähnlichen Objekten zu handeln. Nur 40 Aufnahmen bestanden den Computertest und müssen bis zum Beweis des Gegenteils als glaubwürdig gelten.

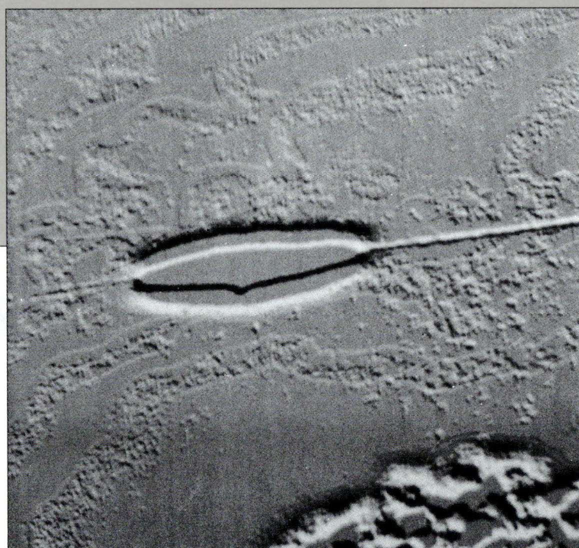

Paul Villas UFO-Photo (unten), das im Original recht überzeugend wirkt, sieht nach der Konturenverstärkung (links) ganz anders aus: Man erkennt, daß das Objekt an einem zwischen Bäumen ausgespannten Draht aufgehängt wurde.

Axtkerben, die Waldarbeiter zur Markierung der zum Fällen vorgesehenen Bäume angebracht hatten. In den Unterlagen der Ortspolizei entdeckte Ridpath, daß sich die Vorfälle in der Nacht vor dem Datum ereignet hatten, das Halt in seinem zwei Wochen später erstellten Memorandum genannt hatte. Und in der richtigen Nacht, so fand Ridpath heraus, war ein ungewöhnlich heller Meteor über Südengland beobachtet worden.

Andere, die zwar einräumten, daß vielleicht wirklich kein UFO in dem Wald gelandet sei, Ridpaths Erklärung aber trotzdem nicht akzeptieren wollten, äußerten die Vermutung, die Air Force habe möglicherweise die UFO-Berichte lanciert, um den Absturz eines Flugzeugs zu vertuschen, das Atombomben an Bord hatte. Der MUFON-Forscher Boeche stellte Überlegungen darüber an, ob es sich um einen Unfall mit irgendeinem neuen Waffentyp oder aber die Bergung herabgestürzter Trümmer einer Raumsonde gehandelt haben könnte. Wie auch immer, die zuständigen Stellen hüllen sich bis zum heutigen Tag in Schweigen.

Auf die Episode in Rendlesham Forest folgten zahlreiche andere UFO-Ereignisse. Eine Serie von Beobachtungen wurde 1982 im amerikanischen Staat Pennsylvania registriert. Im Jahre 1983 berichteten Tausende von Menschen in den Kreisen Westchester und Putnam des Staates New York vom Nachtflug eines Flugobjekts von der Größe eines Sportplatzes und der Form eines Bumerangs, das viele Positionslichter gehabt habe.

Die Polizei versuchte, diese Beobachtungen pauschal als Flug eines Ultraleichtflugzeugs (eines Hängegleiters mit Motor) oder als Militärflüge zu erklären, was jedoch Dementis militärischer Stellen nach sich zog. Unter den Tausenden von Augenzeugen waren auch Wissenschaftler und Ingenieure. Später entpuppten sich jedoch ähnliche Beobachtungen eines V-förmigen Flugobjekts als Ergebnis eines Juxes; ein paar Privatpiloten gestanden, sie seien eines Nachts in Formation geflogen, um neue UFO-Berichte auszulösen.

Die UFO-Beobachtungen beschränkten sich nicht auf die Vereinigten Staaten. Im Mai 1986 erklärte beispielsweise der brasilianische Luftwaffenminister in einer Fernsehansprache, das Verteidigungssystem des Landes sei wenige Tage zuvor in den Alarmzustand versetzt worden, weil 21 „unkorrelierte Objekte" vom Radar erfaßt worden seien. Düsenjäger seien aufgestiegen, hätten eine Anzahl rätselhafter Objekte mit Blinklichtern aufgespürt und verfolgt und seien teilweise ihrerseits verfolgt worden. Die Piloten gaben ihre eigenen Berichte in einer vom Fernsehen übertragenen Pressekonferenz, und der Luftwaffenminister erklärte abschließend zu dem Vorfall: „Der Himmel war völlig klar, und es waren keine Flugzeuge in der Luft, als die Lichter entdeckt wurden. Technisch gesprochen gibt es keine Erklärung für die Vorfälle."

Seit Beginn der 80er Jahre lösten immer wieder UFOs bei Piloten und Bürgern Erstaunen aus, wenn sie mit hoher Geschwindigkeit über den Himmel flogen und sich der Verfolgung durch Düsenjäger entzogen. Im Center for UFO Studies gingen weiterhin 800 bis 1200 Berichte jährlich ein. Zum Kummer vieler Ufologen trat jedoch eine bestimmte Art der nahen Begegnungen immer mehr in den Vordergrund.

In seinem 1972 erschienenen Buch hatte J. Allen Hynek angedeutet, daß er sich im Grunde seines Herzens wünsche, alle Begegnungen der dritten Art würden aufhören, weil die oft makabren Einzelheiten sogar bei entschiedenen UFO-Gläubigen zunehmend auf Skepsis stießen. Später räumte er jedoch zögernd ein, daß manche Berichte dieser Art durchaus plausibel und keine anderen Erklärungen möglich seien. Das Pascagoula-Ereignis war ein solcher Fall. Es wies ähnliche Merkmale auf wie die Entführung von Barney und Betty Hill *(S. 79–84)*. Die Opfer behaupteten, sie seien wehrlos gemacht, an Bord eines merkwürdigen Flugobjekts gebracht und einer körperlichen Untersuchung unterzogen worden. In anderen Fällen, beispielsweise dem von Travis Walton in Arizona, hatten die Betroffenen festgestellt, daß ihnen, nachdem sie das UFO gesehen hatten, ein bestimmter Zeitabschnitt fehlte, im allgemeinen handelte es sich um Stunden, manchmal aber auch ganze Tage.

In den meisten Fällen war die Ursache für die angeblich fehlende Zeit offenbar eine Amnesie, der nur mittels einer fachgerechten Hypnose beizukommen war. In der Mehrzahl dieser Fälle erinnerten sich die Personen, daß sie in einen großen, hellerleuchteten Raum gebracht, auf eine Art Tisch gelegt und von kleinwüchsigen, menschenähnlichen Wesen mit großen, dunklen Augen ausführlich untersucht worden waren. Diese Untersuchung wurde durchweg als unangenehm geschildert. Bei vielen Opfern wurden die gleichen Scham- und Schuldgefühle festgestellt, wie sie für Vergewaltigungsopfer charakteristisch sind; die meisten sprachen nur widerwillig über ihre Erlebnisse. Darin sind sie das genaue Gegenteil der geschwätzigen Kontaktpersonen, die den öffentlichen Rummel um ihre angeblichen Abenteuer sichtlich genießen. Trotzdem sind manche UFO-

Forscher über die Entführungsfälle eher unglücklich, weil solche Geschichten meist nur Hohn und Spott auslösen.

Der wichtigste Chronist von Entführungsfällen ist ein bekannter New Yorker Künstler namens Budd Hopkins, der sich 1974, nachdem er angeblich über Cape Cod ein UFO beobachtet hatte, den Fall Hill noch einmal vornahm. Im Zuge seiner Nachforschungen erfuhr er von vielen Leuten, die über ähnliche Erlebnisse berichteten. Im Jahre 1981 veröffentlichte er ein Buch mit dem Titel *Missing Time*, in dem er eine Reihe von Entführungsfällen schilderte. Angeregt durch die Erfahrungsberichte anderer, meldeten sich noch weitere Personen mit ähnlichen Geschichten zu Wort. Unter ihnen war auch eine junge Frau aus Indiana, für die Hopkins, um ihre Privatsphäre zu schützen, das Pseudonym Kathie Davis wählte. Ihr Fall wurde zum Gegenstand von Hopkins' zweitem Buch mit dem Titel *Intruders*, das sich nach seinem Erscheinen im Jahr 1987 gut verkaufte.

Kathie Davis lebte in Copley Woods, einem Vorort von Indianapolis. Im Jahre 1983 – sie war damals 24 – hatte Copley Woods offenbar Besuch von einem UFO bekommen. In den Haushalten spielten Lampen und Elektrogeräte verrückt, und eines Morgens fand die Familie Davis einen großen, kreisrunden, verbrannten Fleck in ihrem Garten, auf dem von da an nichts mehr wuchs. Nach diesem Ereignis begann Kathie mit Hopkins zu korrespondieren. Im weiteren Verlauf erzählte sie ihm von einem Traum, den sie fünf Jahre zuvor gehabt hatte und in dem sie von zwei kleinen „Männern" mit „schmutzigweißer, fast grauer" Haut und „pechschwarzen, wie flüssig wirkenden" Augen besucht worden war. Sie hatten ihr eine dunkle Schachtel mit einem roten Licht auf der Oberseite gegeben und vor ihrem Verschwinden gesagt, sie würden zurückkommen.

Hopkins stellte fest, daß Kathies Traum wie auch mehrere andere Einzelheiten in den Erlebnissen ihrer Familie – beispielsweise unerklärliche Narben an den Beinen von drei Familienmitgliedern – Ähnlichkeiten mit den Erlebnissen aufwiesen, von denen andere Entführte berichtet hatten. In den folgenden Jahren erhielt er, unterstützt von Psychiatern, Psychologen und Hypnotiseuren, umfassende und erschreckende Schilderungen von Kathie Davis, die alle in das allgemeine Grundmuster der Entführungsfälle paßten.

Offenbar war Kathie schon in früher Kindheit von kleinen außerirdischen Wesen besucht worden, die sie genau untersucht hatten. Bei ihrem jüngsten Besuch, der nach Kathies Erinnerung in der Nacht stattgefunden hatte, als die Stelle im Garten versengt worden war, hatten sie ihr mit einer Nadel ins Ohr gestochen, bis sie einen starken Schmerz spürte. Hopkins vermutete, daß die Außerirdischen ihr irgendein winziges Gerät eingepflanzt hatten, das es ihnen ermöglichte, ihr auf der Spur zu bleiben. Die Narben, die sich an ihrem Bein und auch bei anderen Familienmitgliedern fanden, waren nach Hopkins' Meinung durch Einschnitte entstanden, die zur Entnahme von Gewebeproben ausgeführt wurden. Hopkins berichtete, solche Narben fänden sich oft bei Personen, die von solchen Erlebnissen berichteten."

Kathie erzählte, sie sei als Teenager schwanger geworden, habe aber schon während der ersten drei Monate gemerkt, daß die Schwangerschaft nicht mehr bestand, ohne daß sie irgendwelche Anzeichen für ihre Beendigung wahrgenommen hätte. Ihr Arzt sei aufgrund früher Blut- und Urinuntersuchungen sicher gewesen, daß es sich nicht um eine Scheinschwangerschaft gehandelt hätte. Unter Hypnose erzählte Kathie, die Außerirdischen hätten sie besucht und sie einer unangenehmen gynäkologischen Prozedur unterzogen, und anschließend sei sie schwanger geworden. Ein paar Monate später seien sie zurückgekehrt und hätten den sich entwickelnden Fetus entnommen; wie sich Kathie erinnerte, habe sie geschrien und die Wesen angefleht, ihr das Baby nicht wegzunehmen.

Kathie heiratete später und brachte ohne Komplikationen zwei Jungen zur Welt. Dann, so berichtete sie, seien die Außerirdischen zurückgekehrt und hätten ihr ein weibliches Wesen gezeigt, das wie eine etwas menschlichere Version von ihnen selbst ausgesehen habe. Später seien sie noch einmal wiedergekommen und hätten ihr ein winziges, verschrumpeltes, grauhäutiges Kind hingehalten. Sie habe es instinktiv an die Brust genommen, wobei die Außerirdischen sie aufmerksam beobachtet hätten. Hopkins meinte, die Außerirdischen hätten herausbekommen wollen, wie die Menschen ihre Kinder ernähren.

Aus Kathies Berichten und den Erzählungen vieler anderer Menschen, in denen es ebenfalls um eine Entführung durch Außerirdische und Untersuchungen an den Geschlechtsorganen ging, schloß Hopkins, daß die Außerirdischen auf der Suche nach bestimmten Blutlinien seien. Vielleicht, so schrieb er, führten sie Kreuzungsversuche durch, möglicherweise mit der Absicht, eine genetische Stärke oder Variabilität zurückzugewinnen, die ihnen abhanden gekommen sei.

Es ist natürlich unbestreitbar, daß Kathies Erzählungen

den Wahnvorstellungen Geistesgestörter nicht unähnlich sind. Hopkins unterwarf jedoch Kathie und viele andere Informanten einer Serie raffinierter psychologischer Tests. Die Ergebnisse, so behauptete er, zeigten, daß keine dieser Personen paranoisch, schizophren oder auf andere Weise geistig oder psychisch behindert sei. Ein Muster zeichnete sich allerdings ab: Alle hatten ein unterentwickeltes Selbstwertgefühl und schienen physisch und psychisch gehemmt zu sein.

Hopkins hat Kommunikationsnetze für diese Menschen geschaffen, damit sie mit anderen diskutieren können, die ähnliche Erlebnisse gehabt haben. Eine dieser Personen war der Romanschriftsteller Whitley Strieber. Er beschrieb seine Erlebnisse, die denen der anderen ähnlich waren, sehr ausführlich in seinem Bestseller *Communion,* der fast gleichzeitig mit Hopkins' *Intruders* auf dem Büchermarkt erschien.

Wie nicht anders zu erwarten, tat der Skeptiker Philip Klass die Geschichten der Entführten als Unsinn ersten Ranges ab. „Warum hat nicht ein einziger von ihnen die Entführung jemals dem FBI gemeldet?" fragte er. Wo, so wollte er wissen, sind die stichhaltigen Beweise, die Andenken?

Wenn aber die Entführungsgeschichten tatsächlich von Menschen stammen, die, wie Hopkins ja behauptet, nicht geistig behindert sind, die im allgemeinen kaum einen Vorteil davon haben, wenn sie ihre Erlebnisse erzählen, und die an weit voneinander entfernten Orten leben, dann handelt es sich vielleicht nicht bloß um einen Fall von hysterischer Ansteckung. Und wenn es, wie der UFO-Historiker und Entführungsforscher David Jacobs meint, ein völlig neues mentales Phänomen ist, würde dies allein schon eine intensive Erforschung rechtfertigen.

Als sich die US-Regierung 1969 formell aus der Erforschung von UFO-Beobachtungen zurückzog, und zwar mit der Begründung, diese seien ernsthafter Untersuchungen nicht würdig, hofften viele, die Kontroversen über solche Ereignisse würden sich legen. Statt dessen ist der Streit noch heftiger geworden und hat unerwartete Wendungen genommen. Nach wie vor gibt es gleichermaßen lautstarke Gläubige und Ungläubige sowie eine Handvoll Leute, die einfach für eine ernsthafte wissenschaftliche Untersuchung eines Phänomens plädieren, dem eine gewisse Realität nicht abgesprochen werden kann.

Und was immer letzten Endes dahinterstecken mag, das Interesse der Öffentlichkeit an UFOs ist nach wie vor sehr rege. Zu ihrem Kummer mußte die National Science Foundation 1986 erfahren, daß 43 Prozent der in eine Umfrage einbezogenen erwachsenen Amerikaner glaubten, es sei „wahrscheinlich, daß einige der unidentifizierten Flugobjekte, über die Berichte vorliegen, tatsächlich Raumfahrzeuge aus anderen Kulturen sind".

Enthusiasten pochen nach wie vor auf angebliche Beweise für Besuche dieser Fahrzeuge auf der Erde. Mitte 1987 erregte es beispielsweise erhebliches Aufsehen in Ufologenkreisen, als drei Forscher Kopien eines Schriftstücks veröffentlichten, bei dem es sich angeblich um ein Dokument der höch-

Budd Hopkins, der Autor von „Missing Time and Intruders", ist auch ein preisgekrönter Maler und Bildhauer. Er erforscht seit 1975 UFOs und hat sich auf Entführungen von Menschen durch Außerirdische spezialisiert.

Dieser angebliche UFO-Landeplatz im Garten von Kathie Davis weist dauerhafte Verbrennungsspuren auf: Im Sommer nach der Landung wuchs dort kein Gras mehr (ganz oben), im Winter blieb der Schnee nicht liegen (Mitte), und zwei Jahre später war er völlig frei von Pflanzenwuchs und Insekten.

sten Geheimhaltungsstufe handelte, den klassischen Vorfall von Roswell in New Mexico im Jahre 1947 betreffend. Bei dem Dokument, das auf Mikrofilm von Unbekannten in die Wohnung eines der Forscher in Los Angeles gebracht worden war, handelte es sich scheinbar um einen Bericht, der im November 1952 für den gewählten Präsidenten Dwight D. Eisenhower erstellt worden war. Es heißt darin, nach dem Absturz eines UFOs bei Roswell seien die Trümmer eines Raumfahrzeugs und die Leichname kleiner, menschenähnlicher Wesen geborgen und untersucht worden. Angeblich hatte ein Team von Wissenschaftlern im Auftrag der Regierung festgestellt, daß sich die toten Wesen biologisch von Menschen unterschieden. Die Untersuchenden hatten allerdings nicht herausgefunden, mit welcher Art von Antrieb das UFO ausgestattet gewesen war, und sie hatten auch in den Trümmern aufgefundene Schriftproben nicht entziffern können.

Die meisten mit Untersuchungen zum UFO-Phänomen befaßten Personen, darunter auch viele, die auf handfeste, unwiderlegbare Beweise für die Existenz von UFOs hoffen, halten es für wahrscheinlich, daß es sich bei dem Roswell-Bericht um einen Jux handelt. Dennoch wird er wohl Gegenstand hitziger Auseinandersetzungen bleiben. Manche Ufologen fühlten sich beispielsweise durch die Nachricht von der Existenz des Dokuments in ihrem langgehegten Mißtrauen hinsichtlich der Aufrichtigkeit der amerikanischen Regierung bestätigt. Andere jedoch, unter ihnen der UFO-Historiker David Jacobs, geben folgendes zu bedenken: Hätte irgendeine Regierungsstelle tatsächlich irgendwann physische Beweise für die Existenz von UFOs geborgen, so wäre es bei der riesigen Zahl der mit der Untersuchung betrauten Wissenschaftler unmöglich gewesen, die Geheimhaltung zu wahren.

Nach wie vor besteht eine starke Tendenz, UFO-Berichte als Unfug abzutun. Diese ablehnende Haltung wird bis zu einem gewissen Grad durch wissenschaftlichen „Realismus" begünstigt, beruht aber wohl auch auf einer „gewissen Selbstgefälligkeit", wie es J. Allen Hynek ausdrückte, einer allgemeinen Tendenz zu „einer blasierten Gleichgültigkeit gegenüber der möglichen Tragweite von Dingen, die uns unbekannt sind".

Als einer der objektivsten Denker, die sich je an dieser Kontroverse beteiligten, erhob Hynek bis zu seinem Tod im Jahre 1986 fast vier Jahrzehnte lang immer wieder eine Forderung, die wahrscheinlich noch auf Jahre hinaus unerfüllt bleiben wird. Er plädierte dafür, daß die Wissenschaft das UFO-Phänomen als seriöses Studienobjekt anerkennt, sich nicht von Vorurteilen beirren läßt, die vorliegenden Fakten gründlich studiert und sich vor allem ihrer eigenen Wissenslücken bewußt wird.

Was immer hinter diesem zählebigen, nicht unterdrückbaren Phänomen stecke, schrieb Hynek, es werde auf alle Fälle etwas sein, was „uns so unglaublich erscheint, wie Platon das Fernsehen erschienen wäre". Zusammenfassend kam er zu der Schlußfolgerung: Die Erklärung für die UFOs, wenn man sie eines Tages finden würde, „wird sich nicht bloß als der nächste kleine Schritt auf dem Weg der Wissenschaft erweisen, sondern als gewaltiger, völlig überraschender Quantensprung".

Ein Universum von Möglichkeiten

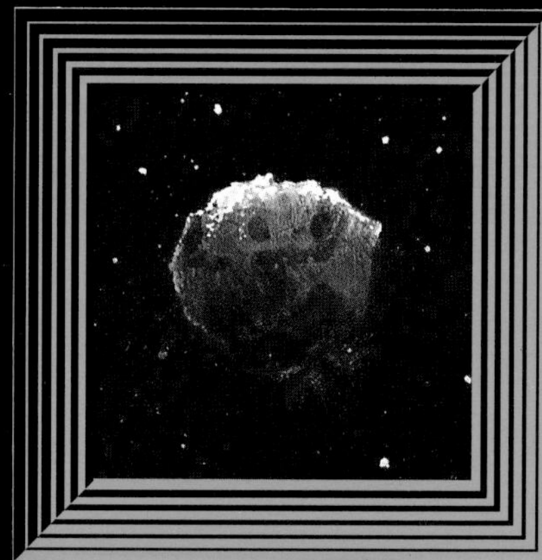

Haben wir möglicherweise Nachbarn im Kosmos? Oder existieren sie nur als Projektionen unserer Phantasie? Vielleicht sind wir im Entwicklungsalter unserer Spezies wie Kinder im Dunkeln: Wir starren in die Finsternis, fürchten sie und suchen dennoch in ihr nach einer Bestätigung dafür, daß wir nicht allein sind im Universum. Wir klammern uns an die Vorstellung, daß es irgendwo in den Weiten des Alls Wesen gibt, die uns nicht unähnlich sind, aber vielleicht weiser und besser als wir – Wesen, die uns Geheimnisse verraten können, die uns vor uns selbst retten werden. Wir wissen es nicht, wir können nur glauben.

Manche Wissenschaftler behaupten, wir seien tatsächlich alleine, und die menschliche Intelligenz sei das Ergebnis eines subtilen und komplizierten Prozesses, der sich an keinem anderen Ort wiederholen könne. Andere sagen, das Universum müsse reich an intelligenten Lebensformen sein. Die Erde sei nur ein Stäubchen in einem Kosmos von wahrhaft unvorstellbaren Ausmaßen; es sei absurd und ein Zeichen von bornierter Egozentrik zu glauben, wir seien einzigartig.

Wenn wir aber wirklich Nachbarn im All haben, wie könnten wir je hoffen, ihnen zu begegnen? Wer sind sie, wo sind sie, und wie könnten sie jemals die interstellaren Weiten durchqueren, um zu uns zu gelangen? An der vordersten Front der modernen Mathematik und Physik werden Theorien entwickelt, die keine Antworten liefern, sondern faszinierende Rätsel aufgeben; so erhält die Phantasie neue Nahrung. Für den, der daran glaubt, sind solche Theorien ein Tor zu einer Wunderwelt.

Ein Schwarzes Loch ist ein Gravitationsfeld von so gewaltiger Dichte, daß es sogar das Licht aufsaugt. Dort, wo sich ein Schwarzes Loch befindet, sind Raum und Zeit nicht mehr so, wie wir sie kennen. Gelten an einem solchen Ort noch die bekannten physikalischen Gesetze? Manche Astronomen meinen, dies sei nicht der Fall. Manche halten es sogar für möglich, daß Schwarze Löcher Tore zu anderen Universen oder anderen Dimensionen sind – Wege, auf denen die vertrauten Gesetze von Raum und Zeit, von Ursache und Wirkung aufgehoben sind. Der Gläubige fragt sich: Könnten Lebewesen in solchen Sphären eindringen und am Leben bleiben, um augenblicklich an einen anderen Ort, in eine andere Zeit versetzt zu werden? Sind Schwarze Löcher Abkürzungen durchs All, Umwege, auf denen es keine himmlische Geschwindigkeitsbegrenzung gibt?

Angenommen, unsere kosmischen Nachbarn brauchen gar nicht erst zu uns zu kommen. Angenommen, sie sind bereits da. Mathematiker, die nach Gleichungen für die gesamte kosmische Masse suchen, haben eine ebenso elegante wie skurril anmutende Theorie aufgestellt: Was wäre, wenn es ein Schatten-Universum gäbe, das dem unseren parallel ist? Es wäre allgegenwärtig, aber unsichtbar; Licht könnte es durchdringen. Mit unserem Universum hätte es nur die Gravitation gemeinsam. Seine verhüllten, wirbelnden Sphären könnten die festen Bahnen unseres Kosmos auf unerklärliche Weise verzerren und umgekehrt ihre eigenen phantomhaften Bahnen an unserem Himmel ziehen. Könnten in solch einem Schattenreich vernunftbegabte Wesen existieren, die ihrerseits uns als ihre Schatten wahrnehmen? Könnten sie einen Weg gefunden haben, die zwischen uns liegende dimensionale Schwelle zu überschreiten?

Manche Wissenschaftler vertreten die Ansicht, unser Universum sei nicht bedeutsamer als ein einzelnes Atom in einem Sonnensystem. Unzählige Universen könnten existieren, und es wäre durchaus denkbar, daß jedes davon sein eigenes vernunftbegabtes Leben hat, wodurch sich die Chancen, daß wir nicht allein sind, vervielfältigen würden. Betrachten wir zum Beispiel die Möglichkeit eines Universums mit nur zwei oder aber zwanzig Dimensionen oder eines Kosmos, in dem Vergangenheit, Gegenwart und Zukunft gleichzeitig existieren. Dies sind die Spekulationen, die an der vordersten Front der Naturwissenschaften angestellt werden. Und wer weiß, vielleicht gibt es Wahrheiten, die weitaus seltsamer sind als alles, was sich ein menschlicher Mathematiker oder Astrophysiker jemals würde träumen lassen.

DANKSAGUNG

Das Register wurde von Lynne R. Hobbs erstellt. Die Herausgeber möchten den folgenden Personen und Institutionen ihren besonderen Dank aussprechen: Walter Andrus, International Director of the Mutual UFO Network, Seguin, Texas, USA; Anny Baguhn, Hamburg, Bundesrepublik Deutschland; Tom Benson, Trenton, New Jersey, USA; Gräfin Maria Fede Caproni, Museo Aeronautico Caproni di Taliedo, Rom; Mario Cingolani, Präsident, Centro Ufologico Nazionale, Florenz, Italien; Jerome Clark, Herausgeber der Zeitschrift *Fate*, Highland Park, Illinois, USA; Hilary Evans, London; Prof. B. Roy Frieden, University of Arizona, Tucson, Arizona, USA; Barry Greenwood, Stoneham, Massachusetts, USA; Budd Hopkins, Wellfleet, Massachusetts, USA; James Karales, New York; Greg Long, Kennewick, Washington, USA; Ilo Brand von Ludwiger, Feldkirchen, Bundesrepublik Deutschland; Hiroshi Motoyama, Institute for Religious Psychology, Tokio; Roberto Pinotti, Sekretär, Centro Ufologico Nazionale, Florenz, Italien; *Yamagata Shimbun,* Yamagata, Japan; William Spaulding, Phoenix, Arizona, USA; Ronald Story, St. Petersburg, Florida, USA; Erling Strand, Projekt Hessdalen, Eidsvoll, Norwegen; Rolf Streichardt, Institut für Grenzgebiete der Psychologie und Psychohygiene, Freiburg, Bundesrepublik Deutschland.

QUELLENNACHWEIS DER ABBILDUNGEN

Abbildungen von links nach rechts sind durch Semikolon, solche von oben nach unten durch Gedankenstrich getrennt.

Einband: Illustration von Lloyd K. Townsend. 6, 7: Illustration von Giraffics, Inc. 9: William Warren / Hintergrund-Illustration von Woodfin Camp & Associates, UFO-Graphik von Alfred T. Kamajian. 10, 11: Illustration von Alfred T. Kamajian. 13: Katalog Nr. 148148, Department of Anthropology, Smithsonian Institution; BPCC/Aldus Archive, London-Department of Archeology, Faculty of Arts and Letters, Tohoku-Universität, Sendai, Japan. 14: Mary Evans Picture Library, London. 15: mit frdl. Genehmigung von Josef Blumrich. 17: Gemälde von Ghirlandaio, Sammlung Loeser, Palazzo Vecchio, Florenz, Photo mit frdl. Genehmigung von Scala, Florenz – Momčilo Djordjević, Belgrad/Kloster Dečani, Jugoslawien; Jean-Pierre Muzard/Collegiale Notre Dame, Beaune, Frankreich. 18: „Vädersolstavlan" von Urban Målare, Photo von Francis Bruun, mit frdl. Genehmigung des Stockholms Stadsmuseum. 19: American Numismatic Association Photographic Services. 20: Betty und Dennis Milon; Herman Hoerlin mit frdl. Genehmigung von *Sunsets, Twilights and Evening Skies,* Aden und Marjorie Meinel, Cambridge University Press, 1983 – Dick Ruhl/APRO – June M. Gilby. 21: B. T. Matthias und S. J. Buchsbaum – AT&T Bell Laboratories; Jerome Wyckoff (2). 22: mit frdl. Genehmigung von Tom Benson; mit frdl. Genehmigung von Walter Andrus, Mutual UFO Network. 23: mit frdl. Genehmigung von Tom Benson; Mary Evans Picture Library, London. 24: Fotokhronika TASS, Moskau. 26: Fortean Picture Library, Wales. 27: Erik Reuterswärd, Uppsala, Schweden. 29: © by Universal Pictures Division of Universal City Studios, mit frdl. Genehmigung von MCA Publishing Rights, a Division of MCA, Inc. 30, 31: © by Universal Pictures Division of Universal City Studios, mit frdl. Genehmigung von MCA Publishing Rights, a Division of MCA, Inc.; *War of the Worlds* © 1953 by Paramount Pictures Corporation, alle Rechte vorbehalten, Photo mit frdl. Genehmigung von Kobal Collection Ltd., New York. 32, 33: © 1977 by Columbia Pictures Industries, Inc.; © by Columbia Pictures Industries, Inc. 34, 35: © by Universal Pictures Division of Universal City Studios, mit frdl. Genehmigung von MCA Publishing Rights, a Division of MCA, Inc., Photo mit frdl. Genehmigung von Kobal Collection Ltd., London. 37: Craig Arness / Hintergrund-Illustration von Woodfin Camp & Associates, UFO-Graphik von Alfred T. Kamajian. 39: Nachdruck mit Genehmigung der Zeitschrift *Fate,* Photo mit frdl. Genehmigung der Mary Evans Picture Library, London; Fortean Picture Library, Wales. 40: UPI/Bettmann Newsphotos. 42, 43: UPI/Bettmann Newsphotos – Associated Press/Wide World Photos; Associated Press, mit frdl. Genehmigung der Martin Luther King Memorial Library, Washington, D.C. 45: Associated Press, mit frdl. Genehmigung der *Washington Star* Collection, Martin Luther King Memorial Library, Washington, D.C. 47: Fortean Picture Library, Wales. 48: Juan Guzman, Mexiko/*Time.* 50, 51: National Archives Record Group 341, Project Blue Book Case No. 978, ausgenommen rechts unten : James F. Coyne/*Time.* 52: Wilhelm Reich Museum. 53: Leni Iselin/Nancy Palmer Agency, mit frdl. Genehmigung der Encyclopaedia Britannica. 54: National Archives Record Group 341, Project Blue Book Case No. 3088. 55: Albert Fenn für *Life.* 56: Genehmigter Abdruck aus *Popular Science,* © 1952 Times Mirror Magazines, Inc., Photo mit frdl. Genehmigung der Library of Congress. 57: Illustration von Wendy Popp, Detail von S. 60–61. 58–63: Illustrationen von Wendy Popp. 65: © Steve Vidler/After Image 1987, UFO-Graphik von Alfred T. Kamajian. 67: Aus *UFOs: A Pictorial History from Antiquity to the Present,* von David C. Knight, McGraw-Hill Book Company, New York 1979. 68: Mary Evans Picture Library, London, ausgenommen links: Leonard Stringfield, mit frdl. Genehmigung von Mutual UFO Network. 69: Fortean Picture Library, Wales; Mary Evans Picture Library, London; Fortean Picture Library, Wales – Zeichnung von Gene Duplantier und Jennings H. Frederick, von *Gray Barker's Newsletter.* 71: © 1939 Loew's Incorporated, Copyright erneuert 1965 Metro-Goldwyn-Mayer, Inc., Photo mit frdl. Genehmigung von Kobal Collection Ltd., London. 72: UFOIN-Rome, Ohio. 73: Abdruck aus *The Saturday Evening Post,* © 1956 by Curtis Publishing Co., Photo mit frdl. Genehmigung der Library of Congress. 74, 75: © GAF International, Vista, Kalifornien, Photos mit frdl. Genehmigung der Mary Evans Picture Library, London, ausgenommen unten links: Fortean Picture Library, Wales. 77: Illustration von Bryan Leister. 78: Unarius Education Foundation. 79 Amalgamated Flying Saucer Clubs of America/Gabriel Green. 80, 81: Colin Maher, London. 82: UPI/Bettmann Newsphotos. 83: Zeichnung von David C. Baker aus *Visitors from Outer Space* von Roy Stemman, © 1976 by Aldus Books Limited, London. 84, 85: Fortean Picture Library, Wales. 87: National Archives Record Group 341, Project Blue Book Case No. 1501, Ausschnitt aus Photo. 97. 88: National Archives Record Group 341, Project Blue

Book Case No. 9654. 89: National Archives Record Group 341, Project Blue Book Case No. 8398. 90: National Archives Record Group 341, Project Blue Book Case No. 9318. 91: National Archives Record Group, Project Blue Book Case No. 7027. 92: National Archives Record Group 341, Project Blue Book Case No. 6311. 93: National Archives Record Group 341, Project Blue Book Case No. 9816. 94: National Archives Record Group 341, Project Blue Book Case No. 10913. 95: National Archives Record Group 341, Project Blue Book Case No. 11263. 96: National Archives Record Group 341, Project Blue Book Case No. 7824. 97: National Archives Record Group 341, Project Blue Book Case No. 1501. 99: Jack Elness/Comstock, Inc., UFO-Graphik von Alfred T. Kamajian. 100, 101: Illustration von Jack Pardue. 102, 103: James H. Karales. 105: mit frdl. Genehmigung von Philip J. Klass. 106, 107: Aus *Flying Saucers,* Sonderausgabe von *Look,* von der Redaktion von Cowles und UPI, © 1967, Schlagzeile © 1966 by *New York Times* Company, genehmigter Abdruck. 108: UPI/Bettmann Newsphotos. 110, 111: mit frdl. Genehmigung von NICAP/CUFOS (National Investigations Committee on Aerial Phenomena/Center for UFO Studies), ausgenommen Zeichnungen unten: Fortean Picture Library, Wales (2). 112, 113: UPI/Bettmann Newsphotos. 114, 115: UPI, mit frdl. Genehmigung der *Washington Star* Collection, Martin Luther King Memorial Library, Washington D.C., ausgenommen Skizze von Deputy Spaur, aus *The UFO Investigator,* Band 3, Nr. 7, März/April 1966, Photo mit frdl. Genehmigung der Library of Congress. 116: Carl Iwasaki/*Time.* 117: OLIPHANT, von Pat Oliphant, © 1967 by Universal Press Syndicate, genehmigter Abdruck, alle Rechte vorbehalten. 118: Stan Wayman für *Life.* 119: mit frdl. Genehmigung von Don Berliner. 121: Richard Laird/FPG, UFO-Graphik von Alfred T. Kamajian. 122: UPI/Bettmann Newsphotos. 123/: Rob Stapleton/*People.* 125: Bob Skinner/Fortean Picture Library, Wales – mit frdl. Genehmigung von J. Allen Hynek Center for UFO Studies und Tom Benson (2) – Shinichiro Namiki, Tokio. 126: NASA-Photo. 127: Arecibo Observatory, Teil des National Astronomy and Ionosphere Center, Cornell University/National Science Foundation. 128: UPI/Bettmann Newsphotos. 130: NASA-Photo. 131: Westlands plc, Yeovil, Somerset. 133: Projekt Hessdalen/Mary Evans Picture Library, London. 134: Leif Havik/Projekt Hessdalen. 135: Greg Long – Harley Rutledge. 137: Eduard (Billy) Meier – Eduard (Billy) Meier, © Genesis III Publishing, Inc. 138, 139: GSW, Inc., Phoenix, Arizona. 140: GSW, Inc., Phoenix, Arizona – Paul Villa, mit frdl. Genehmigung von GSW, Inc., Phoenix, Arizona. 143: Jack Vartoogian/*People.* 144: mit frdl. Genehmigung von Budd Hopkins. 145: Illustration von Giraffics, Inc., Ausschnitt von S. 148–149. 146–151: Illustration von Giraffics, Inc.

BIBLIOGRAPHIE

Abell, George O., und Singer, Barry (Hrsg.): *Science and the Paranormal.* Charles Scribner's Sons, New York 1983

Allman, William F.: „Cosmic Inflation". *Science 82,* Dezember 1982

Anderson, Craig W.: *Science Fiction Films of the Seventies.* McFarland & Company, Jefferson (North Carolina) 1985

Apfel, Necia H., und Hynek, J. Allen: *Architecture of the Universe.* Benjamin/Cummings, Menlo Park (Kalifornien) 1979

Arnold, Kenneth: „I Did See the Flying Disks!" *Fate,* Frühjahr 1948

Arnold, Kenneth, und Palmer, Ray: *The Coming of the Saucers.* Ray Palmer und Kenneth Arnold (Privatdruck), Boise (Idaho) 1952

Barrow, John, und Silk, Joseph: *Die asymmetrische Schöpfung: Ursprung und Ausdehnung des Universums.* Piper, München 1986

Bartusiak, Marcia F.: *Thursday's Universe.* Random House, New York 1986

Berlitz, Charles, und Moore, William L.: *The Roswell Incident.* Grossett & Dunlap, New York 1980

Bloecher, Ted: *Report on the UFO Wave of 1947.* Institute of Atmospheric Physics, University of Arizona, Tucson (Arizona) 1967

Blumrich, Josef F.: *The Spaceships of Ezekiel.* Bantam, New York 1974

Boeche, Raymond W.: „Bentwaters – What Do We Know Now?" *Mutual UFO Network 1986 UFO Symposium Proceedings,* East Lansing (Michigan), Juni 1986

Boslough, John: *Stephen Hawkins's Universe.* William Morrow, New York 1985

Brookesmith, Peter (Hrsg.):
The Alien World. Orbis, London 1984
The UFO Casebook. Orbis, London 1984

Brosnan, John: *Future Tense: The Cinema of Science Fiction.* St. Martin's Press, New York 1978

Browne, Malcolm W.: „Physicist Aims to Create a Universe, Literally." *The New York Times,* 14. April 1987

Butler, Brenda, Radles, Jenny, und Street, Dot: *Sky Crash.* Neville Spearman, Suffolk (England) 1984

Cadogan, Peter H.: *From Quark to Quasar: Notes on the Scale of the Universe.* Cambridge University Press, New York 1985

Calkins, Carroll C. (Hrsg.): *Mysteries of the Unexplained.* Reader's Digest Association, Pleasantville (New York) 1982

„Carl Jung". *The New Encyclopaedia Britannica.* Band 6, 1985

Christian, James L. (Hrsg.): *Extra-Terrestrial Intelligence: The First Encounter.* Prometheus Books, Buffalo 1976

Cohen, Daniel: *The Great Airship Mystery.* Dodd, Mead, New York 1981

Condon, Edward U.: *Final Report of the Scientific Study of Unidentified Flying Objects.* Hrsg. von Daniel S. Gillmor. Bantam Books, New York 1969

„Crashed Discs – Maybe." *International UFO Reporter,* Juli/August 1985

Crease, Robert P., und Mann, Charles C.: „Physics: The Gospel of String." *The Atlantic,* April 1986

de Camp, L. Sprague: *The Ragged Edge of Science.* Owlswick Press, Philadelphia 1980

Downing, Barry H.: *The Bible and Flying Saucers.* Avon Books, New York 1970

Evans, Hilary:
„What Happened at Roswell?" *The Unexplained* (London), Band 9, Heft 102
„A Night to Remember." *The Unexplained* (Lon-

don), Band 12, Heft 136
„Making Up for Lost Time." *The Unexplained* (London), Band 12, Heft 138
„The Unended Journey." *The Unexplained* (London), Band 12, Heft 139
„Have UFOs Crashed on Earth?" *The Unexplained* (London), Band 9, Heft 100
Fawcett, Lawrence, und Greenwood, Barry J.: *Clear Intent.* Prentice-Hall, Englewood Cliffs (New Jersey) 1984
Flammonde, Paris: *UFOs. Es gibt sie wirklich.* Heyne, München 1978
Fowler, Raymond E.:
The Andreasson Affair. Prentice-Hall, Englewood Cliffs (New Jersey) 1979
Casebook of a UFO Investigator. Prentice-Hall, Englewood Cliffs (New Jersey) 1981
Frank, Alan: *The Science Fiction and Fantasy Film Handbook.* Barnes & Noble, Totowa (New Jersey) 1982
Fuller, Curtis:
„Fate's Report on the Saucers." Fate, Mai 1954
„Let's Get Straight about the Saucers." *Fate,* Dezember 1952
Fuller, John G.: *Incident at Exeter.* G. P. Putnam's Sons, New York 1966
Green, Michael B.: „Superstrings." *Scientific American,* September 1986
Green, Michelle: „Making Communion with Another World." *People,* 11. Mai 1987
Greenfield, Jerome: *Wilhelm Reich vs. the USA.* W. W. Norton, New York 1974
Greenstein, George: *Frozen Star.* Freundlich Books, New York 1984
Gribbin, John: *In Search of the Big Bang: Quantum Physics and Cosmology.* Bantam Books, New York 1986
Guth, Alan H.: „Astrophysics." *Physics Today,* Januar 1985
Guth, Alan H., und Steinhardt, Paul J.: „The Inflationary Universe." *Scientific American,* Mai 1984
Hardy, Phil: *The Aurum Film Encyclopedia of Science Fiction.* Aurum Press, London 1984
Henize, Karl G.: „J. Allen Hynek: 1910–1986." *Sky & Telescope,* August 1986
Higgins, Mary, und Raphael, Dr. Chester M. (Hrsg.): *Reich Speaks of Freud.* Farrar, Straus and Giroux, New York 1967
Hopkins, Budd:
Intruders. Random House, New York 1987
Von UFOs entführt: Dokumente und Berichte über aufsehenerregende Fälle. Heyne, München 1982
Hynek, J. Allen:
UFO: Begegnungen der 1., 2. u. 3. Art. Goldmann, München 1978
„UFO Update." *Omni,* April 1984
„Interview: J. Allen Hynek." *Omni,* Februar 1985
Jacobs, David M.:
„J. Allen Hynek and the UFO Phenomenon." *The UFO Controversy in America.* Indiana University Press, Bloomington (Indiana)1975
„Abductions: The Consequence of Nonexistence." *Mutual UFO Network 1986 UFO Symposium Proceedings.* East Lansing (Michigan), Juni 1986
Keyhoe, Donald E.: *Der Weltraum rückt näher.* Blanvalet, Berlin 1954
Keyhoe, Donald E., und Lore, jr., Gordon I. R. (Hrsg.): *UFOs: A New Look.* National Investigations Commitee on Aerial Phenomena, Washington (D.C.) 1969
Kinder, Gary: *Light Years.* Atlantic Monthly Press, New York 1987
Klass, Philip J.:
„Crash of the Crashed-Saucer Claim." *The Skeptical Inquirer,* Sommer 1987
„FAA Data Sheds New Light on JAL Pilot's UFO Report." *The Skeptical Inquirer,* Sommer 1987
„Radar UFOs: Where Have They Gone?" *The Skeptical Inquirer,* Frühjahr 1985
UFOs Explained. Random House, New York 1974
UFOs: The Public Deceived. Prometheus Books, Buffalo 1983
Knight, David C.: *UFOs: A Pictorial History from Antiquity to the Present.* McGraw-Hill, New York 1979
Lawson, Alvin: „The Aliens Within." *The Unexplained* (London), Band 9, Heft 105
Lemonick, Michael D.: „A Theory of Everything." *Science Digest,* Februar 1986
Leslie, Desmond, und Adamski, George: *Der Venusier und George Adamski.* Ventla-Verlag, Wiesbaden-Schierstein 1957
McLaughlin, Robert B.: „How Scientists Tracked a Flying Saucer." *True,* März 1950
Menzel, Donald H.:
Flying Saucers. Harvard University Press, Cambridge (Massachusetts) 1953
„The Truth about Flying Saucers." *Look,* 17. Juni 1952
Menzel, Donald H., und Boyd, Lyle G.: *The World of Flying Saucers.* Doubleday, Garden City (New York) 1963
Menzel, Donald H., und Taves, Ernest H.: *The UFO Enigma.* Doubleday, Garden City (New York) 1977
Michel, Aimé: *The Truth about Flying Saucers.* Criterion Books, New York 1956
The New Layman's Parallel Bible. Zondervan Bible Publishers, Grand Rapids (Michigan) 1981
Oberg, James: „Tunguska Echoes." *The Skeptical Inquirer,* Winter 1978
Olson, Edward C.: „Intelligent Life in Space." *Astronomy,* Juli 1985
Pagels, Heinz R.: *Perfect Symmetry: The Search for the Beginning of Time.* Simon and Schuster, New York 1985
Persinger, Michael A.: „The Earthquake-UFO Connection." *Fate,* Juli 1986
Persinger, Michael A., und Lafrenière, Gyslaine F.: *Space-Time Transients and Unusual Events.* Nelson-Hall, Chicago 1977
Pickard, Roy: *Science Fiction in the Movies.* Frederick Muller Limited, London 1978
Randles, Jenny:
„Impact – and After." *The Unexplained* (London), Band 9, Heft 106
„The Rendlesham Forest Mystery." *Flying Saucer Review,* Juni 1982
UFO Reality. Robert Hale, London 1983
Randles, Jenny, und Warrington, Peter: *Science and the UFOs.* Basil Blackwell, New York 1985
Reich, Ilse Ollendorff: *Wilhelm Reich. Das Leben des großen Psychoanalytikers und Forschers, aufgezeichnet von seiner Frau und Mitarbeiterin.* Kindler, München 1975
Ridpath, Ian: „The Woodbridge UFO Incident." *The Skeptical Inquirer,* Herbst 1986
Rimmer, John: *The Evidence for Alien Abductions.* Aquarian Press, Wellingborough, Northamptonshire (England) 1984
Rodeghier, Mark: „Editorial." *International UFO Reporter,* September–Oktober 1984
Ruppelt, Edward J.: *The Report on Unidentified Flying Objects.* Doubleday, Garden City (New York) 1956
Sachs, Margaret: *The UFO Encyclopedia.* Perigee Books, New York 1980
Sagan, Carl: *Cosmos.* Ballantine Books, New York 1980
Sagan, Carl, et al.: *Murmurs of Earth.* Random House, New York 1978
Sagan, Carl, und Page, Thornton (Hrsg.): *UFOs – A Scientific Debate.* Cornell University Press, Ithaca

(New York) 1972
Saleh, Dennis: *Science Fiction Gold: Film Classics of the 50's.* McGraw-Hill, New York 1979
Sanderson, Ivan T.: *Uninvited Visitors.* Cowles Education Corporation, New York 1967
Saunders, David R., und Harkins, R. Roger: *UFOs? Yes!* World, New York 1968
Schuessler, John:
„Anguish of the UFO Victims." *The Unexplained* (London), Band 9, Heft 108
„Blind Terror in Texas." *The Unexplained* (London), Band 9, Heft 107
„Cash-Landrum Case." *Mufon UFO Journal,* September 1983
„Five Easy Pieces." *The Unexplained* (London), Band 10, Heft 110
„Cash-Landrum UFO Case File: The Issue of Government Responsability." *Mutual UFO Network 1986 UFO Symposium Proceedings.* East Lansing (Michigan), Juni 1986
Schwarz, John H.: „Completing Einstein." *Science 85,* November 1985
Shalett, Sydney:
„What You Can Believe about Flying Saucers: Part One." *Saturday Evening Post,* 30. April 1949
„What You Can Believe about Flying Saucers: Conclusion." *Saturday Evening Post,* 7. Mai 1949
Sharaf, Myron: *Fury on Earth: A Biography of Wilhelm Reich.* St. Martin's Press, New York 1983
Smith, Marcia S., und Havas, George D.: *The UFO Enigma.* Congressional Research Service, Library of Congress, Washington (D.C.) 1983
Sobchack, Vivian: *Screening Space.* Ungar, New York 1987
Stemman, Roy:
Mysteries of the Universe. Aldus Books, London 1980
Visitors from Outer Space. Doubleday, Garden City (New York) 1976
Story, Ronald D.: *The Encyclopedia of UFOs.* Doubleday, Garden City (New York) 1980
Story, Ronald D., und Greenwell, J. Richard: *UFOs and the Limits of Science.* William Morrow, New York 1981
Strieber, Whitley: *Communion.* William Morrow, New York 1987
Suarès, Jean-Claude, und Siegel, Richard: *Alien Creatures.* Reed Books, Los Angeles 1978
Suplee, Curt: „Return of UFOria!" *The Washington Post,* 9. März 1987
Symposium on Unidentified Flying Objects: Hearings before the Committee on Science and Astronautics, U.S. House of Representatives. Government Printing Office, Washington (D.C.), 29. Juli 1968
Taubes, Gary: „Everything's Now Tied to Strings." *Discover,* November 1986
Trench, Brinsley le Poer (Lord Clancarty) (Hrsg.): *The House of Lords UFO Debate.* Pentacle Books, London 1979
Trimble, V., und Woltier, I.: „Quasars at 25." *Science,* 10. Oktober 1986
„Unidentified Flying Object." *Naval Aviation News,* Juni 1973
Unidentified Flying Objects: Hearing by Committee on Armed Services of the House of Representatives. Government Printing Office, Washington (D.C.), 5. April 1966
Vallee, Jacques:
Anatomy of a Phenomenon. Henry Regnery, Chicago 1965
Messengers of Deception. And/Or Press, Berkeley (Kalifornien) 1979
Passport to Magonia: From Folklore to Flying Saucers. Henry Regnery, Chicago 1969
Von Gunden, Kenneth, und Stock, Stuart H.: *Twenty All-Time Great Science Fiction Films.* Arlington House, New York 1982
„What the Air Force Believes about the Flying Saucers." *Fate,* November 1949
Williams, Gurney, III: „The Fourth Dimension and Beyond." *Omni,* Mai 1987

REGISTER

Kursiv gedruckte Seitenangaben verweisen auf eine Abbildung zu dem betreffenden Stichwort.

A

Adamski, George, und Begegnungen mit Außerirdischen, *74,* 76
Aerial Phenomena Research Organization (APRO), und UFO-Ermittlungen, 53, 69
Aetherius Society, und kosmische Batterien, 78–79, *80–81*
Agobard (Erzbischof von Lyon), und UFO-Beobachtungen, 14–15
Akers, David, und UFO-Fenster im Indianerreservat Yakima, 133–134
Aldrin, Edwin (Buzz), und erste Mondlandung, 120
Alpert, Shell, und angebliches UFO-Photo, *97*
Alvarez, Luis, und Robertson-Bericht, 55–56
Alvarez, Jose, und UFO-Beobachtung von Levelland, 68
Amalgamated Flying Saucer Clubs of America, Inc., und Gabriel Green, 79
American Association for the Advancement of Science (*UFO's – Scientific Debate*), und UFO-Symposium, 122
Andreasson, Betty, und Entführung durch Außerirdische, 62, 85–86
Ann Arbor (Michigan), und UFO-Beobachtungen, 106–110
Antimaterie, 24
APRO. *Siehe* Aerial Phenomena Research Organization
Arecibo (Puerto Rico), und Radioteleskop, 124, *127. Siehe auch* Suche nach außerirdischer Intelligenz
Armstrong, Neil, und erste Mondlandung, 120
Arnold, Kenneth, und UFO-Beobachtung über den Cascade Mountains, 36–37, 38, *39,* 56, 69, 74, 131
Astronauten, vorgeschichtliche (Theorie), *13*
Aura Rhanes (angebliche Außerirdische) und Truman Bethurum, 78
Außerirdische: Begegnungen mit, 64–86, *68, 69, 72;* Beweggründe, 28; und die Bibel, 12, *14, 15, 17;* in der Legende, 12–18, *13, 14;* Theorie von vor- und frühgeschichtlichen Astronauten, 13
Avis, Familie, und Entführung durch Außerirdische, 84–85

B

Ballen, Lloyd, und UFO-Beobachtung in Levelland, 69
Barnes, Harry G., und UFO-Beobachtung über Washington, D.C., 53, *55*
Barnett, Grady Landon, und UFO-Absturz bei Roswell, *74*–75
Berlitz, Charles, und UFO-Absturz bei Roswell, 75

Betrand, Eugene, und UFO-Beobachtung von Exeter, 99–*102*, 104
Bethurum, Truman (*Aboard a Flying Saucer*), und Begegnungen mit Außerirdischen, 78
Bibel: und angebliche Besuche von Außerirdischen, *15, 17;* angebliche UFO-Beobachtungen in der, 14
Blavatsky, Helena Petrowna (*Die Geheimlehre*), und Besucher aus anderen Welten, 16
Blumrich, Josef F. (*The Spaceships of Ezekiel*), und angebliche biblische UFO-Beobachtungen, 14, *15*
Boeche, Raymond, und Untersuchung der UFO-Beobachtung von Rendlesham Forest, 136, 141
Brazel, Mac, und UFO-Beobachtung bei Roswell, 39
Brown, T. Townsend, und National Investigations Committee on Aerial Phenomena, 69
Brown, Harold, und UFO-Ermittlungen, 110
Buch des Dzyan, und Besucher aus anderen Welten, 16
Byland Abbey (Yorkshire, England), und Besucher aus anderen Welten, 16

C

Caldwell, Jonathan E. und Pseudo-UFOs, *45*
Carter, Jimmy, und UFO-Beobachtung, *128*
Cascade Mountains (Washington), und UFO-Beobachtung, 36–*37*. *Siehe auch* Arnold, Kenneth
Cash, Betty, und UFO-Beobachtung, 8–9, *10–11*
Cash-Landrum-Vorfall, 8–9, *10–11,* 132
Center for UFO Studies (CUFOS), 121
Chiles, C. S., und Montgomery UFO-Beobachtung, 42
Christian Science Monitor (Zeitung), und UFO-Möglichkeiten, 109
Civilian Saucer Investigation (CSI), und UFO-Ermittlungen, 69
Clarion (angeblicher Planet), und Truman Bethurum, 76, 78
Clark, Jerome, und UFO-Ermittlungen, 23
Clem, Weir, und UFO-Beobachtung in Levelland, 68–69
Condon-Ausschuß: Bildung, 115–116; und Edward U. Condon, 115–*116;* und Condon-Bericht, *116, 117,* 118–119, 120, 121, 126, 138; und UFO-Beobachtung von McMinnville, 48
Coyne, Lawrence J., und Begegnung mit einem UFO, 126–127
CSI. *Siehe* Civilian Saucer Investigation
CUFOS. *Siehe* Center for UFO Studies

D

Däniken, Erich von (*Erinnerungen an die Zukunft*): und Ezechiëls Rad, 14; und Theorie von vorgeschichtlichen Astronauten, 13
Das zauberhafte Land (Film), und Gefühl der Versetzung an einen fremden Ort, *71*
Davis, Kathie, und Besuch und Untersuchung durch Außerirdische, 142–143, *144*
Desert Center (Kalifornien), und Begegnungen mit Außerirdischen, 76
Downing, Barry H., und angebliche biblische UFO-Beobachtungen, 12
Drake, Frank, und Suche nach außerirdischer Intelligenz, 124
Drona Parva, und UFO-Beobachtung, 12

E

E.T. (Film), und Besucher aus anderen Welten, *34–35*
Edwards, Frank, und National Investigations Committee on Aerial Phenomena, 70
Eiskristalle, fälschlich für UFOs gehalten, *18, 21,* 27
Entführung durch Außerirdische, 57–58, *59–63,* 79–86, 129, 141–143, *144*
Exeter (New Hampshire), und UFO-Beobachtung, *99*–106, *100–101*
Exon, J. James, und Untersuchung der UFO-Beobachtung von Rendlesham Forest, 136
Ezechiëls Rad, und angebliche biblische UFO-Beobachtungen, 12–*14, 15*

F

Fahrney, Delmer S., und National Investigations Committee on Aerial Phenomena, 69
Fargo (North Dakota), und UFO-Beobachtung, 44
Fate (Zeitschrift), und Kenneth Arnolds UFO-Beobachtung, *39*
Fawcett, Lawrence, und UFO-Ermittlungen, 128–129
Fenster (Gebiet, in dem angeblich häufig UFOs landen), *133–135*
Feuerkugeln, 26–27, 46; fälschlich für UFOs gehalten, *26*
Fish, Marjorie, und Hill-Entführungsgeschichte, 84
Fontes, Olavo T., und Villas-Boas-Entführungsgeschichte, *85*
Foo fighters. Siehe Feuerkugeln
Ford, Gerald, und UFO-Möglichkeiten, 109–110
Fortenberry, William, und UFO-Beobachtungen von Norfolk, 52
Fowler, Raymond E., und UFO-Beobachtungen von Exeter, 103
Fowler, A. J., und UFO-Beobachtung von Levelland, 68
Fry, Daniel W., und Begegnung mit Außerirdischen, *73*
Fuller, John (*Incident at Exeter*), und UFO-Beobachtungen von Exeter, 102–104

G

Gander (Neufundland), und UFO-Beobachtung, 48–49
Gefahr aus dem Weltall (Film), und Besucher aus anderen Welten, 28, *29, 30*
Geisterraketen, *27*
Geophysikalische UFO-Theorie, 134
Giant Rock, Weltraumkongresse am, 78
Gill, Reverend William Booth, und Begegnung mit Außerirdischen, 70–74
Goldwater, Barry, und National Investigations Committee on Aerial Phenomena, 70
Gorman, George, und UFO-Beobachtung von Fargo, 44
Goudsmit, Samuel, und Robertson-Bericht, 55–56
Gray Goose Corporation (Graugans-Gesellschaft), und Pseudo-UFOs, *45*
Gray, Glen, und Begegnung mit Außerirdischen, 129
Green, Gabriel, und Begegnung mit Außerirdischen, *79*
Greenwood, Barry, und UFO-Ermittlungen, 128–129
Ground Saucer Watch Inc.: und UFO-Photos von Trent, *138–139;* und UFO-Photos von Villa, *140*

H

Hale, Virginia, und UFO-Beobachtung, *103*
Hall, Robert L., und Theorie der hysterischen Ansteckung, 122–123
Halley, Edmond, und UFO-Beobachtung, 15
Halt, Charles I., und Erforschung von UFOs, 132–136
Harder, James A., und das Kongreß-Symposium, 116–117
Hart, Carl, und UFO-Beobachtung von Lubbock, *50–51*
Haught, Warren, und UFO-Beobachtung von Roswell, 39
Heflin, Rex, und angebliches UFO-Photo, *88*
Hesekiel. *Siehe* Ezechiël
Hessdalen (Norwegen), und Erforschung eines UFO-Fensters, *133–134*
Hickson, Charles E., und Entführung durch Außerirdische, 60, 62
Hill, Barney und Betty, und Entführung durch Außerirdische, *58–59,* 60, 62, *82, 83,* 84
Hillenkoetter, R H., und National Investigations Committee on Aerial Phenomena, 69

Hillsdale College (Michigan), und UFO-Beobachtung, *106–107*
Hohler Teil der Erde (UFO-Theorie), 131
Hopkins, Budd (*Intruders, Missing Time*), und Ermittlungen im Zusammenhang mit Entführung durch Außerirdische, 141–*143*
Hopkins, Herbert, und außerirdische Besucher, *77,* 129
Hopkinsville (Kentucky), und Besucher aus anderen Welten, 64–65
Hunt, David, und UFO-Beobachtung von Exeter, *102,* 104
Huston, Wayne, und UFO-Beobachtung von Ravenna, 111–113
Hynek, J. Allen (*The UFO Experience*), 121, 126, 141; und UFO-Ermittlungen von Ann Arbor, *108*–109; Forschungs-Empfehlungen, 144; Kategorien von UFOs, 121–122; und Kongreß-Symposium, 117; und UFO-Ermittlungen auf Papua-Neuguinea, 73; und das Projekt Grudge, 49; und das Projekt Sign, 41–42; und UFO-Ermittlungen in Ravenna, 115; und Begegnung mit Außerirdischen bei Socorro, 73; und Sumpfgas-Phänomen, 108–109; und Fenster im Indianerreservat Yakima, 133–134
Hyperraum-Theorie, 131

I

Integratron, und George Van Tassel, 78
Inversionslage, als mögliche Erklärung für UFOs, 53, *55*

J

Jacobs, David, 9; und Erforschung von UFOs, 143, 144
Jaroslaw, Dan und Grant, und gefälschtes UFO-Photo, *95*
Joint Army-Navy-Air Force Publication (JANAP), und UFO-Geheimhaltung, 70
Journal of Natural History and Philosophy and Chemistry, und Bericht über UFO-Beobachtung, 16
Jung, Carl, und UFO-Mandala-Theorie, *53*

K

Kelly-Hopkinsville-Vorfall, und Begegnung mit Außerirdischen, 64–65, *68*
Keyhoe, Donald E. (*Flying Saucers from Outer Space*), 56; und Condon-Ausschuß, 116; und National Investigations Committee on Aerial Phenomena, 69–70; und UFO-Ermittlungen, 46, *47*
Kilburn, Steven, Entführung durch Außerirdische, 58, 60–61
King, George, und Aetherius Society, 78–79
Klass, Philip J., *105,* 127, 143; Aufklärung der UFO-Beobachtung von Exeter, 104–106
Kometen, fälschlich für UFOs gehalten, *20*
Krieg der Welten (Film), und außerirdische Besucher, 28, *30–31,* 70
Kugelblitz, als mögliche Erklärung für UFOs, 27, 69, 104, 105

L

Landrum, Vickie, und UFO-Beobachtung, 8–9, *10–11*
Levelland (Texas), und UFO-Beobachtung, *67*–69
Lewis, Danny, und UFO-Beobachtung von Loring, 127–128
Lichterscheinungen, fälschlich für UFOs gehalten, *20, 21,* 51
Life (Zeitschrift), und UFO-Möglichkeiten, 51, 109
Look (Zeitschrift): und Donald E. Keyhoes UFO-Forschungen, 56; und Donald H. Menzels UFO-Theorien, 51
Lorenzen, Coral und Jim, und Aerial Phenomena Research Organization, 53
Low, Robert, und Condon-Ausschuß, 116
Lubbock (Texas), und UFO-Beobachtung, *50, 51*
Luftschiffe: Beobachtungen, 19, 22; in der Literatur, 19
Luftwaffen-Stützpunkt Andrews (Maryland), und UFO-Beobachtungen, 53, 55
Luftwaffen-Stützpunkt Bentwaters (England), und UFO-Beobachtung in Rendlesham Forest, 132
Luftwaffen-Stützpunkt Godman (Kentucky), und UFO-Beobachtung, 41
Luftwaffen-Stützpunkt Holloman (New Mexico), und Beobachtungen von Feuerkugeln, 46
Luftwaffen-Stützpunkt Loring (Maine), und UFO-Beobachtung, 127–129
Luftwaffen-Stützpunkt Malmstrom (Montana), und UFO-Beobachtung, 129–130
Luftwaffen-Stützpunkt Pease (New Hampshire), und UFO-Beobachtung von Exeter, 102
Luftwaffen-Stützpunkt Topeka (Kansas), und UFO-Beobachtung, 66
Luftwaffen-Stützpunkt Westover (Massachusetts), und UFO-Beobachtung von Exeter, 104
Luftwaffen-Stützpunkt Woodbridge (England), und UFO-Beobachtung von Rendlesham, Forest, 132
Luftwaffen-Stützpunkt Wright-Patterson (Ohio), und das Projekt Blue Book, 98
Luftwaffen-Stützpunkt Wurtsmith (Michigan), und UFO-Beobachtung, 129
Lusk, Charles, und Luftschiff-Beobachtung von 1896, 18

M

Maccabee, Bruce: und Erforschung von UFOs, 130–131; und Ermittlungen im Zusammenhang mit Entführung durch Außerirdische, 143
Mandala-Theorie, 53
Männer in Schwarz, *77*
Mannor, Frank, und UFO-Beobachtung von Ann Arbor, 106–107, 109
Mantell, Thomas, und UFO-Jagd, 41
Materiallager der Air Force, Leitung des (Wright Field, Ohio), und UFO-Ermittlungen, 38. *Siehe auch* Projekt Sign
McCulloch, Pat, und UFO-Beobachtung von Levelland, 68–69
McDonald, James E., und Erforschung von UFOs, 115–117
McLaughlin, Robert B., und UFO-Beobachtung von White Sands, 47–48
Meier, Eduard, und UFO-Photos, *137*
Menzel, Donald H. (*Flying Saucers*), 56; und angebliche biblische UFO-Beobachtungen, 14; und Inversionslage, 53, *55;* und UFO-Beobachtung von Lubbock, 50–51; und UFO-Beobachtung von Norfolk, 52–53; als UFO-Gegner, 118, 122, 131
Militärflugzeuge, fälschlich für UFOs gehalten, 141
Milne, Robert Duncan, Luftschiffberichte, 19
Moi, Stephen, und Begegnung mit Außerirdischen, 70
Montgomery (Alabama), und UFO-Beobachtung, 42
Moore, William, und UFO-Absturz bei Roswell, 75
MUFON. *Siehe* Mutual UFO Network
Mulholland, John (Illusionist), *56*
Muscarello, Norman J., und UFO-Beobachtung von Exeter, 99–102, *103*
Mutual UFO Network (MUFON), und Ermittlungen im Zusammenhang mit der UFO-Beobachtung in Rendlesham Forest, 136, 141

N

Nahe Begegnungen, 121–122; der dritten Art mit Außerirdischen, *68–69,* 70–73
Nash, William B., und UFO-Beobachtung von Norfolk, 52, 53
National Academy of Sciences, und Condon-Bericht, 118
National Investigations Committee on Aerial Phenomena (NICAP): und Condon-Ausschuß, 116; und UFO-Beobachtung von Exeter, 103, 105
Naval Aviation News (Zeitschrift), und UFO-Beobachtungen, 49

Nebel, Long John, und außerirdische Raumschiffe, *74*
Neff, Wilbur L., und UFO-Beobachtung von Ravenna, 111–115
NICAP. *Siehe* National Investigations Committee on Aerial Phenomena
Nicolai, Renato, und UFO-Beobachtung in Frankreich, 121–122
Nordlicht, fälschlich für UFOs gehalten, 14
Norfolk (Virginia), und UFO-Beobachtung, 52–53
Norman, Ruth (Pseudonym Uriel) und Unarius Foundation, *78,* 79

O

Oliphant, Pat (Karikatur), und Condon-Bericht, *117*
Orgon-Theorie. *Siehe* Reich, Wilhelm
Orthon (angeblicher Außerirdischer), und George Adamski, 76
Oz-Faktor, und Gefühl der Versetzung an einen fremden Ort, 71. *Siehe auch Das zauberhafte Land* (Film)

P

Page, Thornton, und Symposium der American Association for the Advancement of Science, 122
Panzenalla, Frank, und UFO-Beobachtung von Ravenna, 113
Papua-Neuguinea, und UFO-Beobachtung, 70, 72–73
Parallele Universen (Theorie), 148–150
Parhelion, fälschlich für UFOs gehalten, 14
Pascagoula (Mississippi), und Besucher aus anderen Welten, *69,* 141
Persinger, Michael A., und geophysikalische UFO-Theorie, 134
Phoenix (Arizona), und UFO-Beobachtung, 40–41
Piedmont (Missouri), und Erforschung von UFO-Fenstern, 134, *135*
Piezoelektrizität, 134
Pioneer 10, 126; Botschaft an außerirdische Kulturen, 124
Pioneer 11, Botschaft an außerirdische Kulturen, 124
Planeten, fälschlich für UFOs gehalten, 20
Plasmen, 104–105
Poe, Edgar Allan, und Erzählung von transatlantischem Ballonflug, 22
Professor Tulli, und Besucher aus anderen Welten in Ägypten, 16
Projekt Blue Book, 56, 87, *88–97,* 110, 111, 115, 118; Aktivierung, 49; und UFO-Beobachtung von Ann Arbor, 107; Auflösung, 119, 120; und UFO-Beobachtung von Lubbock, 50, 51; und UFO-Beobachtung von Norfolk, 52–53; und UFO-Beobachtung von Ravenna, 113–115
Projekt Cyclops, und Suche nach außerirdischer Intelligenz, *126*
Projekt Grudge, 44, 47, 87; Auflösung, 46; Reaktivierung, 49
Projekt Identification, und Erforschung des UFO-Fensters in Piedmont, 134, *135*
Projekt Sign, 38, 87; Auflösung, 44; und UFO-Beobachtung von Fargo, 44; und UFO-Beobachtung von Fort Knox, 41; und UFO-Beobachtung von Montgomery, 42
Projekt Skyhook, 41; und UFO-Beobachtung von White Sands, 47
Projekt Twinkle, und Feuerkugeln, 46
Projekt Hessdalen, und Erforschung des UFO-Fensters, *133–134*

Q

Quazgaa (angeblicher Außerirdischer), und Betty Andreasson, 86
Quintanilla, Hector, jr., und das Projekt Blue Book, 110, 111, 114, *118*

R

Radar, Einsatz in der UFO-Forschung, *54*
Radiosignale, und Suche nach außerirdischer Intelligenz, 124, *127*
Ramey, Roger, und UFO-Beobachtung von Roswell, 39
Randles, Jenny: und Oz-Faktor, 71; und Radar-Beweise für UFOs, 54
Ravenna (Ohio), und UFO-Beobachtung, 111–115
Reich, Wilhelm und Orgon-Theorie, *52*
Reidel, Walter, und UFO-Möglichkeiten, 51–52
Rendlesham Forest (England), und UFO-Beobachtung, 132–141
Rhodes, William A., und UFO-Beobachtung von Phoenix, 40–41
Ridpath, Ian, und Erforschung der UFO-Beobachtung von Rendlesham Forest, 136–141
Rivers, L. Mendel, und UFO-Forschungen, 109–110
Robertson-Bericht, und H. P. Robertson, 55–56
Rosenberg, Samuel, und Legenden von Besuchern aus anderen Welten, 16
Roswell (New Mexico): Bericht über UFOs, 144; und UFO-Absturz, *74*–75; und UFO-Beobachtung, 39–*40*
Royal Australian Air Force, und UFO-Beobachtung von Papua-Neuguinea, 73
Ruppelt, Edward J.: und das Projekt Blue Book, 49, 51, 52, 56, 87; und das Projekt Grudge, 49
Rutledge, Harley D., und das Projekt Identification, 134

S

Sagan, Carl: und Botschaft an außerirdische Kulturen, mit Linda Sagan, 124; und Kongreß-Symposium, 117; und Sagans Paradox, 123; und Symposium der American Association for the Advancement of Science, 122–123
Samford, John A., und UFO-Beobachtungen in Washington, D.C., 55
Saunders, David R. (*UFOs? YES! Where the Condon Committee Went Wrong*), und der Condon-Bericht, 119
Schwarze Löcher, 24, *146–147*
Senareus, Luis Philip, Luftschiff-Geschichten, 19
SETI. *Siehe* Suche nach außerirdischer Intelligenz
Shalett, Sydney, und Anti-UFO-Aufklärung, 44
Simon, Benjamin, und Entführungsfall Hill, 82–84
Socorro (New Mexico), und Begegnung mit Außerirdischen, 73
Spaulding, William H., und Ground Saucer Watch Inc., Computer-Analyse von UFO-Photos durch, 138–139
Spaur, Dale, *114;* (Skizze), *115;* und UFO-Beobachtung, 111–115
Spukbomben, 27
Stanton, William, und Ermittlungen im Zusammenhang mit UFOs, 114
Statische Elektrizität, fälschlich für UFOs gehalten, 26–27
Stephens, David, und Begegnung mit Außerirdischen, 129
Strieber, Whitley (*Communion*), und Entführung durch Außerirdische, 62, 143
Suche nach außerirdischer Intelligenz, 124–126, *127*
Sullivan, Walter, und Condon-Bericht, 118
Sumpfgas, fälschlich für UFOs gehalten, 108–109
Sutton, Lucky, und Begegnung mit Außerirdischen, 64–65, 68

T

Taylor, Billy Ray, und Begegnung mit Außerirdischen, 64–65
Terauchi, Kenju, und UFO-Beobachtung der Japan Air Lines, *123*
Thirteenth Annual Spacecraft Convention, *112–113*
Tillinghast, Wallace E., Flugapparat des, 25
Toland, Reginald, und UFO-Beobachtung von Exeter, 99, 102
Trent, Paul, und UFO-Beobachtung, 48, *138–139*
True (Zeitschrift), und Donald E. Keyhoes UFO-Ermittlungen, 46
Tunguska-Explosion, 23–25, *24*

U

UFO-Beobachtungen: Kategorien, 121–122; Landeorte, 125; Pseudo-UFOs, 16, *42, 45, 89, 95, 118, 130,*

131; Ultraleichtflugzeuge, fälschlich für UFOs gehalten, 141
Unarius Foundation, 79
Unheimliche Begegnung der dritten Art (Film), und Besucher aus anderen Welten, 28, *32–33*
Universum (Theorien), *150–151*
Untersee-Kultur (UFO-Theorie), 131
Uriel. *Siehe* Norman, Ruth
U.S. Air Force, und Ermittlungen im Zusammenhang mit UFOs, 38, 87, *88–97;* und UFO-Geheimhaltung, 70; *Siehe auch* Projekt Blue Book; Projekt Grudge; Projekt Sign

V

Vallee, Jacques, und Erforschung von UFOs, 131–132
Van Tassel, George, und das Integratron, 78; Kontakte zu Außerirdischen, 78
Vandenberg, Hoyt S., und UFO-Beobachtung von Montgomery, 42–44
Verne, Jules (*(Robur, der Eroberer*), Luftschiffgeschichten, 19
Villa, Paul, und angebliche UFO-Photos, *89, 140*
Villas Boas, Antonio, Entführung durch Außerirdische, *84, 85,* 86

W

Walton, Travis, und Entführung durch Außerirdische, 129, 141
Washington, D.C., und UFO-Beobachtungen, 53, 55
Wheeler, Jim, und UFO-Beobachtung von Levelland, 68
White Sands (New Mexico), und UFO-Beobachtung, 47
Whitted, J. B., und UFO-Beobachtung von Montgomery, 42
Wilson, Jesse und angebliches UFO-Photo, *92*
Wolken, für UFOs gehaltene, *20*
Wright, Newell, und UFO-Beobachtung von Levelland, 68

Y

Yakima-Indianerreservat (Washington), und Erforschung eines UFO-Fensters, 133–134, *135*

Z

Zamora, Lonnie, und UFO-Beobachtung von Socorro, 73–74
Zeppelin, fälschlich für UFO gehalten, 25
Zeta Reticuli (Sternsystem), und Entführungsfall Hill, 84

TIME-LIFE BÜCHER

LEITUNG DER EUROPÄISCHEN REDAKTION:
Ellen Phillips
Direktor des Designs: Ed Skyner
Leitung der Administration: Samantha Hill
Chef-Assistentin: Ilse Gray

Lizenzausgabe für den ECO Verlag GmbH, Köln
Eltville/Rhein, 1999

ISBN 3 933468 91 4

GEHEIMNISSE DES UNBEKANNTEN

DIREKTOR DER REIHE: Russell B. Adams, Jr.
Administration der Reihe: Elise Ritter Gibson
Designer: Herbert H. Quarmby

Redaktionsstab für *Die UFOs:*
Redaktion: Sara Schneidman (Bild); Pat Daniels (Text)
Autorinnen: Janet P. Cave, Laura Foreman
Design: Lorraine D. Rivard

Beiträge von: Christine Hinze (Bild); George Daniels, Thomas A. Lewis (Text); Douglas McCreary Greenwood, Herbert M. Mason, Jr., John I. Merrit, Jake Page, John Tompkins (Text); Eleanor Barrett (Design)

Korrespondentinnen: Elisabeth Kraemer-Singh (Bonn); Maria Vincenza Aloisi (Paris); Ann Natanson (Rom). Hilfreiche Unterstützung leisteten ebenfalls: Pavle Svabic (Belgrad), Judy Aspinall (London), Christina Lieberman (New York), Dag Christensen (Oslo), Ann Wise (Rom), Mary Johnson (Stockholm), Dick Berry (Tokio)

Die Dokumentation für *Die Ufos* wurde unter Leitung von Time-Life Bücher erstellt von: Bibliographics Inc.
Leitung: David L. Harrison
Dokumentare: Richard A. Davis, Jill M. Denney, Denise Dersin, Mary Dressen, Martha L. Johnson, Sydney Johnson, Christian D. Kinney, Mary Mayberry, Jared Rosenfeld, Corinne Szabo, Elizabeth D. Ward, David W. Woodell

LEITUNG DER DEUTSCHEN REDAKTION:
Marianne Tölle
Textredaktion: Gertraud Bellon

Aus dem Englischen übertragen von Rudolf Hermstein

Berater:
Marcello Truzzi, Professor für Soziologie an der Eastern Michigan University, ist auch der Leiter des Center for Scientific Anomalies Research (CSAR) und Herausgeber von dessen Zeitschrift *Zetetic Scholar.* Dr. Truzzi, der sich bezüglich des Paranormalen als „konstruktiver Skeptiker" bezeichnet, bemüht sich über das CSAR um Dialoge zwischen Kritikern und Verfechtern ungewöhnlicher wissenschaftlicher Thesen.

David Michael Jacobs, Autor der Bände *The UFO Controversy in America* und *UFOs and the Search for Scientific Legitimacy,* gilt als Experte für angebliche Entführungen durch Außerirdische. Er lehrt als Professor für amerikanische Geschichte des 20. Jahrhunderts an der Temple University. Jacobs ist Mitglied der Society for Scientific Exploration, die sich mit der Erforschung anomaler Phänomene befaßt; außerdem gehört er dem Center for UFO Studies (CUFOS) und dem Mutual UFO Network (MUFON) an.

Dieser Band gehört zu einer Reihe, die sich mit rätselhaften Phänomenen befaßt, für die die Wissenschaft bis heute keine schlüssigen Erklärungen gefunden hat.

Farbreproduktionen: Liberty Engraving Co., Chicago, USA
Satz: Utesch Satztechnik GmbH, Hamburg
Druck und Einband: Artes Gráficas Toledo, S.A.
D.L.TO: 356-1999